L'ANALYSE DES RÊVES
ET LE REGARD MENTAL

 *PSYCHOLOGIE ET SCIENCES HUMAINES*

Gérard Bléandonu

l'analyse des rêves et le regard mental

MARDAGA

© 1995, Pierre Mardaga, éditeur
Rue Saint-Vincent 12 - 4020 Liège
D. 1995-0024-17

Introduction

En psychanalyse, la pléthore des publications sur le rêve masque une étrange singularité. C'est la théorie des rêves qui a la moins changé dans la mosaïque conceptuelle formée par les diverses écoles psychanalytiques. Il en va de même pour l'utilisation clinique des rêves. Bien des analystes, poussés par une fidélité traditionaliste, ont saturé, opacifié la théorie du rêve. Nous ne saurions questionner ce dogme sans faire surgir la crainte d'un effondrement de l'édifice tout entier. J'ai néanmoins emprunté des allées kleiniennes et post-kleiniennes pour rechercher d'autres accès vers les rêves. Mon option ne signifie en rien que je veuille considérer ce cheminement comme le seul dépositaire de la vérité, ni ignorer les autres points de vue. Je connais bien l'école kleinienne et sa postérité par mes travaux antérieurs et je me sens plus à l'aise avec elle qu'avec d'autres pensées.

Les propositions théoriques formulées sur le rêve par Freud en 1900 constitue toujours, selon moi, un indispensable camp de base. A partir de celui-ci, j'explorerai, j'extrapolerai parfois, la manière dont Klein, puis Bion et leurs élèves ont obligatoirement modifié la conception freudienne en formulant autrement certains aspects de la psychanalyse. Une petite faiblesse du courant kleinien me semble venir d'une utilisation insuffisante de la notion de peau psychique avancée par Bick. Cela m'a conduit à faire une place au concept d'enveloppe psychique, tel que Anzieu l'a présenté. La nature de mon sujet d'étude m'a aussi amené à développer une notion plus ou moins nouvelle : celle de regard mental, bien que la notion de Moi-peau a frappé d'ostracisme l'oralité et le visuel.

Assez récemment, les kleiniens ont renouvelé leur intérêt pour la technique. Ils sont maintenant persuadés que leurs pratiques ont pas mal évolué depuis les années cinquante, notamment en ce qui concerne l'interprétation, le contre-tranfert, l'acting out ou la reconstruction. Je pense m'être fait l'écho de ces renouveaux techniques dans la seconde partie. Il y est question du travail du rêve, de ses mécanismes fondamentaux ainsi que des principes techniques spécialement établis pour l'analyse des rêves. Deux catégories cliniques de rêves mettent en œuvre les considérations théoriques du début — à savoir les rêves activistes et les rêves post-traumatiques. J'ai aussi étudié les rapports des rêves avec le mensonge et la perspective réversible.

Nous pouvons d'autant mieux nous consacrer à l'interprétation des rêves que nous ignorons le transfert. Les rêves interprétés par Freud au cours de son auto-analyse resteront l'exemple extrême de cette pratique exclusive. Le verbe «interpréter» possède plusieurs sens; tout d'abord : expliquer, élucider, donner la signification claire d'une chose obscure. L'interprétation au sens analytique rassemble tout ceci en voulant dégager le sens latent du dire d'un sujet sur ses rêves. On ne peut y arriver sans les concepts de processus primaire et de processus secondaire. L'interprétation évoque encore la manière dont une œuvre est jouée, exécutée, représentée. Parler d'analyse du rêve, c'est accepter qu'une interprétation soit choisie en fonction d'une situation donnée.

J'ai voulu marquer le changement majeur dans le titre : «Analyse des rêves», et non plus uniquement «Interprétation des rêves» pour indiquer que l'interprétation du rêve se subordonne à la conduite de la cure. L'interprétation ne constitue pas une fin en soi pour l'analyste. C'est une étape secondaire dans une démarche qui commence, et qui peut finir, avec la formulation. L'analyste a conclu tacitement une alliance de travail pour que le patient puisse retrouver des indices, des souvenirs d'un vécu onirique. Ils vont faire ensemble une construction ou une reconstruction dont l'aboutissement sera le récit d'un rêve. L'analyse du rêve a ranimé l'intérêt pour le contenu manifeste. Une formulation réussit lorsqu'elle s'achève par une vision d'ensemble sur un contenu latent ravivé et éclairé. L'analyse vise la mise en forme plutôt que le découpage en vue d'une traduction simultanée. L'interprétation ne réussit que si elle rapporte les associations rassemblées par la formulation au contenu manifeste conservé comme totalité à l'arrière-plan.

La dernière partie risque de surprendre davantage. J'aurais eu moins de problèmes si j'avais pu écrire mon livre à la fin des années cinquante. L'école kleinienne, qui se trouvait en plein épanouissement, avait gardé, l'insularité britannique aidant, toute sa cohérence. Mais surtout, je n'aurais pas eu à me préoccuper des travaux de neurophysiologie qui venaient de commencer. Des chercheurs n'ont pas tardé à s'intéresser aux rêves et à découvrir le sommeil paradoxal. Il existe actuellement une littérature scientifique sur les rêves. Aucun groupe de travail qui se consacre à la recherche de la vérité ne peut ignorer des entreprises menées avec d'autres méthodes éprouvées sur le même sujet. La psychanalyse de l'enfant est elle-même confrontée aux recherches menées par d'autres disciplines sur les premières années de la vie. L'étude du sommeil et du rêve en fait naturellement partie.

Freud savait parfaitement que la psychanalyse envisage le rêve sous un angle restreint. C'est d'avoir su conserver cet angle particulier que lui avait donné son inventeur que la psychanalyse a tiré sa force. L'attitude face aux rêves s'est compliquée dans les années soixante-dix. Devant les progrès de la science, certains psychanalystes ont préféré, sinon jeter leur froc aux orties, du moins adopter une double vue, ou même porter deux casquettes. Ils ont cru résoudre le dilemme en voulant que les idées de Freud soient en accord avec les hypothèses et les résultats des neurophysiologues et, encore plus tard, des psychopharmacologues.

Je ne partage pas cette profession de foi et j'ai réservé dans la dernière partie une section indépendante aux travaux scientifiques sur les rêves. Même s'il arrive à la psychanalyse de se trouver en désaccord avec ces recherches, cela ne veut pas forcément dire qu'elle se trompe, car la recherche scientifique évolue sans cesse et, surtout, son objet d'étude n'est pas le même. Ceci étant dit, il ne faut pas se voiler la face. Aucun chercheur, surtout à notre époque de communications accélérées, n'a intérêt à vivre en isolat. De toute façon, les kleiniens, les post-kleiniens et les bioniens, pas plus que les autres membres de la communauté psychanalytique, ne peuvent se soustraire aux influences des autres écoles, aux emprises culturelles, aux mœurs, à l'air du temps. C'est pourquoi il m'a paru intéressant de terminer en comparant les recherches scientifiques et la psychanalyse sur les fonctions du rêve.

« Le silence est comme le vent ; il attise les grands malentendus et n'éteint que les petits » (Elsa Triolet). La comparaison ne saurait se limiter à une ou deux disciplines, même lorsque leurs résultats sont relayés par les média. Le rêve fait l'objet d'études par une multitude de disciplines : ethnologie, sociologie, histoire, éthologie, mythologie, sémantique, etc. Le rêve appartient au fonds commun de l'humanité et il a intéressé toutes les civilisations, qu'il s'agisse des arts, du folklore, des contes, de la philosophie, de la religion, de la médecine. La force de la psychanalyse, face à la neurophysiologie ou à la biologie moléculaire, c'est d'avoir su favoriser les rencontres interdisciplinaires, se situer en plaque tournante pour ce fonds commun. La dernière partie essaie d'en rendre compte aussi. Une conception nouvelle ne peut se contenter d'ignorer ou de repousser les anciennes idées ; il lui faut encore savoir cohabiter avec elles.

PREMIÈRE PARTIE

LES THÉORIES
ANALYTIQUES CHOISIES

Les références viennent se presser comme des voyageurs dans un métro aux heures de pointe contre la bulle mentale du rêveur solitaire lorsque, à son réveil, il choisit d'écrire selon la psychanalyse. Un premier survol bibliographique provoque pourtant une surprise de taille. Hinshelwood a récemment recensé la pensée kleinienne sous forme de dictionnaire. Or il a affecté moins d'une page aux rêves sur les cinq cents qui composent son livre[1]. Ni Melanie Klein, ni aucun de ses élèves directs n'ont consacré spécifiquement d'ouvrages aux rêves — à l'exception de Donald Meltzer, qui ne fait plus vraiment figure de kleinien orthodoxe et de Salomon Resnik a fortiori.

Ce survol rapide amène à une constatation assez paradoxale : Les kleiniens n'ont pas manifesté d'intérêt spécial pour la question alors que l'analyse des rêves soutient une grande partie du matériel clinique qu'ils ont publiés. Ils ont accordé une place importante à l'analyse des rêves dans leur pratique en raison des analogies entre le jeu de l'enfant et le rêve de l'adulte. Comme le rêve, le jeu n'est pas primitivement destiné à la communication, mais tous deux peuvent vite devenir dans une séance d'analyse un moyen majeur pour communiquer avec l'inconscient. Ils diffèrent dans la mesure où l'un ne peut absolument pas se partager, contrairement à l'autre qui peut se pratiquer à plusieurs.

Je m'étais mis au travail sur l'école de Melanie Klein à la fin des années soixante. La nécessité intérieure de consacrer un livre à Wilfred Bion m'avait occasionné une longue suspension de publication. Je ne pus venir à bout de mon projet initial qu'après avoir bien avancé ce labeur incident. Cette progression alternée ne s'expliquait pas seulement par ma psychologie, c'est-à-dire le besoin d'instituer une image paternelle subtile, mais cohérente, en face d'une figure maternelle tranchée et impérieuse. Bion m'était apparu bien plus qu'un élève de Klein ; il a promu autant un courant bionien que post-kleinien. Les travaux de Meltzer, Tustin ou Matte-Blanco sont issus plutôt de sa pensée que de celle de Klein.

Bion est revenu au Freud de l'*Esquisse* lorsqu'il a construit une théorie de la connaissance au début des années soixante. Mais il a opéré ce retour aux deux principes du fonctionnement mental en conservant l'essentiel de la théorie kleinienne et en ignorant tout substrat organiciste. Alors que Freud avait vu dans l'interprétation des rêves le moyen de développer une psychologie générale à partir des névroses, Bion a opéré une petite révolution en considérant, à partir de la psychose, le rêve seulement comme une des formes de la pensée. Son épistémologie vivait avec celle du milieu du XXe siècle, et non plus avec celle de la fin du XIXe siècle.

C'est en intégrant cette complexité novatrice que j'envisagerai l'analyse des rêves. Bion a considéré le vécu onirique comme une dépendance de la vie éveillée inconsciente. Puisque son épistémologie se souciait surtout d'apprentissage par l'expérience, il valait mieux s'occuper du jour que de la nuit. La fonction alpha produit davantage lorsqu'elle se trouve en contact avec la réalité externe que dans la déafférentation du sommeil. Bion ne s'était pas rendu compte qu'il avait perdu de vue le travail du rêve — l'essentiel du rêve selon Freud.

Freud s'est autant consacré, dans son auto-analyse, aux opérations qui transforment les représentations de chose et mots, les affects qu'aux manières de figurer l'accomplissement imaginaire du désir. Bion a manqué, pour bien apprécier le travail du rêve, des notions de peau et d'enveloppes psychiques, pourtant directement issues de son modèle contenant-contenu. On ne peut saisir sans elles la présence et la nature de ces transformations. J'ai d'abord pensé, avec Anzieu, qu'on ne peut rêver sans avoir constitué une enveloppe psychique. L'image du corps nous fournit, en s'aplatissant et en se surréalisant, l'écran-peau du rêve. Sur ce fond émergent les figurations visuelles qui symbolisent ou personnifient les instances en conflit. L'analyse des rêves m'a ensuite amené à proposer la métaphore du regard mental pour imaginer la manière dont l'étayage sur le visuel vient différencier l'étayage sur le tactile. Le nourrisson amorce une activité de pensée en jouant avec les images visuelles mémorisées selon un ordre symbolique. Chaque nuit, l'esprit remonte le cours du temps pour revenir à cette période de l'enfance placée sous la prédominance de l'image et de la pensée visuelle.

Ce n'est que de façon transitoire que le regard mental renforce la peau psychique. Il ne lui arrive de la suppléer durablement qu'en cas de défenses mises en œuvre contre un vécu traumatique précoce. Il a pour fonction essentielle de permettre au nourrisson de séparer son soi de celui de la mère; de connecter les modalités sensorielles, de distinguer et d'aider à transformer ce qui s'est constitué à partir de la peau psychique et de la cavité primitive. Il prend le relais, en tant que Grand Echangeur, afin de permettre une articulation partielle de la relation d'objet œdipienne avec l'axe narcissique dont relève notamment le Soi-peau et qui dénote un état de fusion entre le Soi immature et son soutien objectal.

Un ami lacanien s'était un jour étonné que je n'ai pas eu besoin, en début de formation, d'une laborieuse exégèse des écrits de Freud, que je me sois contenté de reprendre l'assimilation que Klein et ses élèves en avaient faite avant moi. Je me suis rendu compte à la suite de cet étonnement qu'on pourrait être kleinien, hartmanien, kohutien, bionien, etc.

sans avoir étudié directement le texte freudien. Mais, en voulant saisir la théorie du rêve à bras le corps, je n'ai pas évité le retour à Freud — bien au contraire. Aucune école de pensée psychanalytique n'a pu aborder le rêve sans adhérer profondément au contenu de L'*interprétation des rêves*, même si elle s'y sent parfois corsetée.

NOTE

[1] HINSHELWOOD, R., *A dictionary of Kleinian Thought*, London, Free Association Press, 1991, p. 282.
Je n'ai retrouvé que deux livres sur le sujet. L'ouvrage de Ella Sharpe a été régulièrement réimprimé au fil des décennies. Mais, si cette analyste avait pu être considérée comme une sympathisante en 1937, elle s'était rangée dès le début des controverses du côté de Anna Freud. Par contre, si Hanna Segal peut être donnée comme l'exemple même de la kleinienne, le titre donné à son livre de 1991 indique clairement qu'elle ne veut pas séparer l'étude du rêve de celles du fantasme et de l'art.

Chapitre 1
Sigmund Freud

C'est grâce à la théorie des rêves que la psychanalyse a cessé d'être un procédé psychothérapique pour devenir une psychologie des profondeurs. La théorie des rêves est sortie presque achevée de l'esprit de Freud un peu avant 1900. Elle fait partie intégrante de la première topique — celle dans laquelle la distinction majeure se situe entre Inconscient et Préconscient-Conscient. On est surpris à des décennies de distance de voir combien cette théorie repose sur un modèle neurophysiologique de l'esprit qui ne peut plus avoir cours. Si le lecteur se sent encore stimulé et captivé, c'est parce que des métaphores empruntées à une physiologie de fiction véhiculent une vérité plus essentielle.

Freud a forgé une nouvelle topique de l'appareil psychique à partir de 1920. Le modèle ne venait plus de la neurophysiologie, mais d'une psychologie des relations interpersonnelles. Il n'en a pas pour autant reformulé sa théorie des rêves. De son côté, Klein a construit son système théorique à partir de cette deuxième topique. Elle aurait dû aboutir à une conception des rêves assez éloignée de celle de Freud. Ce ne fut pas le cas. L'opposition s'est révélée bien plus nuancée parce que Freud n'a jamais renoncé à concilier ses deux topiques et qu'il a sympathisé avec la tradition romantique sur l'art et les rêves.

1. L'AUTO-ANALYSE DES RÊVES

La rédaction de *L'interprétation des rêves* a entretenu des liens étroits avec l'auto-analyse et la découverte de la psychanalyse[1]. Freud a travaillé par intermittence sur ce projet de 1897 à 1899. Il avait accumulé du matériel sur le rêve bien avant de se lancer dans la rédaction de l'ouvrage. Mais, à cette époque, son attention fut progressivement accaparée par le domaine des rêves, phénomène mental qu'il situait entre la psychopathologie et la psychologie générale. Une mythologie a transformé l'aventure héroïque en exploit surhumain. C'est en faisant la preuve de sa possibilité que Freud l'aurait interdite aux communs des mortels.

Dès 1895, Freud rédigea une «psychologie scientifique» qui visait à combiner en une seule formulation deux théories d'origine différente. Selon la première, qui venait de l'école de Helmholtz, la neurophysiologie était gouvernée entièrement par des lois physico-chimiques. La seconde théorie venait d'établir que l'unité fonctionnelle du système nerveux central se trouvait dans une cellule dépourvue de liens histologiques avec ses voisines. C'est en combinant ces deux théories que Freud construisit une représentation abstraite du fonctionnement du système nerveux. Ainsi protégé par cet arrimage «scientifique», il put s'intéresser plus librement à des manifestations primaires, notamment à travers ses symptômes et ses rêves.

Le texte était parsemé d'intuitions conceptuelles, mais celles-ci se trouvaient bridées par un substratum neurophysiologique assez étroit. Freud sut modifier cette ébauche théorique au fur et à mesure qu'il rencontra des difficultés et des obscurités dans sa pratique comme dans son raisonnement. Il cessa peu à peu de s'intéresser à la neurophysiologie au profit de la psychologie. Il abandonna ce substrat initial lorsqu'il reformula le problème théorique, bien qu'il ait repris le schéma primitif en sous-œuvre. Freud resta toujours persuadé qu'un jour la psychologie serait établie sur un fondement biologique.

En 1899, Freud s'étonnait dans une lettre à Fliess que la psychologie du rêve, presque terminée, «ait été rédigée comme en rêve». Il s'était aperçu chemin faisant que «la formulation est en soi une part importante de la figuration du rêve». Il avait appris au cours de son auto-analyse que les pensées du rêve — le contenu latent — peut s'exprimer autant dans la forme du rêve, dans son style autant que dans son contenu manifeste. Anzieu a montré que l'originalité de *L'interprétation* tient autant à sa structure interne qu'à ses idées et ses exemples cliniques. Le livre arrive à rendre les principaux processus inconscients, non seulement par ce qu'il en dit, mais encore par la façon même dont il le dit. Le travail de composition représente le travail du rêve tout en le prolongeant. « Le premier livre de la psychanalyse est par son contenu, sa forme, son origine, le livre du préconscient. » (Anzieu, *op. cit.*, p. 420).

L'interprétation met le lecteur en contact direct avec la vie de l'inconscient. La pensée de l'auteur a organisé la présentation selon l'ordre de la psyché inconsciente tandis qu'un certain désordre est entretenu par les désirs inconscients enchâssés dans les songes. Chaque lecture du livre se renouvelle parce que les rêves relatés ne se situent pas au même niveau d'abstraction théorique que la description du fonctionnement psychique. Au moment où l'exposé risque de se clore sur lui-même, le livre s'ouvre, par l'apport d'exemples cliniques, à un tourbillon d'éléments imaginatifs, non encore identifiés par la pensée conceptuelle.

La théorie du rêve souffre de limitations inhérentes au conditions de sa découverte puisque celle-ci ne peut se dissocier de l'auto-analyse. Tout en cherchant à produire une «psychologie scientifique», Freud n'a cessé d'entremêler son autobiographie aux résultats d'une démarche inspirée par la science. L'auto-analyse et la découverte de la psychanalyse ont été un moyen original de surmonter la crise du milieu de la vie. Freud en tira le principe que chaque analyste doit s'occuper de sa propre névrose avant de celle des autres. Mais, tout le monde n'est pas capable d'interpréter ses rêves sans le secours d'autrui et un « instructeur » n'est pas sans intérêt.

La théorie du rêve, qui a cours actuellement, reste pour l'essentiel celle que Freud avait achevée en 1900. Elle fut inventée au cours d'une auto-analyse originelle dans laquelle l'interprétation de certains rêves avait pallié à l'analyse du transfert. Le dialogue avec Fliess, bien que soutenu, n'avait pas été l'équivalent d'une névrose de transfert. Ces échanges se faisaient souvent en miroir, avec une grande idéalisation mutuelle, en raison d'un profonde connivence fantasmatique et une homosexualité latente. Il nous reste à actualiser cette théorie à la lumière de ce qui a suivi : rapports de l'homosexualité et de la paranoïa, narcissisme, deuil et mélancolie. Le complexe d'Œdipe n'a longtemps connu qu'une forme positive. Il a fallu arriver dans les années trente pour entendre parler de mère phallique. Une courte auto-analyse avait permis plus facilement de garder une image maternelle idéalisée. Le cancer du chercheur et la mort de la mère furent nécessaires pour qu'une autre image maternelle soit admise.

2. LA THÉORIE DES RÊVES

C'est seulement en pratiquant un découpage comme celui du *Vocabulaire de la psychanalyse* qu'une présentation de la théorie du rêve a encore des chances d'être acceptée par un grand nombre de lecteurs. Laplanche et Pontalis n'ont consacré aucun article d'ensemble au rêve ; ils ont décomposé la matière en quelques articles que l'ordre alphabétique a dispersé : Censure, Contenu latent, Contenu manifeste, Ecran du rêve, Pensées latentes, Rêve diurne, Rêverie, Symbolisme et Travail du rêve.

Je ne souhaite pas effectuer un travail d'historien sur les écrits de Freud. Ce chercheur exceptionnellement inventif a réuni des données partiellement contradictoires entre lesquelles nous ne pouvons choisir sans préjugés. Je n'ai retenu que quelques points forts que je vais essayer d'envisager surtout de mon point de vue kleinien et post-kleinien :

– le contenu latent et le contenu manifeste

– la censure

– le gardien du sommeil

– la psychose momentanée et bénigne

– la tentative de réalisation d'un désir

– le travail du rêve et son absence de créativité

Freud a établi une distinction capitale sur laquelle il n'est jamais revenu et sur laquelle repose le travail quotidien d'analyse. Il a opposé le rêve tel qu'il existe dans la mémoire du patient, qu'il a nommé «contenu manifeste», au matériel suscité par l'analyse, qu'il a baptisé «contenu latent». La technique doit établir comment elle arrive à transformer le contenu latent par l'interprétation : c'est le «travail d'analyse». La théorie doit expliquer comment un contenu latent peut aboutir à contenu manifeste : c'est le «travail du rêve».

En se livrant au travail d'interprétation, l'analyste se heurte à une résistance plus ou moins forte. Cette résistance signale le conflit entre deux forces en présence : l'une tend à provoquer la confidence tandis que l'autre s'y oppose. La résistance qui s'oppose à l'interprétation a joué un rôle dans la formation du rêve. Freud avait postulé l'existence d'une censure pour rendre compte des mécanismes déformant le rêve. Il a établi ensuite que cette censure réalise un barrage sélectif qui tend à interdire aux désirs inconscients l'accès au système préconscient. Avec la seconde topique, Freud a englobé la censure dans le cadre plus large des mécanismes de défense qu'il semble avoir attribué au Moi.

Le rêve se distingue des autres manifestations morbides par sa fugacité et son apparition dans la vie normale. En dormant, nous rendons possible «l'inoffensive psychose du rêve» par un renoncement momentané, consciemment voulu, au monde extérieur. L'affirmation de Freud apporte de l'eau au moulin de Bion puisqu'elle postule chez les névrosés normaux une potentialité psychotique au cours du sommeil. Cette «part psychotique de la personnalité» devrait donc se retrouver peu ou prou dans l'analyse des névrosés.

Freud s'était souvenu que Griesinger avait décrit les rêves et les psychoses comme des satisfactions hallucinatoires de désir. Il effectua ensuite un rapprochement entre le psychotique et l'enfant. Il recueillit des rêves d'enfant que leur élaboration plus réduite devrait rendre plus facilement intelligibles. Freud aboutit ainsi à sa thèse centrale : Le rêve est un accomplissement de désir. Il considérait tous les rêves comme des réalisations de désirs refoulés. Le rêve réussit lorsqu'il aboutit à un compromis qui équilibre deux tendances. Il effectue un équivalent de décharge mentale d'un désir en état de refoulement puisqu'il représente ce désir comme réalisé. Mais il satisfait également l'autre tendance en permettant au dormeur de rester endormi.

Freud a toujours soutenu que le rêve tente d'accomplir un désir, bien qu'il ait rencontré nombre de difficultés capables de malmener sa thèse. Si le rêve cherchait à accomplir un désir, il ne devrait pas y avoir autant de rêves à contenus pénibles ou angoissants. Freud a développé plusieurs arguments à l'encontre du contradicteur potentiel. Une réalisation de désir devrait être une source de plaisir pour le rêveur, si le névrosé ne cessait de repousser et de censurer ses désirs à l'état de veille. L'autopunition peut figurer l'accomplissement d'un désir spécial. Enfin, la dernière difficulté demeure très sérieuse parce qu'elle met en jeu la compulsion de répétition. En cas de névrose traumatique, le patient répète de façon compulsive, notamment sous forme de rêves, la situation douloureuse.

Freud a distingué deux opérations dans la formation du rêve : la production des pensées du rêve d'une part, leur transformation en contenu manifeste d'autre part. Il considérait la seconde opération comme le «travail du rêve». C'est en elle qu'il situait l'essentiel du rêve. Le travail du rêve donne aux pensées latentes une expression archaïque ou régressive, «analogue à l'écriture figurée». Les pensées du rêve sont ainsi métamorphosées en un ensemble d'images sensorielles, visuelles pour la plupart.

Mais il s'ajoute toujours aux idées latentes de la journée quelque chose de l'ordre du désir. En bref, une pensée inconsciente trouve dans le rêve un mode d'expression archaïque qui subit une transformation pour tenter de réaliser un désir également inconscient.

Freud ne cesse de nous méduser en parlant des pensées du rêve tout en déniant la moindre capacité créatrice à l'onirisme; le rêve arriverait au mieux à continuer le travail déjà entrepris la veille dans le préconscient. «La pensée n'est qu'un substitut du désir hallucinatoire...» (F, 1900, p. 482). Cette formule réductrice nous permet de comprendre pourquoi Freud parlait de «pensées du rêve». Seul, le désir peut pousser au travail l'appareil psychique. Le rêve cherche à accomplir son désir par le plus court chemin, par une voie régrédiente. Il lui faut reprendre la tâche que réalisait autrefois notre vie psychique infantile durant la veille. Ce fonctionnement mental primaire avait été banni à cause de son inefficacité. Mais il n'y aurait pas eu de pensées dans les rêves sans lui.

Je pourrais aligner à l'envi les citations montrant que Freud a refusé toute créativité à la formation du contenu manifeste. «Le travail du rêve ne pense, ni ne calcule; d'une façon générale, il ne juge pas; il se contente de transformer» (F, 1900, p. 432). Ce travail consiste à condenser, déplacer, figurer tous les matériaux du rêve avant de les élaborer secondairement. Un quart de siècle plus tard, la position de Freud n'a pas bougé d'un pouce : «Il est fallacieux de dire que l'activité onirique applique ses efforts aux tâches imminentes de l'existence ou cherche à mener à bien les problèmes du travail diurne. Ce sont là des préoccupations de la pensée préconsciente. Quant aux rêves, une telle intention utilitaire lui est tout aussi étrangère que celle de s'apprêter à communiquer avec autrui. Lorsque le rêve s'emploie à une tâche de l'existence, il la résout comme il convient à un désir irrationnel et non à une réflexion sensée» (F, 1925, p. 141-142).

Freud n'a pas davantage reconnu au rêve le pouvoir de créer du symbolisme, bien qu'il lui ait fait une place croissante dans *L'interprétation* au fil des ajouts éditoriaux. Freud a fini par opposer deux sortes d'interprétations du rêve : l'une utilisant les associations du rêveur, l'autre fournie par l'analyste à partir des symboles et indépendante de la précédente. Les symboles apparaissent comme des «éléments muets» dans la mesure où le rêveur ne peut fournir d'associations à leur sujet. Le manque ne vient pas de la résistance du patient, mais du mode d'expression lui-même. Chaque patient peut choisir parmi les sens d'un symbole, mais ne peut en créer de nouveaux. Ce langage symbolique tire son origine de la période au cours de laquelle le langage s'est constitué. «La symbolique n'est pas un problème du rêve, mais un thème de notre pensée archaïque... et elle domine le mythe et le rituel religieux autant que le rêve» (F, 1925, p. 148). A la fin de sa vie, Freud identifia même dans le matériel onirique «un héritage archaïque», résultat de l'expérience des aïeux que l'enfant apporte en naissant. Nous verrons que Klein et ses élèves ont su ouvrir d'autres perspectives en théorisant la formation des symboles dans la petite enfance.

Freud s'était aperçu en étudiant l'hystérie que l'affect n'est pas nécessairement lié à la représentation; leur séparation peut leur assurer des destinées séparées. Les diverses représentations fournies par les pensées du rêve peuvent être plus ou moins chargées d'affectivité. Le travail du rêve met au premier plan ce qui jouait un rôle secondaire dans les pensées du rêve, et inversement. De ce fait, les représentations gagnent en puissance sensorielle ce qu'elles perdent en impact affectif. Freud a laissé de côté le problème des sentiments, bien qu'il l'ait rencontré à plusieurs reprises dans les rêves. Il établira seulement dans ses écrits métapsychologiques que toute pulsion s'exprime aussi bien dans le registre de l'affect que de la représentation. La manière d'envisager les affects a subi le contre-coup du remaniement entraîné dans la théorie de l'angoisse par la deuxième topique. Mais là encore, la théorie du rêve fut protégée de ce bouleversement. Nous reprendrons la question avec Klein qui fit d'abord porter l'interprétation sur l'angoisse et avec Bion qui plaça l'émotion au commencement de la vie mentale.

Freud finissait de corriger les épreuves de *L'interprétation* au moment où il commençait la cure d'une patiente que la postérité a connue sous le nom de Dora. Cette cure fut centrée sur l'analyse de deux rêves et l'ouvrage faillit s'appeler *Rêve et hystérie*. Ce fragment d'analyse constitua une suite pour *L'interprétation*. Comme dans son auto-analyse, Freud avait pu analyser à loisir certains rêves dans la mesure où il n'avait pas interprété le transfert. Il a bâti la théorie du rêve pour lui-même et pour ses hystériques et ses phobiques. Il a situé la source de leurs troubles dans leur vie psychique sexuelle, d'où le postulat : les symptômes hystériques, comme les rêves, expriment des désirs refoulés. La découverte freudienne se fonde sur le sentiment que les symptômes hystériques révèlent une forme détournée de satisfaction sexuelle.

A partir de 1920, Freud a construit une nouvelle conception de la personnalité pour prendre davantage en compte les défenses inconscientes. Cette deuxième topique fut rendue nécessaire par la découverte du rôle joué par les diverses identifications dans la constitution de la personnalité et par la découverte du dualisme pulsionnel. Ce ne fut pas un hasard si Freud s'intéressa dans le même temps à l'occultisme. Il ne lui semblait plus possible de rejeter l'étude des réalités supra-sensibles qui cautionnent l'existence de puissances autres que celle de l'esprit ou qui dévoilent des capacités insoupçonnées de cet esprit[2].

Dix ans plus tard, Freud avait encore le souci de ne pas laisser l'occultisme récupérer le rêve. Mais il ne voyait plus en lui une menace envers sa conception scientifique du monde. La transmission de pensée en particulier lui semblait favoriser une avancée de la pensée scientifique sur le monde spirituel[3]. La psychanalyse lui paraissait même avoir préparé l'admission des phénomènes télépathiques en insérant l'inconscient entre le physique et le psychique. Il n'excluait pas une transmission psychique directe comme chez les insectes vivant en groupe. Il pensait retrouver là un mode primitif de communication entre les êtres qui a ensuite cédé la place à une méthode sensorielle avec des signes perceptibles. Plus vraisemblablement, il plaçait là son désir inconscient de retrouver un mode de communication préverbal avec un plus grand autre en même temps que sa crainte de tomber sous la dépendance d'un objet exigeant une croyance inconditionnelle en lui. (Il ne faut pas oublier que Jung avait consacré en 1902 sa thèse à la «psychologie et la pathologie des soi-disant phénomènes occultes»). Bion a abordé de façon plus psychanalytique ce genre de communication dans les années soixante en montrant qu'il existe une identification projective normale dans la petite enfance.

3. LA SURINTERPRÉTATION DES RÊVES DE L'AUTO-ANALYSE

Lorsqu'il a refondu entièrement l'édition de *L'auto-analyse* de Freud en 1988, Anzieu a ignoré qu'il avait présenté le Moi-peau. Cette ignorance a de quoi surprendre car il avait dirigé peu avant un livre collectif dans lequel Houzel avait placé la question de l'enveloppe psychique au cœur des relations entre Freud et Fliess en 1895. Confronté à une désidéalisation brutale à cause du cas Irma, Freud avait dû s'intéresser d'urgence à la question de l'enveloppe pour contenir l'orage émotionnel. Houzel a même proposé, après Anzieu, une nouvelle interprétation du rêve de «L'injection faite à Irma». Le rêve poserait le problème de la résolution du transfert féminin passif à Fliess lorsque Freud avait encore besoin de Fliess comme objet de transfert maternel. Houzel a été le premier à mettre en évidence l'utilisation des enveloppes psychiques dans une relation homosexuelle masculine, fût-elle sublimée. Le propos se met en abîme lorsque, un peu plus loin, Houzel a fait le lien avec le premier analyste de Anzieu : ce que propose Lacan «est à l'évidence à l'opposé de la constitution d'une enveloppe psychique[4]».

Je vais reprendre le rêve des «trois Parques» pour donner une idée sur la façon dont on peut ajouter une interprétation dans le sens de la peau psychique[5]. Ce rêve se compose de deux parties. Les commentateurs ont surtout retenu la première tandis que je vais essayer d'éclairer plutôt la seconde. Freud avait fait ce rêve après une journée de voyage au terme de laquelle il s'était mis au lit fatigué et affamé. Il ne fut pas étonné de voir les grands besoins de la vie se manifester durant son sommeil. Voici ce qu'il a rêvé. *Je vais dans la cuisine pour me faire donner un entremets. Il y avait là trois femmes debout : l'une d'elle est l'hôtesse (de l'auberge) et elle tourne quelque chose dans ses mains comme si elle faisait des Knödel. Elle me répond que je dois attendre jusqu'à ce qu'elle soit prête. (Aucun mot précis ne fut prononcé.) Je m'impatiente et je m'en vais offensé.*

Freud a annoncé la couleur : il s'agit d'un rêve de faim, très net. Le rêveur, qui a dû aller se coucher affamé, s'est mis en quête de nourriture. Sa réponse à une frustration alimentaire précise diffère de l'oralité du rêveur en proie à une régression pathologique. Toutes les frustrations de la veille ne se sont pas manifestées dans l'oralité. Le lecteur se trouve en face d'un rêveur ordinaire disposant de toutes les ressources d'un moi en bon fonctionnement. Freud a ajouté que le rêve a ramené le besoin de nourriture à la nostalgie de l'enfant pour le sein maternel. Le rêveur se dirige vers la cuisine en espérant que quelqu'un lui donnera à manger. Il y rencontre seulement des femmes. Il n'a affaire qu'à l'une d'elle, l'aubergiste (*Wirtin*), celle qui dispense la nourriture et la boisson, une femme toute maternelle, mais qui pourrait aussi l'inviter dans sa chambre.

Cette femme tord quelque chose dans ses mains, comme si elle fabriquait des boulettes de pâte. Elle dit au rêveur d'attendre jusqu'à ce qu'elle soit prête. La satisfaction orale se voit imposée un délai de durée indéterminée. Modifier la frustration ou la fuir, telle est la question selon Bion. Va-t-elle finalement lui apporter une bonne nourriture ou le trompe-t-elle pour le laisser agoniser? Le rêveur s'impatiente et s'en va avec une blessure narcissique : il a été insulté, blessé.

L'auto-analyse du rêve a ramené trois souvenirs d'enfance à fortes connotations culturelles. Freud s'est souvenu tout d'abord de la lecture du premier roman alors qu'il avait à peu près treize ans (l'âge où le préadolescent est reçu au sein de la communauté masculine par la cérémonie de la confirmation, selon Erikson)⁶. Le héros de ce roman devient fou et crie sans arrêt le nom de trois femmes qui lui ont apporté le bonheur et le chagrin les plus grands. Ces trois femmes romanesques lui ont fait penser aux trois Parques qui filent les destinées humaines. Il a réinventé le mythe en disant qu'une femme donne naissance à l'homme, qu'une autre l'épouse et qu'une troisième supprime sa vie. Freud estimait qu'une d'elle était l'hôtesse du rêve, la mère qui fournit la vie et la première nourriture. « Le sein de la femme évoque à la fois la faim et l'amour. »

Mais, le désir sexuel a aussitôt ravivé les interdits, les menaces de châtiments et la mort. Une des Parques se frotte les mains comme si elle voulait lui faire des *Knödel*. L'explication se trouve dans un second souvenir d'enfance. Lorsqu'il avait six ans, sa mère lui donnait ses premières leçons. (C'était l'âge d'aller à l'école, de se retrouver pratiquement qu'avec des hommes, selon Erikson). Elle avait voulu le convaincre que nous sommes tous faits de terre et que nous devons retourner à la terre. Comme son enfant exprimait des doutes, la mère avait frotté ses mains l'une contre l'autre, avec un mouvement analogue à celui de la cuisinière. Elle lui avait montré les petits fragments noirâtres qui s'étaient détachés de son épiderme comme preuve qu'elle était aussi faite de terre.

L'élaboration de l'angoisse de mort a nécessité une étonnante démonstration du caractère fragmentaire et périssable de notre peau psychique. L'enfant fut extrêmement impressionné par cette action effectuée devant ses yeux. Il accepta par la suite ce qu'il croyait être une phrase de Shakespeare : « Tu dois une mort à Dieu ». L'auto-analysant avait substitué la Nature à Dieu — c'est-à-dire, un personnage maternel puisque la femme donneuse de vie amène aussi la mort. Il restait enfermé dans une relation duelle avec la Mère qui représente, à cette époque de la vie, la détentrice de tous les pouvoirs, celle qui peut tout refuser parce qu'elle peut tout donner.

Les femmes ont disparu dans la seconde partie du rêve pour laisser la place à un homme. *Je mets un pardessus mais le premier que j'essaie est trop long pour moi. Je l'enlève, un peu surpris qu'il soit garni de fourrures. J'en mets un second qui a une longue bande rapportée avec un dessin turc. Un étranger qui a un visage allongé et une petite barbe en pointe survient et m'empêche de le revêtir en déclarant que c'est le sien. Je lui montre qu'il est tout couvert de broderies turques. Il demande : en quoi ces (dessins, bandes) turques vous regardent-elles ? Mais nous sommes ensuite devenus tout à fait amis.*

Anzieu a trouvé une résonnance sexuelle à cette seconde partie du rêve centrée sur le désir de se vêtir. Le goût des turcs pour les plaisirs sexuels avait été évoqué lors de l'oubli du nom du peintre de la fresque d'Orvieto (Signorelli). En outre, Freud considérait les rêves du nudité comme des rêves exhibitionnistes et les rêves de vêtements comme le déguisement de rêves de nudité. En fait, Freud est passé de la première à la deuxième partie du rêve par deux séries époustouflantes d'associations linguistiques et culturelles. Il les a combinées parce qu'elles débouchaient toutes les deux sur une couverture corporelle : le pardessus d'un côté, la capote anglaise de l'autre.

A quoi lui faisaient penser les *Knödel*? A l'un de ses professeurs d'université à qui il devait ses connaissances histologiques sur l'épiderme (le halo de l'enveloppe psychique filtre toujours sur les associations). Il accusait un certain Knödl d'avoir plagié ses œuvres. Freud a évité de préciser en quoi il aurait pu être accusé. Anzieu a suggéré que le plagiat aurait pu porter sur la théorie de la bisexualité avancée par Fliess. Plagier conduit à la seconde partie du rêve dans laquelle Freud se fait traiter comme le voleur qui, à un moment donné, prenait les pardessus à la Faculté. Il a construit une autre chaîne associative pour aller du premier roman lu au condom : «Pelagie-Plagiat-Plagiostomen (Haifische-Fischblase)». Il est passé de Pélagie, l'une des trois héroïnes du roman, à la vessie natatoire du poisson en passant par le plagiat et les squales. Le «pardessus» signifie bien un instrument de la technique sexuelle — en clair, un préservatif masculin.

Freud s'est arrêté dans la rédaction de son auto-analyse parce qu'il aurait eu trop à parler de sa sexualité (Martha immobilisée en route à cause de troubles gastriques, le frottement des mains pour la masturbation). L'étranger qui l'empêchait de mettre le pardessus ressemblait à un marchand chez qui sa femme avait acheté très cher des étoffes turques. Il s'appelait Popovic, nom équivoque puisque le «popo» renvoie en allemand au derrière, à l'analité. Ce jeu de mots s'ajoutait à ceux sur le nom d'autres personnages évoquant de la nourriture. Freud se souvenait que son patronyme avait été l'objet d'innombrables plaisanteries douteuses (son nom de famille signifie la «joie», d'où l'allusion facile à la «fille de joie»). Il se consolait en se retrouvant dans la compagnie de Goethe dont le nom fut brocardé par Herder. Goethe remarqua un jour combien on est susceptible à l'égard de son nom, «on s'y attache comme à sa peau». On ne saurait évoquer plus clairement la persistance dans le langage de l'étayage mental sur la peau.

Anzieu a résumé le rêve des trois Parques en disant qu'il signe la découverte, encore confuse, de l'équivalence fantasmatique entre la séparation de la mère et la mort. Le rêveur s'était montré plus nuancé en faisant intervenir le père. La seconde partie insiste sur le passage de la dépendance orale à la sublimation intellectuelle («les mamelles de la sagesse» selon la métaphore de Goethe). Ce rêve montre comment la problématique orale s'imbrique avec celle de l'enveloppe psychique pour intégrer la bisexualité psychique. Le premier pardessus garni de fourrure renvoie à une enveloppe maternelle fusionnelle. La bande rapportée du second pardessus tient compte du plaisir procuré par le frottement de la peau sexuelle. C'est le père qui se réserve le plaisir sexuel et la possession de l'enveloppe maternelle. Devant la menace, le rêveur renonce à s'approprier le pardessus. Il a accepté de le partager dans une relation homosexuelle narcissique, comme ce fut le cas avec Fliess durant toute l'auto-analyse.

NOTES

[1] Ce chapitre doit beaucoup au livre fascinant et très documenté que Didier Anzieu a consacré à la question : *L'auto-analyse de Freud et la découverte de la psychanalyse* Paris, PUF, 1988. Mais je suis loin de l'avoir suivi en tous points.
[2] Freud a consacré deux articles importants à ce sujet :
«Rêve et télépathie» (1922) in *Résultats, idées et problèmes*, Paris, PUF, 1985.
«Rêve et occultisme» (1932) in *Nouvelles conférences sur la psychanalyse*, Paris, Gallimard, 1936.
Il faut y ajouter la troisième partie de l'article : «Quelques additifs à l'ensemble de l'interprétation des rêves» in *Résultats, idées et problèmes* (*op. cit.*).
[3] Granoff et Rey ont préféré traduire *Gedankübertragung* par «transfert de pensée» plutôt que «transmission de pensée» rendant ainsi l'intention plus évidente.
GRANOFF, F., REY, J.H., *L'occulte, objet de la pensée freudienne*, Paris, Gallimard, 1983.
HOUZEL, D., «Le concept d'enveloppe psychique» in *Les envelopes psychiques*, Paris, Dunod, 1987.
[5] FREUD, S., *L'interprétation des rêves*, p. 181-184 et 204-205.
Anzieu a consacré près de douze page à l'analyse de ce rêve (*op. cit.*, p. 310 à 321). Je ne puis ici que souligner les liens entre oralité et peau psychique.
[6] Le génie de Freud m'a de nouveau impressionné par la richesse des commentaires qu'il suscite. Erickson admet que ce rêve se ramène aux problèmes du stade oral, qu'il y a retrouvé des références à la nourriture, à la bouche, la peau et les modes d'incorporation. Mais Erickson y a vu «aussi un rapport avec le problème psychosocial de la confiance fondamentale, avec la vertu primordiale qu'est l'espoir, et avec l'ordre cosmique».
ERICKSON, E., (1964), *Insight and Responsability* (trad. franç. *Ethique et psychanalyse*, Paris, Flammarion, 1971, p. 190-197).

Chapitre 2
Mélanie Klein

L'Œdipodie et l'Orestie, ces deux mythes tragiques paraissent s'opposer en tout; ils constituent des modèles fondamentaux où se tient la problématique de toute la tragédie grecque[1]. Si je devais reprendre cette ligne de partage, j'attribuerais Œdipe à Freud et Oreste à Klein. Toutefois, alors que le rêve ne joue aucun rôle dans le mythe d'Œdipe, il reste constamment présent dans celui d'Oreste. La nature du rêve était plus ambiguë dans la tragédie grecque que de nos jours. Il dépassait l'individualité puisqu'il apportait un message divin. Ce message appelait une interprétation. Dans *Les Choéphores*, deuxième pièce de l'Orestie, les fils de l'action se nouent à partir du récit du rêve qui a hanté le sommeil de Clytemnestre. Oreste, avant d'agir, veut connaître ce songe qui décida sa mère à offrir des libations à l'époux qu'elle a tué

C'est le chœur composé d'esclaves troyennes qui lui en fait le récit. Il semblait à la rêveuse qu'elle avait enfanté un serpent. D'elle-même, elle lui présenta le sein. Le serpent tira un caillot en suçant le lait. Réveillée par la peur, Clytemnestre se mit à crier. Elle envoya des libations. Oreste n'a pas besoin d'intermédiaire pour se mettre en parallèle avec le serpent. « Il faut, comme elle a nourri ce monstre effrayant, qu'elle meure de mort violente et que moi, me transformant en serpent, je la tue comme le rêve le dit[2]. »

Le tragique culmine un peu après lorsque la mère et le fils tiennent leur dernier dialogue. A l'horreur qui naît du crime qui se prépare s'ajoute un effet de déréalisation parce que les protagonistes mettent en acte le déroulement du rêve. Clytemnestre, qui a dénudé son sein, fait revenir chez Oreste des sensations primaires et des souvenirs profondément enfouis. «Respecte mon enfant, ce sein où souvent tu as, tout en dormant, sucé de tes lèvres le lait nourricier» (199). Oreste baisse son épée et hésite. Il s'ensuit un long échange où mère et fils ravivent leurs blessures profondes. En tombant finalement sous les coups meurtriers de son fils, Clytemnestre confirme le côté prophétique du rêve : «Malheur à moi! Voilà le serpent que j'ai enfanté et nourri» (200).

En faisant commencer l'auto-analyse de Freud par une «crise du milieu de la vie», Anzieu nous a incité à imaginer l'improbable rencontre de Sigmund Freud et de Melanie Klein. Cette dernière était persuadée d'être l'une des plus fidèles — la plus fidèle si l'esprit prime la lettre — héritière de sa pensée alors que Freud ne fut pas loin de la considérer *in petto* comme une schismatique en puissance. En outre, il y eut toujours Anna entre elle et lui, Anna restée célibataire et entièrement dévouée au père en longue maladie. L'index des œuvres complètes de Freud ne laisse aucun doute : il ne renvoie en qui concerne Melanie Klein qu'à trois petites notes et un commentaire sur la sexualité féminine.

Nous allons pourtant étudier les correspondances possibles d'une œuvre à l'autre passant par les rêves. Une intuition initiale de Freud fut de trouver un dénominateur à certains accès psychotiques et les rêves d'enfants : la réalisation d'un désir. Or, Freud n'a disposé que d'un matériel des plus réduits sur les rêves d'enfants, notamment des rêves décodés par une «analyse» paternelle, comme celui de sa fille Anna ou celui de Robert, le fils de son ami Fliess. Il n'eut pas davantage d'expérience directe de l'analyse des psychotiques. Il se contenta de travailler sur des mémoires ou des relations cliniques. Il en fut autrement pour Klein et ses élèves qui n'hésitent pas à analyser des enfants et des psychotiques, et même des enfants psychotiques.

1. LE JEU ET LE RÊVE

Klein a fait partie de ces individus géniaux qui, pour arriver à des découvertes fondamentales, s'autorisent ce qui reste interdit au commun des mortels. Elle a rapporté dans *La psychanalyse des enfants* les cas de jeunes enfants qu'elle avait analysés à Berlin. Toutefois, ce furent ses deux fils et sa fille qui essuyèrent les plâtres. Klein n'avait fait que pousser plus avant le prototype publié par l'inventeur de la psychanalyse. Freud s'était contenté de superviser l'analyse du petit Hans par son père.

Il était dans l'esprit de l'époque que les analystes aident leur progéniture à l'occasion en leur faisant un bout d'analyse. Ces analystes devenaient ainsi la voix de leur maître à penser. La conviction acquise au cours de cette «analyse» influença tout le travail ultérieur. Klein sut tirer des principes généraux de l'expérience exceptionnelle : ne pas analyser l'enfant à son domicile, lui réserver des moments précis, lui offrir des jouets spécifiques, distinguer l'action éducative de l'interprétation analytique, interpréter non seulement les paroles de l'enfant, mais aussi son activité ludique.

«Par le jeu, l'enfant traduit sur un mode symbolique ses fantasmes, ses désirs, ses expériences vécues. Ce faisant, il utilise le même mode d'expression archaïque et phylogénique le même langage, pour ainsi dire, qui nous est familier dans le rêve; nous ne pouvons comprendre ce langage qu'en l'abordant à la lumière des enseignements de Freud sur la signification des rêves» (Klein, 1932, p. 19-20). A côté de ce mode archaïque de représentation, l'action joue un rôle de premier plan en tant que précurseur originel des pensées : les enfants substituent des actions aux mots.

Au cours d'une séance d'analyse, un enfant offre un spectacle volontiers kaléidoscopique, dépourvu de sens apparent. Les changements de rôle, de jouets et de matériaux ne se produisent pourtant pas au hasard. Ils révèlent leur signification lorsqu'on les interprète comme s'il agissait d'un rêve. Il arrive que l'enfant répète dans son jeu le contenu d'un rêve ou qu'il fournisse dans le jeu qui suit le rêve des éléments ludiques associatifs. L'enfant s'exprime par excellence par le jeu et il n'apporte pas moins d'associations en jouant que l'adulte en parlant. Les détails du jeu et les propos de toute espèce qui s'y mêlent constituent de véritables associations.

Le jeu, à l'instar du rêve, comporte une façade en trompe l'œil. C'est seulement d'une manière graduelle que l'analyste peut découvrir ses sources intellectuelles et affectives en observant ses changements successifs puisque le jeu subit une plus forte élaboration secondaire. Au cours des premières années, le moi immature ne peut tolérer suffisamment l'angoisse suscitée par les pulsions agressives et les objets persécuteurs internes. L'enfant s'efforce de triompher, dans ses jeux, du souvenir des expériences désagréables. Il projette aussi par ce moyen, sur le monde extérieur, une partie des angoisses et de ses objets afin de les maîtriser. Cette tentative pour déplacer vers l'extérieur des processus endopsychiques renvoie à ce que Freud nous appris sur les rêves traumatiques. Ces rêves s'efforcent de rétablir le contrôle des excitations en provoquant chez le sujet un état anxieux dont l'absence fut à l'origine de la névrose traumatique.

Le jeu, comme le rêve, recèle un contenu latent dont l'analyste peut découvrir la signification cachée. L'histoire de l'enfant à la bobine racontée par Freud montre comment l'attention prêtée à des détails précis dans un contexte global arrive à révéler la signification d'une conduite. En prenant du plaisir à jeter la bobine et à la récupérer, ce petit garçon de dix-huit mois avait la satisfaction imaginaire de contrôler les allées et venues de sa mère, à laquelle il était très attaché. Klein a vu dans l'acte de jeter la bobine l'expression d'une vengeance et dans le fait de la faire réapparaître une restitution magique de la mère tuée symboliquement au cours du jet. L'analyse par le jeu donne l'occasion d'élaborer la situation conflictuelle primaire en la rattachant à la situation actuelle, envisagée comme une relation de transfert

Il n'y aurait pas eu l'invention de l'analyse par le jeu sans la symbolique de Freud — l'ensemble des symboles à signification constante que l'analyste peut retrouver dans les productions de l'inconscient. Klein considérait que la représentation au moyen de jouets, et la représentation symbolique en général était moins investies d'angoisse qu'une révélation parlée parce qu'elle prend une certaine distance par rapport au sujet lui-même. En réalité, Klein avait déjà complété la conception freudienne par d'autres idées sur la symbolisation. A la suite de Ferenczi, elle voyait dans l'identification le précurseur de la symbolisation. C'est par elle que le petit enfant cherche à redécouvrir ses organes et ses fonctions dans chaque objet externe. Selon Jones, lorsqu'un désir doit être abandonné à cause d'un conflit et du refoulement qu'il provoque, il peut s'exprimer de façon symbolique. Un symbole peut prendre la place de l'objet qui a dû être abandonné. En vertu d'une similitude donnée par le plaisir ou l'intérêt, il est possible d'établir une équation, entre deux choses tout à fait différentes.

Klein a enrichi dans un second temps l'univers symbolique en faisant place, à côté de la série libidinale, à une série agressive. Les désirs destructifs de l'enfant contre ses objets, représentés par les organes de son corps, suscitent la peur de ces organes et de ces objets. Cette peur, qui coexiste avec des pulsions libidinales, le pousse à établir une équation entre ses organes et d'autres objets. Ceux-ci se transforment à leur tour en objets d'angoisse dont l'enfant peut s'éloigner grâce à de nouvelles équations. Il se crée ainsi tout un système de symbolisation. « Le symbolisme n'est donc pas seulement la base de tout fantasme et toute sublimation; c'est sur lui que s'édifie la relation du sujet au monde extérieur et à la réalité en général» (Klein, 1950, p. 265).

La formation du symbole a acquis une place prééminente dans la théorie lorsque Klein rapporta l'analyse d'un enfant dont le développement du moi était exceptionnellement inhibé[3]. Elle avait considéré Dick, âgé de quatre ans, comme un schizophrène. Depuis les travaux de Kanner, les analystes d'enfants le voient plutôt comme un autiste. Il me paraît se situer entre les deux. Dick ne s'intéressait à rien et il ne jouait pas. Il parlait peu et d'une manière incorrecte. Ses acquisitions intellectuelles correspondaient à celles d'un enfant plus jeune. Il ne manifestait pas de douleur, d'émotion et ou de sentiments. Il faisait preuve d'une grande maladresse physique. Dick constituait un véritable défi à la mise en œuvre d'une technique élaborée avec des enfants névrosés.

Klein analysa le jeu de Dick comme Freud l'avait fait pour le rêve. Lorsque le patient ne fournissait pas d'associations, l'analyste trouvait le sens de certains éléments du rêve en interprétant leur symbolisme. En écoutant les parents, Klein remarqua que Dick restait indifférent à presque tout ce qui l'entourait. Il s'intéressait cependant aux trains, aux gares ainsi qu'aux portes, à leurs poignées, leur ouverture et leur fermeture. Le symbolisme, dont la connaissance avait été acquise au préalable auprès d'enfants «névrosés», indiquait que l'intérêt pour ces objets et ces actions provenaient d'une source commune : la pénétration du pénis dans le corps maternel. Les portes et les serrures représentaient les ouvertures du corps maternel tandis que les poignées évoquaient le pénis de son père et le sien.

La première fois que Dick vint chez son analyste, il trouva les jouets qu'elle lui avait préparés. Il les regarda sans manifester d'intérêt. Klein prit un grand train qu'elle plaça à côté d'un train plus petit. Elle les désigna comme le «train papa» et le «train Dick». Là-dessus, le petit patient prit le train plus petit que son analyste avait désigné : «Dick»; il le fit rouler jusqu'à la fenêtre et dit : «Gare». Klein interpréta : «La gare, c'est maman; Dick entre dans maman». Dick lâcha le train et courut se réfugier entre la porte intérieure et la porte extérieure de la pièce. Il s'enferma en disant : «Noir» et il ressortit aussitôt en courant. Il répéta le manège plusieurs fois avant de reprendre le train. (Cette situation en niche se rencontre dans les rêves qui représentent une incorporation défensive dans une peau commune à l'enfant et à la mère. La verbalisation brutale du mythe œdipien a provoqué une régression au fantasme de fusion psychosomatique). Klein interpréta de nouveau : «Il fait noir dans maman; Dick est dans le noir de maman». Et Dick dut courir de nouveau se mettre entre les deux portes. Klein avait relevé le défi et réussi à le surmonter.

Klein a précisé qu'elle pouvait tirer l'interprétation du symbolisme mis à jour par certains détails du comportement dans le cas où le jeu est inhibé. Mais elle procédait ainsi seulement à la phase préliminaire et à certains moments très limités de l'analyse. Le travail analytique favorise ensuite la croissance du moi. Lorsque l'angoisse a diminué, les activités ludiques, les associations verbales, les rêves et les rêveries commencent à se manifester. Comme la symbolisation faisait défaut chez Dick, Klein avait dû modifier sa technique habituelle. En règle générale, elle n'interprétait le matériel que s'il avait été exprimé dans plusieurs représentations différentes.

2. LE RÊVE ET LA POSITION DÉPRESSIVE

Klein avait d'abord progressé dans la technique et la théorie en analysant des enfants. Elle commença dans les années trente à panacher le choix de ses débuts en faisant appel à des analyses d'adultes. Ce n'est pas un hasard si elle illustra ses propos sur la position dépressive avec du matériel recueilli seulement chez ces derniers. Les rêves avaient remplacé les jeux. Le «premier système» avait établi que les très petits enfants traversent des situations d'angoisse dont le contenu est comparable à celui des psychoses de l'adulte. Un des premiers moyens pour se défendre contre ces angoisses psychotiques consiste à nier la réalité psychique. Il restait à étudier les adultes dépressifs, maniaques et paranoïaques pour extrapoler la manière dont le moi infantile finit par reconnaître la réalité.

Klein commença par distinguer la paranoïaque du dépressif dans leurs relations aux objets d'amour. Comme la psyché se confond encore avec le soma dans les premiers mois, un distinguo fut ébauché parmi les symptômes hypocondriaques :
– sont paranoïaques (ou paranoïdes) les douleurs et les malaises causés par les attaques fantasmatiques lancées contre le moi par des objets internes persécuteurs.
– sont dépressifs les manifestations symptomatique qui proviennent d'attaques de persécuteurs internes contre les bons objets, d'une lutte interne dans laquelle le moi s'identifie aux souffrances des bons objets.

Klein a fourni l'exemple d'un patient X qui était persuadé d'avoir le ver solitaire[3]. Il avait établi dans l'analyse un lien entre le parasite intérieur et son avidité. Il formula le fantasme suivant : un taenia se frayait un chemin dans son corps en le mangeant ; il allait être atteint d'un cancer digestif. Le patient n'était pas seulement persécuté dans son corps. Il soupçonnait son analyste d'être alliée avec ses ennemis. Il rêva alors : *Un détective arrêtait une personne qui lui était hostile et le persécutait. Puis il la mettait en prison. Mais le rêveur découvrait que le détective avait trahi sa confiance en devenant le complice de son ennemi.* Klein dit alors au patient que le détective la représentait. La prison où l'on enfermait l'ennemi était le corps du patient — son tube digestif plus particulièrement. X déclara que le taenia était bisexué. Klein se dit qu'il devait représenter les parents combinés — à savoir des parents hostiles à son égard en raison du sadisme archaïque projeté sur leur union.

Je pense que la représentation des parents accouplés sous forme d'une femme ayant incorporé le pénis au cours du coït a été précédée d'une symbolisation plus primitive : le fantasme d'un corps parental combiné. Tandis que les relations aux objets totaux font apparaître la situation œdipienne, les objet partiels continuent de jouer un rôle important. Au premiers stades du complexe d'Œdipe, le bébé combine, après les avoir incorporés, un objet partiel masculin et un objet partiel féminin. Cet objet partiel-total a une nature composite, analogue à certains monstres du folklore et de la mythologie. Ce fantasme préverbal engendre des équations symboliques repérables plus tard dans les manifestations psychotiques ou psychosomatiques. A ce stade, la projection du sadisme destructeur métamorphose le couple jouissant d'une gratification permanente en une paire siamoise animée d'un désir de vengeance incoercible. L'analyse peut transformer ce fantasme proche de l'originaire en un fantasme proprement œdipien et aider à le verbaliser[5].

Revenons au patient X. Il eut de la diarrhée mêlée de sang — peut-être le saignement fut-il seulement imaginaire — au moment où son fantasme de ver solitaire fut analysé. Il en fut fort effrayé car il crut trouver là confirmation de la réalité de ses craintes. La diarrhée représentait les excréments empoisonnés avec lesquels il avait attaqué ses mauvais parents unis ainsi que le mauvais pénis du père. Le bon sang précieux évoquait l'analyste. (Le patient avait dû dans l'enfance donner du corps à ses fantasmes agressifs en dérangeant ses parents au cours de leurs rapports sexuels par une défécation). Lorsque l'analyse progressa, X devint moins méfiant et se soucia beaucoup de son analyste-femme. Il s'était toujours préoccupé de la santé de sa mère, mais il n'avait pas éprouvé de véritable amour pour elle. Lorsqu'il s'inquiéta pour son analyste, il ressentit de l'amour, de la tristesse, de la gratitude et la dépression.

L'article de 1940 sur le deuil et les états maniaco-dépressifs fait reposer la démonstration clinique sur l'interprétation de deux séries de rêves. Grâce au premier exemple, l'auteur se proposait d'illustrer la manière dont une personne en deuil, «un cas normal», rétablit des liens avec le monde extérieur. Nous sommes presque certains que Mme A n'est autre que l'auteur de l'article. En effet, Melanie Klein avait perdu son fils Hans en avril 1934. Celui-ci s'était tué accidentellement au cours d'une excursion solitaire dans les montagnes des Carpathes. L'enterrement avait lieu à Budapest. Mais sa mère avait été si ébranlée qu'elle n'avait pu quitter Londres. Klein a su, comme Freud, procéder à son auto-analyse. Elle a surmonté une épreuve psychique terrible mais assez banale, et l'a transformée en une occasion exceptionnelle de créer. L'insight acquis en travaillant la souffrance du deuil lui permit de faire une découverte majeure : la théorie des positions[6].

Dans les jours qui suivirent la perte de l'enfant chéri, Mme A se mit à trier des lettres pour garder les siennes et jeter celles des autres. Elle essayait ainsi inconsciemment de le garder pour elle, en sécurité, tout en rejetant ce qu'elle jugeait indifférent ou hostile : les mauvais objets, les excréments dangereux, les sentiments répréhensibles. Mme A ne pleura pas beaucoup la première semaine qui suivit la mort du fils. Elle se sentait «engourdie, fermée et physiquement brisée». Elle trouva quelque soulagement dans le contact avec une ou deux personnes très proches. Elle avait complètement cessé de rêver alors qu'elle avait l'habitude de faire des rêves toutes les nuits. Sans doute voulait-elle nier inconsciemment la perte encore insupportable.

A la fin de la semaine, elle fit le rêve suivant : *Elle voyait deux personnes, une mère et un fils. La mère portait une robe noire. Mme A savait que ce garçon était mort, ou allait mourir. Ses sentiments ne faisaient aucune place à la douleur, mais prenaient une nuance d'hostilité à l'égard de ces deux personnes.* (K. 1950, p. 354). Ses associations la firent revenir à un souvenir important. On avait obligé autrefois son frère Emmanuel à faire du travail de rattrapage à la maison sous la surveillance d'un camarade de classe. La mère de ce camarade était venue voir leur mère pour organiser le travail des garçons. Mme A se rappelait avec beaucoup d'émotion l'attitude protectrice et condescendante de la visiteuse et le grand accablement de leur mère. Mélanie avait toujours voué une grande admiration au frère cadet, plus âgé qu'elle de cinq ans. Les difficultés scolaires apparues en plein jour avaient sérieusement ébranlé la statue sur son piédestal.

L'incident avait gardé une si grande force dans le mémoire de Mme A parce qu'elle avait sympathisé avec le malheur et la rage d'Emmmanuel, mais aussi parce qu'elle s'était sentie inconsciemment coupable. Ses propres désirs hostiles s'étaient réalisés. Emmanuel n'avait pas caché à quel point il s'était senti mortifié. Malgré son admiration et son amour pour son frère, Mme A devait convenir qu'elle avait jalousé sa supériorité physique et mentale, son pénis, ainsi que la mère en possession d'un tel fils. Sa jalousie avait trouvé à se satisfaire en faisant mourir le garçon dans le rêve. Elle avait commencé par déguiser son désir de mort et par obtenir vengeance en faisant mourir le fils de cette femme désagréable, celle qui avait blessé narcissiquement sa mère et son frère. Mais le subterfuge préconscient n'avait pas tenu et elle avait mis en scène la mort du fils de sa mère - d'autant plus facilement qu'ils étaient déjà décédés l'un et l'autre.

Il lui avait enfin fallu concilier la sympathie pour sa mère et le chagrin pour elle-même. Une seule mort de ce genre suffisait. Sa mère qui avait déjà perdu son fils n'aurait pas dû perdre aussi son petit-fils. Mme A avait reporté sur son fils quelques uns des sentiments ressentis autrefois avec son frère. Maintenant que le fils était mort, ces sentiments, bien qu'intégrés dans un vécu maternel, s'étaient manifestés à nouveau dans le rêve.

Après la mort de son fils, Mme A avait renforcé sa «position maniaque», notamment grâce à la négation; elle rejetait énergiquement l'idée de recevoir dans son inconscient l'annonce de la mort. Mais il lui fut rapidement impossible de maintenir cette négation. Comme elle n'était encore capable d'affronter cette souffrance et ce chagrin, elle accentua le triomphe et la maîtrise sur les objets intérieurs, autres éléments de la défense maniaque. Il n'est pas triste qu'un enfant meure, surtout si c'est le fils de cette femme si désagréable. Lorsque son frère était mort, Mme A se souvenait avoir éprouvé, à côté d'une grande douleur, le sentiment d'avoir triomphé sur lui. Mais le triomphe se rapportait maintenant au frère et à la mère intériorisés. La négation fut appelée en renfort pour nier la compassion et l'amour pour la mère intérieure. A cause de ses propres sentiments de vengeance, ses objets internes devenaient des persécuteurs. Toutefois, un détail du rêve indiquait que la négation perdait de sa force. Mme A commençait à savoir que c'était elle qui avait perdu un fils parce qu'elle portait la veille du rêve une robe noire à col blanc et que la femme du rêve avait quelque chose de blanc autour du cou, sur sa robe noire.

Deux nuits plus tard, Mme A fit un autre rêve. *Elle volait dans l'air avec son fils. Celui-ci disparaissait. Elle sentait que cela voulait dire qu'il était mort, qu'il s'était noyé. Elle avait l'impression de se noyer aussi, mais elle faisait un effort pour s'éloigner du danger et revenir à la vie.* Ses associations montrèrent qu'elle avait décidé de ne pas mourir avec son fils et d'apprécier la vie. Son inconscient commençait à accepter de savoir qu'une perte irrémédiable avait eu lieu[7]. La douleur et la culpabilité s'étaient rapprochées l'une de l'autre. Le sentiment de triomphe présent dans le rêve précédent avait diminué, mais pas disparu. Mme A se souvint d'un passage où Freud écrivait que « le moi se laisse convaincre par l'ensemble des satisfactions narcissiques que lui donne le fait de rester en vie ». Klein était persuadée que ces satisfactions narcissiques provenaient en partie du sentiment de triomphe.

Durant la seconde semaine de deuil, Mme A trouva un certain réconfort à regarder des maisons de campagne agréablement situées, et à souhaiter une telle maison pour elle. Ce faisant, elle tirait la certitude que les bons objets existaient toujours. Cet intérêt lui permettait de rebâtir son monde intérieur. Elle recréait ses bons parents, les unifiait et les rendait créateurs. Elle réparait indirectement les enfants qu'elle leur avait tués dans ses fantasmes et se mettait ainsi à l'abri de leur colère. Elle craignait moins que la mort de son fils ne soit due à une vengeance de ses parents. Des accès de désespoir mettaient fin à ces moments d'apaisement. Mais elle pleurait beaucoup maintenant et les larmes la soulageaient. Etant donné que, dans l'inconscient, les larmes sont assimilées aux excréments, l'endeuillée expulsait en pleurant ses mauvais sentiments et ses mauvais objets. Les processus de projection s'étaient ralentis et une plus grande liberté signifiait que le moi avait relâché son contrôle sur les objets internes. Les sentiments et les objets purent retrouver une certaine vitalité.

En se remettant à rêver, Mme A put commencer à affronter inconsciemment son deuil. Elle eut le désir de revoir des amis, mais un seul à la fois, et pour un moment. Le soulagement alternait avec la détresse car la position dépressive ne se rétablissait pas en un mouvement continu mais par vagues successives. Après quelques semaines, Mme A sortit se promener avec un ami dans des rues familières; elle s'efforçait de rétablir les liens du passé. Mais elle se trouva plongée tout d'un coup dans un monde étrange et irréel. Elle chercha refuge dans un restaurant paisible, mais elle ne put éviter un vécu de déréalisation. Elle retourna dans sa maison qui lui parut être le seul endroit sûr au monde. Comme Mme A était entourée de personnes qu'elle aimait et qui partageaient sa souffrance, elle put accepter leur sympathie. Ses craintes et ses souffrances s'atténuèrent ainsi plus vite.

En faisant paraître en 1932 ses premières conclusions théoriques, Klein avait regretté de n'avoir pas pu donner une présentation d'ensemble de sa technique. Elle se rendit compte dés qu'elle analysa Richard qu'elle tenait une chance extraordinaire de satisfaire cette attente. Nous allons extraire ici quelques séquences portant sur des rêves[8]. L'analyse de Dick, commencée en 1929, se poursuivait durant la dernière guerre. Lorsque les grandes batailles aériennes commencèrent au-dessus de Londres, ses parents décidèrent de s'installer avec lui à Piltochry, une petite villégiature au cœur de l'Ecosse. Ils convainquirent Klein de se joindre à eux. Dick avait un cousin plus jeune que lui de six ans : Richard. Un médecin persuada la mère qu'une analyse avec Klein pourrait améliorer sa terreur des autres enfants, ses difficultés scolaires et ses craintes hypocondriaques.

Richard, âgé de dix ans, et sa mère vinrent vivre dans un hôtel à Piltochry. Klein leur avait expliqué que l'analyse ne pourrait avoir qu'une durée très limitée. De fait, Richard eut près d'une centaine de séances d'avril à août 1941. On peut voir dans l'analyse simultanée de ces deux cousins une reprise élaborative de l'analyse par Klein de ses deux fils à ses tout débuts. «J'avais conscience du contre-transfert positif qui opérait en moi; cependant...» (K., 1961, p. 20). Klein commença à rassembler les notes prises sur chaque séance en un tout cohérent. Elle travailla sur le manuscrit jusqu'à son dernier souffle puisqu'elle eut le temps de corriger les épreuves à l'hôpital avant de mourir. Même si Klein introduisit dans ses commentaires de nouvelles notions comme l'identification projective ou l'envie, l'essentiel venait de 1941, époque où prédominait la position dépressive.

Klein a précisé qu'elle demandait souvent au cours d'une séance si le patient — adulte ou enfant — avait rêvé. Elle posait la question lorsque son intuition lui faisait penser à l'existence d'un rêve non signalé. «Je m'efforce de ne pas donner l'impression au patient que ses rêves ont une plus grande importance que tout autre matériel. Cependant, ce n'est pas un effet du hasard si mes patients rêvent souvent et me racontent leurs rêves sans que je le leur demande» (K., 1961, p. 152). Cet enfant en période de latence rapporta à son analyste une dizaine de rêves, soit un rêve toutes les neuf ou dix séances. Il aborda le sujet de lui-même au début de la neuvième séance. Il demanda à Mme Klein si elle pouvait l'aider à ne pas rêver. Il lui expliqua que ses rêves étaient pénibles et terrifiants. Il lui confia cependant quelques uns de ses rêves anciens qu'elle commença à interpréter, en partie grâce aux informations recueillies auprès de la mère.

A la première séance, Klein avait disposé sur une table des jouets, des crayons, du papier, etc. Richard avait déclaré qu'il préférait parler et penser plutôt que jouer. Mais il parla de moins en moins au fil des séances. L'apparition d'angoisses profondes rendit évident son besoin de jouer. Klein décida à la douzième séance de rapporter à l'enfant du papier, des crayons, des pastels et d'attendre sa réaction. Richard commença à dessiner une bataille navale. Il effectua une série de dessins qui figurent avec le compte rendu des séances. Klein apporta des jouets à la quatorzième séance et Richard se mit aussitôt à jouer. Elle pensait que l'enfant peut exprimer une grande variété d'émotions et de situations par les dessins, les jeux et les rêves. Mais c'est en jouant avec de petits jouets qu'il montre le mieux ses contradictions émotives. Richard exprima dans son premier «jeu» un matériel d'une grande richesse, rappelant les patients qui révèlent une grande partie de leur inconscient dans leur première entrevue. Son «premier» rêve date du début de la dix-huitième séance. Klein en fit une longue interprétation en reliant le rêve au jeu avec les jouets et les dessins des séances précédentes. Tout ce matériel illustrait l'intériorisation des relations sexuelles entre des parents qui se battaient entre eux, qui s'alliaient contre l'enfant, qui agonisaient. Ces situations intérieures de danger entraînaient des souffrances hypocondriaques, un sentiment d'insécurité, d'abandon et de solitude. Leur analyse renforça le transfert. Les relations dans l'analyse furent plus faciles à différencier des relations à la maison avec les parents, le frère et le chien. «En général, nous constatons des changements de rôle dans les rêves et une partie du soulagement que procure le rêve s'explique par le fait que les mécanismes psychotiques s'y expriment» (K., 1962, p. 383).

Richard et son analyste se séparèrent après la quatre-vingt-treizième séance. Le samedi précédent, Richard lui avait raconté un dernier rêve dans lequel *Mme K et lui-même se trouvaient dans un autobus vide et sans contrôleuse.* Le lundi suivant, Richard donna des détails sur la fin du rêve. *«Il avait sonné. L'autobus avait ralenti et il était descendu en marche. Il avait été content de rencontrer une dame qui l'avait conduit chez elle.»* Son analyste lui dit qu'il s'était senti abandonné en découvrant que la contrôleuse n'était pas là. Il avait été heureux qu'une autre dame l'emmène chez elle. Le traitement fut de courte durée, mais Klein avait obtenu des résultats durables. Elle avait analysé avec persévérance les pulsions destructrices et les angoisses de persécution concernant les objets internes. Richard avait trouvé une plus grande capacité d'amour qui lui avait permis d'atténuer la haine. Tout analyste qui produit des changements positifs durables améliore la relation de l'enfant au bon objet.

La pensée kleinienne approcha de sa forme définitive en 1946, lorsque Klein décrivit le développement infantile précédent la position dépressive. En 1952, elle fit paraître, avec ses plus proches collaboratrices, une grande synthèse théorique. L'axiome selon lequel la position dépressive prime dans le développement mental était resté le principe fondamental du kleinisme. Klein avait avancé une théorie du fantasme inconscient, mais pas de théorie du rêve. L'école kleinienne a intégré le rêve dans la théorie du «phantasme». La graphie nouvelle relevait d'une volonté de désigner ainsi le contenu primaire des processus mentaux inconscients (par opposition le «fantasme» désignait les rêveries diurnes conscientes, les fictions, etc.).

3. LE RÊVE ET L'ENVIE

Un chapitre entier d'exemples cliniques était venu étayer la théorie. Chacun des cas comportait l'analyse de rêves dans lesquels l'envie interférait avec la réalisation du désir. Nous nous intéresserons d'abord à une patiente pouvant être considérée «comme quelqu'un d'assez normal» (K., 1957, p. 57-58). L'écriture reflète davantage une auto-analyse, semblable à la narration du deuil de Mme K déjà évoquée, qu'une analyse. Sans doute, Klein nous entretient d'elle-même grâce à un nouveau dédoublement de personnalité[9]. Cette personne avait pris peu à peu conscience — rappelons qu'elle était septuagénaire — de sentiments d'envie envers sa sœur aînée Emilie et sa mère Libussa. Elle avait tenu à distance son amertume et sa rancœur en considérant sa sœur comme très névrosée (défense par la réalité?) et en valorisant sa propre supériorité intellectuelle. Elle s'était défendue contre l'envie par une idéalisation marquée, voire de l'idolâtrie, comme cela crève les yeux à la lecture de son autobiographie.

Cette femme a rapporté un de ses rêves. *Elle se trouve seule dans un compartiment de chemin de fer avec une femme qu'elle voit seulement de dos. Comme celle-ci s'appuie contre la portière, la rêveuse pense que cette dame risque de tomber sur la voie. Elle s'efforce de la retenir. Elle la maintient d'une main par la ceinture tandis que de l'autre main elle rédige une note et l'applique contre la vitre. Elle y dit qu'un médecin s'occupe d'une malade dans ce compartiment et qu'il ne doit pas être dérangé.* Ce rêve amena de nombreuses associations (mais elles ne furent pas toutes fournies). La rêveuse se dit que la personne qu'elle essayait de retenir avec tant d'énergie devait être une partie d'elle-même — mais une partie aliénée. Elle était décidée à la garder à tout prix et à être la seule à s'en occuper. Le travail d'auto-analyse montra que le compartiment représentait la rêveuse. Les cheveux vus de dos seulement la ramenèrent à sa sœur aînée. La rêveuse se rappela avoir éprouvé des sentiments de rivalité et d'envie à l'égard de cette sœur plus âgée de six ans. Alors que Melanie était encore enfant, Emilie pouvait déjà être courtisée. Melanie n'avait pas rendu visite à sa sœur aînée en 1940 lors de sa brève pneumonie fatale. Elle craignait sans doute d'être contaminée par la tuberculose; elle avait conservé cette peur depuis qu'elle avait vu mourir, à l'âge de quatre ans, une autre sœur Sidonie à cause de «scrofule» — probablement une tuberculose ganglionnaire.

En poursuivant son auto-analyse, la rêveuse se souvint d'une robe que sa mère avait portée et qu'elle avait beaucoup admirée alors qu'elle était encore enfant[10]. Cette robe soulignait tout particulièrement la forme des seins. La rêveuse dut convenir une nouvelle fois que l'envie lui faisait détériorer le sein dans son fantasme. Cette prise de conscience augmenta le sentiment de culpabilité à l'égard de la mère et la sœur. Un travail d'intégration permit à la «patiente» de considérer avec plus de compréhension les déficiences de sa sœur. Elle regretta de ne pas l'avoir aimée davantage. Elle admit qu'elle avait dû avoir plus d'affection pour Emilie dans son enfance qu'elle ne s'en souvenait.

Klein interpréta en disant que la rêveuse avait éprouvé le besoin de contrôler la partie clivée et aliénée d'elle-même. Elle se sentait obligée de retenir la femme pour l'empêcher de tomber. Elle apportait ainsi à sa sœur l'aide qu'elle se reprochait inconsciemment de ne pas lui avoir fournie, notamment au moment de sa mort. L'auto-analyse lui permit ensuite de revivre le même sentiment vis-à-vis de la sœur en tant qu'objet intériorisé. La «patiente» soumettait ses premières relations à une révision analogue à celle imposée par le travail des divers deuils. L'identification projective lui avait permis de placer ses propres sentiments paranoïdes dans cette femme représentant sa sœur et de les contrôler en faisant de cette femme une malade en crise. Cette prise de conscience effectuée grâce à l'analyse du rêve l'aida à réduire le clivage de son moi. Klein qui se considérait, somme toute, comme «normale» avait été stupéfaite et bouleversée de découvrir en elle «une certaine partie résiduelle de folie».

Ainsi que l'a suggéré Grosskurth, il est très vraisemblable que le deuxième exemple soit celui de Paula Heimann. Celle-ci, fuyant les persécutions nazies contre les juifs, s'était installée à Londres en 1933. A

Berlin, Heimann avait connu Melitta et son mari, la fille et le gendre de Melanie Klein. Les Schmideberg s'occupèrent gentiment de Paula après son arrivée en Angleterre. A la suite du décès de Hans, Heimann devint très vite la confidente — en langue allemande — de Klein. Elle occupa une place très inconfortable car elle restait amie avec la mère et la fille, qui se livraient une bataille idéologique. Heimann se trouvait elle-même en difficulté psychologique après une émigration forcée, un divorce et une petite fille à charge. Klein aurait exercé une séduction pour prendre Heimann en analyse. La cure commença en janvier 1935. Elle pâtit de ce que la patiente et son analyste avaient partagé, non seulement la même vie sociale, mais aussi une amitié.

Heimann avait vu le jour à Dantzig en 1899 — soit dix-sept ans après Klein. Ses parents d'origine russe eurent quatre enfants. Le troisième enfant, une fille mourut et Paula fut conçue après ce décès. Klein avait été enceinte de Melitta tandis qu'elle faisait le deuil de son frère. Elle avait subi le deuil de sa mère tandis que son dernier enfant était encore nourrisson. Elle n'eut pas de mal à faire comprendre à sa patiente qu'elle avait été conçue pour remplacer la petite fille disparue, qu'elle avait été préférée par la mère à sa sœur aînée pour autant qu'elle avait materné cette mère. Heimann supporta de plus en plus mal d'avoir à répéter avec son analyste ce qui s'était déjà passé avec sa mère. De son côté, Klein avait besoin d'une jeune femme pour jouer à la fille idéale en remplacement de Melitta.

Klein a présenté sa patiente «comme marquée par de fortes tendances dépressives et schizoïdes. Des épisodes dépressifs s'étaient succédé pendant de longues années»[11]. Klein avait interprété les pulsions destructrices dirigées contre l'analyste, les parents, le frère, la sœur. Elle lui avait fait reconnaître des attaques fantasmatiques envers le corps de la mère. Les progrès de l'analyse avaient masqué la profondeur et la gravité du trouble. La patiente donnait l'impression de mener une vie sociale satisfaisante, malgré ses accès dépressifs. Elle apparaissait comme une personne fort agréable, serviable et sincère. La gravité de l'atteinte se révéla finalement lorsqu'elle remporta un succès professionnel inattendu. (Il s'agissait peut-être de l'article de 1950 sur le contre-transfert, qui fut tout de suite considéré comme un classique kleinien, au grand mécontentement du chef d'école).

Klein avait essayé pendant plusieurs années d'analyser l'intense rivalité de la patiente avec elle. Heimann n'avait-elle pas le sentiment qu'elle pourrait l'égaler, voire la surpasser, dans le domaine analytique? Klein essaya de lui faire reconnaître l'importance de son envie. Mais la patiente ressentait les pulsions destructrices en jeu «comme toutes-puissantes et, par là, comme irrévocables, irrémédiables». Notons le contraste entre ce pessimisme et l'optimisme pour la patiente précédente. La compréhension restait intellectuelle avant tout. C'est alors qu'un rêve vint conforter l'analyste dans sa conviction. *La patiente planait au-dessus de la cime d'un arbre, sur un tapis volant. De cette position élevée, son regard pouvait plonger à travers une fenêtre dans une pièce où une vache mâchonnait interminablement une sorte de ruban de laine.*

Les associations permirent à l'analyste de comprendre que le fait d'être perchée au sommet d'un arbre signifiait pour la patiente qu'elle avait dépassé l'analyste; elle regardait donc la vache avec mépris. Ce rêve reprenait un thème apparu en début de cure dans un rêve où l'analyste avait pris l'apparence d'une femme apathique et bovine tandis que la patiente s'était représentée comme une petite fille au discours brillant. A partir de ce rêve, la patiente s'était rendu compte de ses attaques envieuses contre la mère et l'analyste. La référence à la femme bovine était souvent revenue dans le matériel. Il ne faisait aucun doute que la vache du rêve renvoyait à l'analyste. La patiente ajouta que l'interminable ruban de laine symbolisait un flux intarissable de paroles. Comme les propos de l'analyste avaient souvent été floconneux, imprécis et indigents, la rêveuse les lui avait fait ravaler, ruminer. L'analyste y vit aussi une critique envers la mère qui l'avait nourrie de façon insatisfaisante. Klein montra à la patiente qu'elle ne pouvait ni faire confiance à une analyste aussi maltraitée, ni à une analyse aussi dévalorisée.

Cette même nuit, la patiente avait rêvé *qu'elle portait des culottes mouillées*. Ses associations ramenèrent des attaques urétrale empoisonnées lancées contre l'analyste. Cette agression cherchait à détruire la capacité mentale de l'analyste et à la transformer en un animal stupide et passif. Peu après, la patiente rapporta un autre rêve. *Elle se trouvait au pied d'un escalier. Elle levait les yeux vers un couple et elle avait l'impression que quelque chose n'allait, pas. Elle leur lança une boule de laine pour faire de la bonne magie.* La patiente se rendit compte, avec l'aide de l'analyste, que la bonne magie servait à combattre la mauvaise magie, notamment le poison. Les associations relatives au couple ramenèrent à la jalousie contre les parents. La boule ne parvenait pas jusqu'au couple parce qu'elle était trop légère, tout comme sa tentative de réparation maniaque.

Grâce à l'analyse de ces deux rêves, la patiente fut convaincue qu'elle éprouvait une envie d'empoisonneuse contre l'analyste, la mère, le couple parental. La confrontation à une partie complètement clivée d'elle-même la plongea dans une dépression plus grave que les précédentes. Elle ne pouvait pas supporter de se voir sous ce jour : une envieuse cherchant à endommager et à humilier une analyste estimée par ailleurs. La patiente n'était pas particulièrement vaniteuse, mais elle tenait à conserver une image idéalisée d'elle-même. Son idéalisation s'effondra lorsqu'elle se rendit compte de sa méchanceté. Elle transforma son sentiment de culpabilité et sa dépression en sentiment d'ingratitude envers son analyste qui l'avait aidée et cherchait à l'aider. L'analyste lui avait permis de recouvrer toutes les parties d'elle-même clivées et projetées, mais la patiente ne supportait pas ce retour. Une rechute se produisit quelques mois plus tard. «Dans l'état de nos connaissances, je pense que c'est avec cette catégorie de malades — qui ne sont pas nécessairement des psychotiques avérés — que nos résultats thérapeutiques sont limités, voire nuls» (K., 1956, p. 90).

Commencée en 1935, l'analyse de Heimann s'est terminée en 1953, après de nombreuses interruptions et reprises. Klein s'était décidée cette année-là à se délester de deux patientes «trop destructrices», l'une d'elles aurait été Heimann. Faut-il y voir une nouvelle mouture de la parabole sur la paille et la poutre? Heimann a dit par la suite que la communication de Klein sur l'envie en juillet 1955 avait marqué une rupture irrévocable entre elles. En novembre 1955, Klein écrivit à Heimann pour lui demander de démissionner du *Melanie Klein Trust* récemment constitué. Après avoir envoyé sa démission, Heimann écrivit une lettre à ses collègues de la Société pour leur annoncer qu'elle ne faisait plus partie du groupe des kleiniens. Cette rupture suscita de sérieux remous parmi ces derniers. Paula Heimann cessait-elle d'être une kleinienne simplement parce qu'elle s'était brouillée avec Melanie Klein? Un kleinien était-il seulement une personne reconnue comme telle par la fondatrice? Jusqu'à la fin de sa vie, Klein a eu beaucoup de mal à intégrer dans sa pensée les apports des collègues plus jeunes. Elle voulait ignorer que son nom avait servi à former un nouvel adjectif et que cette manière de faire et de penser l'analyse devrait beaucoup à ses élèves les plus inventifs.

NOTES

[1] GREEN, A., *Un œil en trop*, Paris, Les Editions de Minuit, 1969.
[2] ESCHYLE, *Théâtre complet* (trad. E. Chambry), Garnier-Flammarion, 1964, p. 191. Dans ses réflexions sur l'Orestie, Klein n'a tenu compte d'aucun rêve. Il lui semblait

évident qu'Oreste était atteint d'une psychose maniaco-dépressive. Ces commentaires anticipent sur une autre ligne de partage entre l'Œdipe selon Klein où le meurtre de la mère et la sexualité priment, et l'Œdipe selon Bion où le crime consiste en une recherche à tout prix de la vérité.

[3] Klein, M., (1930), «L'importance de la formation du symbole dans le développement du moi», in *Essais de psychanalyse*, Paris, Payot, 1967.

[4] Klein, M.(1934) «Contribution à la psychogenèse des états maniaco-dépressifs» in *Essais de psychanalyse* Paris, Payot, 1967.

[5] J'ai trouvé l'idée d'un fantasme de corps combiné dans le beau livre : Mc DOUGALL, J., *Théâtres du corps*, Paris, Gallimard, 1989.

[6] KLEIN, M., (1940), «Le deuil et ses rapports avec les états maniaco-dépressifs» *In Essais de psychanalyse* Paris, Payot, 1967.

[7] De façon étonnante, Freud a terminé son propos sur le rêve de la mort de personnes chères par le rêve de voler dans les airs. Il ajoutait là encore n'avoir jamais eu l'expérience de ces rêves typiques. Tous ces rêves de vol, de chute, de vertige auraient trait à des impressions d'enfance, reproduiraient des jeux de mouvement si agréables aux enfants, mais le plaisir se transformerait en angoisse. Un peu plus loin, Freud citait Federn pour qui le vol représentait l'érection. L'imagination a symbolisé l'érection en supprimant la pesanteur.

Freud a reconnu son ignorance au sujet de la phase de triomphe qui succède à la perte de l'objet. En rédigeant son article de 1940, Klein «triomphait» par l'esprit sur Freud en établissant l'existence d'un sentiment de triomphe dans le deuil normal et en décomposant sa dynamique. Le seul fait de rester en vie représente un triomphe sur le rival, mais le sentiment de culpabilité s'en trouve renforcé et le travail de deuil retardé. Au cours du deuil normal lui-même, l'endeuillé traverse des moments d'exaltation maniaque en maintenant pour un temps l'objet perdu à l'état d'objet idéalisé. Chaque fois que la haine contre le disparu resurgit, elle entrave le processus d'idéalisation et fait craindre un retour vengeur du mort sous forme de fantôme.

«Tout me fait croire aussi que la naissance d'un frère d'un an plus jeune que moi (qui était mort quelques mois plus tard) avait suscité en moi de méchants souhaits et une véritable jalousie enfantine et que sa mort avait laissé en moi le germe d'un remords» Il n'a jamais plus été question de Julius après cette lettre de 1897. Freud déclarait n'avoir jamais pu observer de sentiments d'inimitié parmi ses propres enfants qui se suivaient de près. Il livrait par contre à profusion des exemples observés parmi ses proches et ses patients. Il avait trouvé des rêves de mort de frères et de sœurs «chez presque toutes ses malades-femmes». Même si la mort d'un jeune enfant paraissait oubliée dans une famille (la mortalité infantile était bien supérieure à la notre), la psychanalyse découvrait qu'elle avait joué un rôle déterminant dans la constitution des psychonévroses. La mort de Julius survenue alors que Sigmund allait avoir deux ans laissa le germe de regrets éternels. C'est peut-être une des raisons pour lesquelles Freud ne put comprendre le sentiment de triomphe au cours du deuil. Klein dût être moins sidérée par la mort de sa sœur Sidonie à l'âge de huit ans parce qu'elle avait pu apprécier sa gentillesse avant de la voir disparaître à l'âge de quatre ans.

[8] KLEIN, M., (1961), *Psychanalyse d'un enfant*, Paris, Tchou, 1973.

[9] GROSSKURTH, P., *Melanie Klein*, p. 418-420, London, Maresfield Library, 1986 (trad. franç. : C. ANTHONY, *Mélanie Klein. Son monde et son œuvre*, Paris, PUF, 1989).

[10] Paula Heimann a raconté que Melanie Klein lui aurait parlé, juste après la mort de Hans, d'un rêve dans lequel elle hésitait devant le suicide. Il est possible que ce soit ce rêve que nous venons d'étudier. Lors du premier rêve suivant la mort de son fils, Mme A insistait sur la robe noire portée par la mère.

[11] KLEIN, M., (1957), *Envie et gratitude*, Paris, Gallimard, 1968, p. 53-57.

Chapitre 3
Wilfred Bion

Nous allons avancer dans l'analyse des rêves en envisageant la manière dont Bion, en compagnie d'autres élèves de Klein, a délaissé la position dépressive, les maniaco-dépressifs et les paranoïaques pour privilégier la position schizo-paranoïde, les schizophrènes et les cas limites[1]. Il donna l'impression dès ses premiers travaux de faire de cette position l'étape cruciale pour la croissance mentale. Dans cette perspective, l'issue de la position dépressive dépend surtout de la manière dont ses éléments ont pu s'ébaucher dans la position précédente.

1. LES HALLUCINATIONS ET L'ONIRISME PSYCHOTIQUE

Bion a soutenu que le psychotique n'arrive jamais à instituer de façon satisfaisante le principe de réalité. Le bébé, qui deviendra schizophrène, mène contre son appareil de perception des attaques analogues à celles qu'il dirige contre le sein. Il clive en fragments extrêmement menus, non seulement ses objets, mais aussi toutes les fonctions développées par le principe de réalité : mémoire, attention, jugement, etc. Il s'en sépare en les expulsant en dehors de lui. Après avoir été chassées de la psyché, ces particules pénètrent dans les objets et les enkystent. Le patient se retrouve entouré d'«objets bizarres» composés en partie d'objets réels et en partie de fragments de personnalité. Du moment qu'il utilise ces particules comme prototypes d'idées, les mots deviennent les chose qu'ils nomment. Le patient n'a plus accès au monde des rêves; il évolue dans le monde des objets qui constituent d'ordinaire le matériau des rêves.

Chez les patients psychotiques, du moins ceux qui viennent en analyse, le moi ne s'est jamais entièrement retiré de la réalité. Cela veut dire que les phénomènes associés aux névroses ne sont pas totalement absents. Ils se manifestent au milieu du matériel psychotique lorsque l'analyse a suffisamment progressé. Alors que la part non-psychotique utilise le refoulement pour se séparer et se maintenir à distance de l'inconscient, la part psychotique se débarrasse de l'appareil avec lequel opère le refoulement. Lorsque ce dernier fait défaut, ce qui devait être de l'inconscient semble avoir été remplacé par le «monde du matériau des rêves». Cette formulation passablement obscure a reçu par la suite un éclairage indirect de la théorie de la pensée.

Bion supposa qu'il existait des rudiments de pensée dès la position schizo-paranoïde. Il rattacha cette pensée pré-verbale à des «idéogrammes et à la vue plutôt qu'aux mots et à l'ouïe». Cette pensée primitive permet de prendre en compte les impressions sensorielles. Elle précède la pensée verbale dont dépend la prise de conscience de la réalité psychique. La personnalité psychotique doit attendre la survenue d'un événement particulier avant de posséder un idéogramme lui permettant de communiquer. Corrélativement, d'autres événements qui auraient une signification immédiate chez des personnalités non psychotiques sont seulement mis en réserve sous forme idéographique. Ce n'est que lorsque un patient a pu communiquer verbalement un idéogramme qu'il devient possible de l'interpréter.

Afin d'éclairer cette conceptualisation, nous allons revenir sur un exemple clinique de Bion en simplifiant sa présentation. Le compte rendu opère un va-et-vient entre le présent de la séance et divers moments du passé analytique. Ces télescopages temporels engendrent une ambiguïté onirique. Tout se passe comme si l'analyste aidait un patient psychotique à rêver éveillé. L'interprétation d'un idéogramme : les lunettes noires, après sa mise en mots, devient analogue à l'interprétation d'un rêve élémentaire. La part psychotique, lorsqu'elle a pu être réparée, a laissé la part non-psychotique figurer dans une image visuelle le conflit actualisé par la séparation prochaine[2].

A l'époque de la séance, le patient se trouvait en analyse depuis six ans. Ce matin-là, il avait pris place sur le divan avec un quart d'heure de retard. Il s'était tourné d'un côté, puis de l'autre en donnant l'impression de chercher une position confortable. En observant la manœuvre, Bion se situait en terrain familier. Le patient lui avait expliqué cinq ans auparavant que son médecin lui avait conseillé une opération pour une hernie. Il avait amené ainsi son analyste à penser que ces ajustements étaient imposés par la gêne provoquée par la hernie. Bion s'était dit que son patient faisait plus que chercher à améliorer son confort physique. Il lui avait demandé de temps à autre ce qu'il en était de ces mouvements et il avait reçu pour réponse : « Rien », et une fois : « Je ne sais pas ». Bion avait eu le sentiment que cette réponse l'invitait à s'occuper de ses affaires et qu'elle servait aussi à démentir l'existence d'une chose mauvaise. Il avait ainsi au fil des année continué à observer les mouvements de son patient[3].

Le patient avait posé un mouchoir près de sa poche droite. Il arqua son dos. Bion se dit que la pose avait des chances d'être sexuelle. Un briquet tomba de la poche du patient. Ce dernier hésita avant de le reprendre et de le placer près du mouchoir. Il s'ensuivit aussitôt une pluie de pièces sur le divan, puis sur le sol. Le patient resta tranquille et attendit. Peut-être avait-il eu tort de reprendre le briquet puisque son geste semblait avoir provoqué la pluie de pièces. Il finit par dire : « Je ne pense pas que je ferai quelque chose aujourd'hui ; j'aurais dû téléphoner à ma mère ». Il marqua une pause avant d'ajouter : « Non, je pensais que ce serait comme ça ». Il attendit plus longtemps avant d'ajouter : « Rien que des choses et des odeurs dégoûtantes. » et « Je crois que j'ai perdu la vue. »

Il s'était écoulé vingt-cinq minutes depuis le début de la séance lorsque Bion envisagea de faire une intervention. Il avait pris l'habitude d'évoquer une foule d'associations libres qui auraient pu être appliquées au comportement présenté par le patient ce matin-là, comme bien d'autres matins. Si Bion avait voulu s'en servir, le patient n'aurait pas manqué de rendre à César ce qui lui revenait. L'analyste se souvenait d'une interprétation qui avait eu un certain succès. Il lui avait fait remarquer qu'il sentait la même chose au sujet des mouvements qu'à propos de rêve qu'il venait de raconter. Le patient n'avait pas plus d'idées au sujet du rêve que sur les mouvements. Il avait été tout à fait d'accord avec la remarque.

L'analyste rappela pourtant au patient qu'il pensait autrefois que c'était sa hernie. Le patient répliqua que c'était rien. L'analyste suggéra : « Rien est en réalité une hernie ». Le patient protesta : « pas d'idées, seulement une hernie ». L'analyste attira l'attention du patient sur le fait que les mouvements et les rêves représentaient des tentatives mutilées de coopération. Bion avait l'impression que ce « pas d'idée » était analogue au « pas d'idée » au sujet des rêves et des mouvements. (Nous dirions aujourd'hui qu'il s'agissait de « rêves activistes », c'est-à-dire de rêves participant à une mise en acte généralisée, recherchant l'évacuation, et non l'élaboration). Mais l'analyste ne réussit pas à aller plus loin ce jour-là.

Bion avait l'impression d'avoir observé un conglomérat de petites scènes venues de la petite enfance. Cette impression lui fit supposer qu'il surveillait une activité idéo-motrice — à savoir l'expression d'une idée sans la nommer. Les propos du patient pouvaient être envisagés comme des tentatives pour décharger la tension dans son appareil psychique. Avec sa première remarque (« Je ne pense pas que je ferai quoi que ce soit aujourd'hui »), le patient avait annoncé qu'il laisserait peu de chances à son analyste de faire quelque chose au cours de la séance. La seconde remarque (« J'aurais dû téléphoner à ma mère ») indiquait que, seule, la mère aurait pu l'aider. Ce patient gravement atteint avait deux types de problèmes majeurs à affronter. La part non-psychotique de la personnalité devait résoudre un conflit d'idées et d'émotions que le fonctionnement de son moi avait produit. Par contre, la part psychotique devait réparer le moi, comme l'indiquait sa crainte d'avoir perdu la vision.

Il convenait d'aborder en premier le problème psychotique puisqu'il s'imposait à la vue. L'analyste dit au patient que ces choses et ces odeurs dégoûtantes résultaient du traitement qu'il lui avait infligé. Le patient sentait qu'il avait obligé son analyste à les rendre par la défécation après les avoir déposés en lui, y compris la vision. Le patient eut un mouvement convulsif. Bion vit qu'il scrutait avec prudence autour de lui. Il lui dit qu'il se sentait entouré de morceaux de sa personne, petits et malodorants, après les avoir évacués par l'anus Le patient répondit aussitôt : « Je ne peux pas voir. » Bion lui expliqua qu'il avait perdu la vue, la capacité à parler à sa mère ou à son analyste lorsqu'il s'était débarrassé de cette capacité afin d'éviter la douleur.

Le patient déclara alors : « Ma tête éclate ; peut-être mes lunettes noires. » Bion se souvint qu'il avait porté des lunettes noires plusieurs mois auparavant[4]. Ce fait n'avait apparemment pas produit de réaction jusqu'à ce jour. Mais la personnalité psychotique l'avait enregistré sous forme d'idéogramme. Le propos du patient ne constituait pas l'expression d'un conflit concernant la partie non-psychotique. Le patient venait de mobiliser un idéogramme parce que sa part psychotique en avait besoin pour la réparation immédiate d'un moi endommagé par un excès d'identification projective. Bion interpréta cet idéogramme de façon vertigineuse. Les lunettes noires faisaient allusion au biberon du bébé. Ces deux verres ou biberons évoquaient les seins. Ils étaient noirs parce qu'ils étaient renfrognés, en colère. Le patient avait essayé d'espionner à travers ces verres les parents en rapport sexuel. Le patient avait noirci la situation en se servant du biberon, non pas pour obtenir du lait, mais pour voir ce que les parents faisaient. Il avait avalé les biberons et pas seulement le lait qu'ils contenaient. Ces objets ainsi incorporés étaient devenus aussi sombres que malodorants.

Bion se concentra sur le problème psychotique, c'est-à-dire le besoin de réparation immédiate du moi pour satisfaire aux exigences de la situation extérieure. Il dit à cet effet : «Votre vue est revenue en vous, mais elle fait éclater votre tête. Vous trouvez votre vue très mauvaise à cause de ce que vous lui avez fait.» La patient répliqua : «Rien», mais en donnant l'impression de protéger son conduit arrière. L'analyste commenta : «Il semble s'agir de votre arrière train.» Le patient rétorqua : «Constrictions morales». L'analyste lui expliqua que la vue, les lunettes noires, lui apparaissaient comme une conscience qui le punissait, en partie parce qu'il s'était débarrassé d'elle pour éviter la douleur, en partie parce qu'il s'en était servi pour épier l'analyste et les parents.

Dans la mesure où l'analyste traitait le problème psychotique, il n'avait aucune idée sur ce qui avait pu déclencher ces réactions chez le patient. En effet, le problème psychotique («Pas d'idée» avait annoncé le patient) provient de la destruction de l'appareil mental qui permet de prendre conscience des stimulations venues du monde extérieur. Mais l'interprétation avait permis au patient de retrouver sa capacité à entrer en contact avec cette réalité. Il donna alors une indication importante : «Le week-end, je ne sais pas si je pourrai le supporter». La restauration du moi avait rendu le patient capable de se confronter avec ses conflits névrotiques. Bion, qui devait intituler son autobiographie : *Le long week-end*, se trouvait maintenant en empathie gémellaire avec son patient.

L'aptitude à synthétiser reste défaillante chez le schizophrène parce qu'il s'est débarrassé de sa capacité à lier. Il arrive à fusionner et non à articuler, à comprimer et non à réunir. Lorsqu'il s'engage dans une analyse, le psychotique doit s'efforcer de restaurer la capacité de liaison en reconstituant son moi. Il lui faut faire revenir l'un ou l'autre des objets dans lesquels il a expulsé des fragments du moi. Mais il doit les faire revenir par la même voie qu'ils ont suivie lors de leur expulsion ; il a, en quelque sorte, à inverser le processus de l'identification projective. Tout se passe comme si le psychotique se servait de ses organes sensoriels aussi bien pour évacuer que pour recevoir. L'expulsion rend les objets internes malfaisants. Lorsqu'ils font retour, ils donnent au patient le sentiment d'être assailli, torturé. Des éléments sensoriels font partie des fragments du moi rejetés ; ils reviennent douloureusement comprimés et provoquent de pénibles hallucinations.

Bion a distingué deux types d'activité hallucinatoire : l'une psychotique, l'autre hystérique. Les hallucinations psychotiques se composent d'éléments analogues aux objets partiels. Ce sont les seules à être mises en évidence dans les premières étapes de l'analyse d'un schizophrène. Des processus violents de clivage produisent une fragmentation extrême de la psyché. Ils la divisent sans tenir compte de ses lignes naturelles de séparation. A l'inverse, les hallucinations hystériques dépendent de la dissociation qui opère moins brutalement et qui respecte les lignes naturelles de séparation, notamment celles des objets totaux. Les hallucinations hystériques se rencontrent chez des patients supportant une certaine dépression.

Bion a réparti l'activité onirique en deux pôles opposés selon le même schéma. Il faut beaucoup de travail analytique avant qu'un psychotique puisse relater le souvenir d'un rêve. S'il y arrive un jour, il donne l'impression d'avoir achevé sa tâche lorsqu'il a rapporté le fait d'avoir rêvé. La différenciation du récit d'un rêve de celui d'une hallucination ne va pas de soi. Lorsqu'un psychotique déclare avoir rêvé, il pense que son appareil perceptuel a été engagé dans l'expulsion de quelque chose. En se servant d'un modèle digestif, il a établi une totale équivalence entre une évacuation de son esprit et une expulsion de son intestin. Pour pouvoir évacuer, il faut avoir ingéré. En bref, le rêve du psychotique consiste en une expulsion de matériaux absorbés pendant les heures de veille.

L'apparition d'objets totaux dans les rêves amorce un tournant dangereux. Le psychotique ne trouve pas étrange que son rêve soit incohérent ou irrationnel, mais qu'il révèle l'existence d'objets totaux. Cette présence lui fournit la preuve que des objets réels et estimés ont été détruits, car l'apparition des objets totaux s'accompagne de puissants sentiments de culpabilité. Le patient risque de recourir immédiatement à la fragmentation pour leur échapper. Il se pourrait que la longue période d'analyse dépourvue de rêves ne soit que le résultat d'hallucinations visuelles « invisibles ». Les rêves de cette période consisteraient en un matériau si finement fragmenté qu'aucun de ses composants n'est plus visible. Un travail de fragmentation aussi poussé peut donner l'illusion de produire une urine mentale qui suinte de façon incontrôlable du cerveau.

Un psychotique dont l'analyse progresse finit par arriver à rêver ; ce qui compte, ce n'est pas le contenu du rêve, mais le fait de rêver ; car, grâce au rêve, le psychotique pourra passer d'une position à l'autre, trouver la créativité suffisante pour découvrir le fait choisi qui donnerait une cohérence dépressive aux éléments schizo-paranoïdes épars. Le psychotique va repousser l'expérience jusqu'à ce qu'il trouve — ou ait l'impression de trouver — un appui suffisant dans la séance. Il a besoin de ce soutien puisqu'il craint par dessus tout que la synthèse dépressive fasse apparaître un surmoi «terrifiant». Bion a lié l'avènement intrapsychique de la position dépressive à une relation intersubjective entre patient et analyste (tout comme il associera la rêverie maternelle à l'acquisition de la fonction alpha par le bébé).

2. LES COGITATIONS SUR LE TRAVAIL DU RÊVE

Un nouvel ouvrage posthume nous permet de saisir la manière dont Bion concevait le travail du rêve[5]. En fait, certains passages nous montrent ses tentatives pour inventer, en se servant de la théorie du rêve de Freud, la pièce maîtresse de son épistémologie psychanalytique : la fonction alpha. Bion est entré dans l'épistémologie en confrontant l'activité onirique et hallucinatoire du psychotique au rêve de l'analyste. La recherche sur le rêve progresserait si elle s'en tenait à une expérience partagée par le patient et l'analyste, ou tout au moins, à une présence partagée. Puisque le psychotique arrive à rêver avec la position dépressive, l'analyste qui préside à l'événement sera à même d'observer en plein jour le rêve. Par conséquent, Bion décida d'étendre le sens du mot «rêve» afin qu'il puisse«couvrir le genre d'événements qui ont lieu dans l'analyse d'un schizophrène». La psychanalyse classique — celle de *L'interprétation des rêves* — n'envisage qu'une partie de l'onirisme, car le «rêver» est un processus continu qui fonctionne durant toute la vie éveillée.

Un des rares rêves personnels rapportés par Bion va nous aider à saisir ce changement de perspective (*op. cit.*, p. 51-52). Avant de s'endormir dans la nuit du 3 au 4 août 1959, il avait essayé de comprendre un passage d'un livre de Quine, philosophe et logicien américain. Il y était question du «négatif». Le rêveur vit apparaître un noir (*negro*). Bion dégagea la racine «neg» en associant négatif et nègre. Il passa ensuite de négatif à natif. Les indigènes le firent remonter à ses souvenirs de l'Inde, à sa mère, aux hindous, hommes de couleur, considérés comme inférieurs. Il pensa aussi à datif dans le sens de cadeau et aux dattes, fruits exotiques, qu'il aimait manger. (Bion a laissé de côté une surdétermination de la langue anglaise en ignorant que *date* signifie d'abord «rendez-vous». Avec qui?) Il ajouta «ablatif» dans la connotation d'enlever, d'emporter. Bion abandonnait toute cette richesse associative

— et apparemment très conflictuelle — pour considérer le « nègre », non pas comme une « personne réelle », mais comme un idéogramme. Il soutenait que cet idéogramme lui avait permis d'emmagasiner toutes ces idées qu'il venait d'offrir (« dation ») au lecteur.

Que voulait dire Bion en affirmant que le « nègre n'était pas une personne réelle » ? Bien entendu qu'il s'agissait d'une personne de rêve. Mais il distinguait pour celle-ci le statut de la représentation durant le sommeil où le nègre était apparu comme « réel » et où il avait constitué un fait « non digéré », et le statut du « nègre » pendant l'interprétation donnée au lecteur. En faisant du « nègre » un idéogramme, Bion avait en partie « digéré » le fait. L'image visuelle du « nègre » évoquée par l'écriture participe du processus de digestion mentale. Autrement dit, toute production onirique provient toujours d'un aspect « non digéré » d'un événement. Si la personne a pu le rêver, c'est qu'elle l'a « digéré » et qu'il lui permet, par là, d'apprendre par l'expérience.

Une différence essentielle entre la névrose et la psychose tient à ce que la première cherche à transformer la frustration imposée par le principe de réalité tandis que la seconde réussit à la fuir. Le psychotique paraît avoir gardé le contact avec la réalité dans la vie quotidienne, mais il ne tire guère profit pour apprendre par l'expérience. Il en est ainsi parce qu'il lui manque le « travail du rêve » sur les données des réalités interne et externe. A cet égard, le rêve semble jouer un rôle dans la vie de l'esprit qui est analogue au processus de digestion dans la vie du corps. Freud soutenait qu'un rêve est la manière dont l'esprit travaille au cours du sommeil. Bion affirmait qu'un « rêve » est la façon dont il travaille au cours de la vie éveillée.

Le recours aux guillemets a permis des glissements débouchant sur des sauts qualitatifs. L'existence d'un « travail du rêve » au cours de la vie éveillée constitue un coup de force que Bion a voulu atténuer en parlant de façon transitoire de « travail du rêve alpha ». Le rêve nocturne ne recherche plus l'accomplissement d'un désir dans une économie pulsionnelle dominée par la sexualité ; il participe à la « digestion » de la vérité, aussi indispensable à la croissance de l'esprit que la nourriture l'est pour celle du corps. Le rêve n'est pas analogue, comme le soutenait Freud, à une satisfaction hallucinatoire du désir puisque l'hallucination vise essentiellement à débarrasser la psyché de ce qu'elle n'a pas pu supporter. Par conséquent, le travail du rêve doit aller en sens opposé, vers l'emmagasinage, la conservation, bref, la mémorisation. Bion fut tenté un moment d'opposer la pensée inconsciente de la veille : l'alpha, qui cherche à modifier de façon réaliste la frustration, qui produit les pensées du rêve, et le rêve nocturne qui fait fuir les frustrations que les pensées du rêve n'auraient pas manqué d'apporter s'il avait fallu apprendre par l'expérience.

Fort heureusement, Bion a rétabli son équilibre conceptuel en alignant le travail du rêve au sens de Freud sur le «travail du rêve alpha». Dans un cas comme dans l'autre, il distinguait deux catégories opposées. D'une part, le travail associé avec le principe de plaisir, l'inclusion d'un sentiment ou d'une idée dans un idéogramme pour l'évacuer, une expulsion hallucinatoire (au lieu d'une gratification hallucinatoire). D'autre part, le travail lié au principe de réalité, la transformation des stimuli reçus des réalités interne et externe de façon à ce qu'ils soient conservés, disponibles et synthétisés.

«Plus d'un patient a dit que ma technique n'était pas kleinienne. Je crois qu'il y a là du vrai» (*op. cit.*, p. 166). Cet écart se remarque dans les règles que Bion a proposées pour se servir d'un mythe comme d'un rêve. Un mythe apporte une version sociale du phénomène que l'individu connaît sous forme de rêve. Dans un cas comme dans l'autre, une expérience émotionnelle a été soumise à l'action de la fonction alpha. Le mythe comme le (contenu manifeste du) rêve signifient que certains éléments sont constamment conjoints. Il s'ensuit que chaque rêve ou mythe ne relève que d'une seule interprétation, qu'un même récit emmagasine deux expériences émotionnelles différentes mais voisines, l'un au cours du rêver, l'autre au cours d'événement réels. Certaines expériences ne pourront être comprises par l'intéressé s'il ne les interprète pas à la lumière du rêve ou du mythe.

Voici une des très rares vignettes apportées par Bion sur le rêve (*op. cit.*, p. 231). Elle esquisse ce qui sépare la «signification» d'un rêve, ou d'une association, et l'«interprétation». Avant qu'un rêve ou une association puissent être interprétés, il faut que leur signification soit établie. Par signification, Bion entendait cet aspect de la communication qui, si elle était formulée en dehors de la situation analytique, exprimerait ce que la personne désire consciemment transmettre. Il n'est pas facile de trouver la partie du rêve que la personne a utilisé pour communiquer le sens. Le patient raconta un rêve à Bion où *il était assis dans un train; il faisait le signal qu'un conducteur de voiture effectue lorsqu'il a l'intention de s'arrêter. Son bras se détacha et tomba à terre.* Bion a d'abord cherché à comprendre quels éléments étaient unis par ce rêve. Le patient n'avait pas la responsabilité de conduire le train. Il voulait se rendre utile et avertir les autres véhicules que les mouvements du train leur faisait courir le risque d'un accident. Son intention ne fut pas couronné de succès puisqu'il se comporta comme s'il avait eu un accès de colère; le bras tomba à terre où il resta sans pouvoir apporter d'aide.

Le patient fut dérouté de voir un acte aussi courant provoquer une réaction aussi hostile. Il s'estimait critiquable parce qu'un bras avait apparemment agi en toute indépendance. Son rêve indiquait que toute tentative pour coopérer ou créer conduisait à une action indépendante chez la partie appropriée de sa personnalité. Le patient se trouvait dans un état d'esprit agréable à cause de son intention secourable. Mais l'action indépendante du bras était venue troubler cette belle conscience dans la mesure où le rêveur fut désapprouvé par les autres passagers pour le comportement de son bras. Le cœur de ce rêve ne se situe pas dans son contenu manifeste, mais dans une expérience émotionnelle. Les donnée sensorielles relatives à cette émotion ont été élaborées par la fonction alpha du patient, puis celle de Bion. Elles ont été transformées en un matériel à partir duquel il est possible d'apprendre. Reste la question de l'interprétation. La mise en corrélation avec le sens commun signale que le bras ne peut se comporter indépendamment de l'organisme auquel il appartient. (S'agit-il d'un idéogramme de la dissociation ou d'une représentation de la castration?)

3. LE RÊVE ET LA PENSÉE

A l'inverse de Freud, qui progressait en spirales et reprenait au passage certaines questions laissées en suspens, Bion a davantage avancé par bonds successifs. Il a construit une théorie de la pensée en adoptant le principe de l'étayage d'un fonctionnement mental sur une fonction physiologique. De saut en saut, il est arrivé à une fonction mentale capable de se penser elle-même. En fait, il a eu recours à plusieurs variantes de deux modèles physiologiques : celui de la décharge musculaire et celui de la digestion. Je me propose de faire travailler ces composantes de la théorie pour mieux comprendre l'onirisme.

Bion a repris en sous-œuvre la thèse freudienne sur l'état de détresse. En raison de sa prématurité lors de sa venue au monde, le nourrisson n'est pas capable d'accomplir l'action spécifique qui ferait cesser sa tension interne. La psyché ne pourrait survivre sous la domination du principe de plaisir sans des réactions spécifiques, notamment la décharge motrice qui l'allège de surcroîts d'excitation. L'action a peu de chances d'opérer efficacement dans l'immédiat tandis que la motricité peut provoquer instantanément une détente émotionnelle. La psyché profite des transformations que lui impose la domination du principe de réalité pour acquérir des rudiments de pensée tandis que la décharge motrice se charge en action spécifique pour modifier adéquatement la réalité.

En raison de son état de détresse initial, le nourrisson se trouve dans une état de totale dépendance matérielle à l'égard de sa mère; il compense en se dotant d'une toute-puissance mentale. La psyché s'étaye sur la décharge motrice pour se doter de l'identification projective. Cela suppose la capacité chez le nourrisson de faire jouer ses fantasmes inconscients de façon à permettre à la personnalité (vraisemblablement un soi plus qu'un moi) de cliver des parties non supportées d'elle-même et de les placer (imaginairement) chez une autre personne. Puisque le principe de réalité opère toujours de concert avec le principe de plaisir, le bébé qui agit ce fantasme de toute-puissance est capable de donner une certaine réalité à son fantasme. Il exerce une pression à travers la relation interpersonnelle pour que son objet éprouve des émotions en rapport avec cette projection. A côté d'une identification projective qui fonctionne comme un substitut mental de la décharge motrice, Bion a institué ce mécanisme mental comme une forme primitive de communication.

La capacité à penser provient d'un appareil traitant à l'origine les impressions sensorielles venues du tube digestif. Bion partageait la croyance commune en la prééminence de l'oralité chez le nourrisson. (Il faudra revenir sur cette évidence puisque le Moi-peau se réfère explicitement à l'attachement, et non à l'oralité, d'où l'intérêt de distinguer la poussée vers l'objet et la poussée vers le plaisir). Bion reprenait cette fois en sous-œuvre «l'expérience de satisfaction» directement liée à l'état de détresse originel de l'être humain. Chez le nourrisson, l'apaisement d'une tension interne créée par le besoin nécessite l'aide d'une personne extérieure. S'il s'agit du tube digestif, elle apporte de la nourriture. La satisfaction est désormais liée à l'image de l'objet qui a procuré cette satisfaction.

Le sein fournit au nourrisson aussi bien le lait que des sentiments de sécurité, de bien-être et d'amour. La mère apporte le lait avec ses glandes mammaires. Le nourrisson traite le lait avec son canal alimentaire. Des défaillances émotives peuvent empêcher la fabrication et la livraison du lait par la mère ainsi que l'absorption et la digestion du lait par le bébé. De ce fait, Bion supposait que le sein comme le tube digestif ont un fonctionnement psychosomatique. Le bébé a besoin de ce genre de sein pour recevoir et bénéficier de l'amour, des bons objets fournis avec le lait.

Le modèle digestif a conduit Bion à considérer les «pensées» comme épistémologiquement antérieures à l'activité de pensée. La psyché est obligée de penser parce qu'elle rencontre des pensées tout comme le système digestif est obligé de digérer la nourriture qu'il reçoit. Bion a placé la préconception au début de la pensée. Il en donnait comme modèle la disposition innée qui fait que le nourrisson attend un sein — ou du moins une satisfaction procurée par ce qu'une personne plus évoluée identifierait comme un sein. La rencontre d'une préconception avec une réalisation satisfaisante engendre une conception. Par exemple, une connaissance a priori du sein se transforme en une conception du sein lorsque le nourrisson trouve à s'allaiter de façon satisfaisante. L'expérience vécue a produit un développement intellectuel. Autrement dit, toutes les conceptions sont conjointes par une expérience de satisfaction.

Bion a limité le terme de « pensée » à l'accouplement d'une préconception avec une frustration, une réalisation négative. Une pensée surgira de la rencontre d'un nourrisson en attente d'un sein avec la réalisation d'une absence de sein pour satisfaire cette attente. A partir de cette frustration, deux destinées radicalement différentes s'ouvrent devant la personnalité mise en demeure de penser : soit elle tolère la frustration et elle développe sa part non psychotique et sa créativité, soit elle ne supporte pas la frustration et elle s'enfonce dans l'autodestruction mentale. L'incapacité de conjoindre les données des sens produit un état mental de débilité, comme si la privation de vérité était analogue à une privation de nourriture pour le corps.

4. LE RÊVER ALPHA

Au début de la période épistémologique. Bion décida de se doter d'un nouvel outil de réflexion qui ne ferait pas partie de la théorie analytique. Il fit reposer le processus de connaissance sur la fonction alpha. Cet appareil mental hypothétique a la capacité de transformer les données sensorielles en pensées du rêve et en pensées vigiles conscientes. La fonction alpha opère sur toutes les émotions dont le patient se rend compte. Lorsque la psyché réussit, elle dispose d'éléments alpha pouvant-être emmagasinés et servir de pensées oniriques. Les éléments alpha sont semblables, peut-être identiques, aux images visuelles des rêves nocturnes. Mais d'autres schèmes sensoriels peuvent s'ajouter à ces composantes visuelles.

Bion a introduit des références ouvertement kantiennes pour opposer l'alpha au bêta. Il a considéré les éléments alpha comme des « phénomènes » et les éléments bêta comme des « choses-en-soi ». Mais il doublait concrètement cette opposition en s'en tenant au modèle digestif. Les éléments bêta seraient moins des souvenirs que des faits non digérés tandis que les éléments alpha, «digestibles», peuvent alimenter la pensée.

Les éléments alpha s'assemblent à mesure qu'ils prolifèrent pour former une «barrière de contact». Bion était revenu à la notion décrite par Freud dans l'*Esquisse*. Cette barrière marque le point où les éléments inconscients et conscients deviennent contigus et où ils passent d'un système à l'autre[6]. Les rêves conservent la position que leur avait attribué Freud dans la mesure où ils donnent un accès direct à l'étude de la barrière de contact. Si celle-ci se manifeste cliniquement, ce doit être sous une forme ressemblant aux rêves. Elle empêche les émotions de venir submerger les perceptions de la réalité externe. Réciproquement, la barrière de contact ne laisse pas une perception réaliste revenir perturber le monde interne.

Bion soutenait que l'homme doit «rêver» l'expérience émotionnelle en cours, qu'elle ait lieu durant le sommeil ou l'état de veille. Les guillemets signalaient qu'il s'agissait, non d'un rêve banal, mais de la transformation des données sensorielles relatives à l'expérience émotionnelle en éléments alpha. Ce «rêve alpha» rend possible la différenciation du conscient et de inconscient sans laquelle il ne pourrait y avoir de pensée. La fonction alpha préserve donc la personnalité d'un virtuel état psychotique. Un patient dont la fonction alpha défaille finit par ne plus pouvoir ni s'endormir, ni s'éveiller. Il semble cliniquement dans un état confusionnel aigu. Lorsque la fonction alpha échoue, les impressions sensorielles et les émotions restent dans leur état originel. Bion les a nommés éléments bêta. Ils conviennent à l'identification projective et jouent un rôle déterminant dans les mises en acte. Ils peuvent être évacués ou induire des pensées concrètes. Par contre, ils ne peuvent être utilisés comme pensées du rêve.

Dans la psychose, la barrière de contact est remplacée par un écran d'éléments bêta. Des éléments incapables de se lier entre eux produisent plutôt une agglomération qu'une intégration. L'écran bêta arrive pourtant à susciter chez l'analyste certaines réponses émotionnelles désirées par le patient. Celui-ci se sert de son écran davantage pour impliquer affectivement son interlocuteur que pour recevoir une interprétation. Un renversement dans la direction de la fonction alpha entraîne une dispersion de la barrière de contact. Les éléments dispersés ressemblent à des objets bizarres dans la mesure où des traces de moi et de surmoi se sont ajoutées aux éléments bêta.

5. LES TRANSFORMATIONS DU RÊVE

Dans la *Traumdeutung* (p. 91n), Freud a rapporté un avis d'Aristote : le meilleur commentateur de rêve serait celui qui saisit le mieux les ressemblances. Les images du rêve ressembleraient à des reflets dans l'eau que le mouvement brouille. Tout l'art d'interpréter consiste à reconnaître la vérité dans l'image brouillée. Près de soixante-dix ans plus tard, Bion a repris presque la même comparaison pour sa théorie des transformations. Par une journée calme et lumineuse, un homme observe un lac. Il voit sur la rive opposée des arbres se reflétant dans l'eau. Supposons que l'observateur ne puisse voir que le reflet. Il lui est relativement aisé de reconnaître des arbres dans le reflet; il lui serait moins aisé d'identifier les espèces des arbres. Enfin, si des perturbations atmosphériques venaient à déformer le reflet, sa capacité de déduction serait plus ou moins mise en échec (Bion, 1965, p. 47).

L'observateur au bord du lac était capable de déduire la nature de O d'après ce qu'il voyait : le reflet des arbres. Bion envisageait le travail de l'analyste de la même manière : il faudrait qu'il puisse interpréter la transformation d'une réalisation : l'expérience, le vécu, la chose-en-soi, la vérité ultime. O reste disponible pour une transformation par l'analyste comme par l'analysant, lorsqu'il est commun aux deux. Mais, à cette époque, l'analyste n'était plus censé observer et communiquer sur une expérience relevant des sens. Il n'avait pas besoin de prendre en considération les études des scientifiques. Le rêve n'avait plus d'intérêt pour Bion puisqu'il s'agissait d'une expérience sensorielle par excellence.

Je propose malgré tout de se servir de la théorie des transformations pour conceptualiser l'analyse des rêves. L'expérience onirique reste foncièrement inconnaissable à la psychanalyse, en dehors de l'auto-analyse. L'accès au souvenir du vécu onirique revient seulement au patient. Il se présente à lui surtout sous une forme sensorielle. De même que l'envoi de lumière pour éclairer une particule modifie sa position et la rend indéterminable, de même la transformation du rêve en récit par le patient et son interprétation par l'analyste nous éloigne irrémédiablement du vécu original. J'envisage l'analyse du rêve comme la transformation de l'expérience onirique en une formulation. Le travail d'interprétation s'efforce de dégager les invariants communs à l'expérience onirique et à l'expérience analytique.

En conclusion, j'ai eu l'impression que Bion, à l'inverse de Freud, n'avait pas eu d'intérêt pour le rêve proprement dit. Il s'est saisi du rêve du psychotique comme d'un échafaudage. Une fois son édifice épistémologique dressé, il l'a laissé tomber. Nous avons vu qu'à un époque, il avait même envisagé de remplacer le travail clinique sur le rêve par celui sur le mythe. De ce fait, il a porté peu d'attention au travail du rêve si magnifiquement présenté par son prédécesseur. Par contre, Bion a prodigieusement théorisé la production des pensées du rêve. J'ai tenté au cours de ce livre d'articuler la productions des pensées du rêve selon Bion avec le travail du rêve selon Freud en essayant de donner cohérence au tout grâce au regard mental, à la pensée visuelle.

NOTES

[1] Pour un abord plus global de l'œuvre, le lecteur pourra se reporter à :
BLEANDONU, G., *Wilfred R. BION. La vie et l'œuvre*, Dunod, Paris, 1990.
[2] BION, W., «Differenciation of the Psychotic from the Non-Psychotic Personnalities», in *Second Thougts*, London, Heinemann, 1967 p. 52 («Différenciation des personnalités psychotique et non-psychotique, in *Réflexion faite*, Paris, PUF, 1983, p. 61.)
[3] Cet exemple clinique montre bien que l'analyse «sans mémoire» prônée par la suite n'est qu'une ascèse destinée à accroître l'efficacité d'une prodigieuse mémoire.
[4] Par son autobiographie, nous savons que Bion avait masqué une jaunisse par des lunettes noires. Il en avait voulu énormément à Melanie Klein à cette époque où il était encore en analyse avec elle pour le paiement des séances manquées.
[5] Bien qu'écrit avec un style et une pensée plus ordinaires, ces *Cogitations*, qui font coexister chaotiquement plusieurs amorces de synthèse, ne lèvent pas les incertitudes. Une excellente revue d'ensemble a été tout de suite publiée par André Green (*Int. J. Psycho-Anal.*, 1992, 73, 285). Je ne partage pas toujours son point de vue, ne serait-ce que par son souci permanent de vouloir séparer Bion des autres kleiniens (non identifiés) qui auraient raté des tas de coches. Il a lui-même remarqué que le fait d'avoir connu Bion en personne - contrairement à moi - a pu colorer émotionnellement sa lecture.
[6] Il me semble que Bion a faussé sa présentation en faisant de la «barrière de contact» l'équivalent de la «seconde censure». Celle-ci préside au passage du préconscient au conscient; elle déforme moins qu'elle ne sélectionne. Elle favorise l'attention en évitant que des préoccupations affectives ne viennent perturber l'activité consciente. Si la fonction alpha génère des pensées oniriques, sa barrière de contact fabrique du préconscient. Il est curieux que Bion ait voulu simplement opposer l'inconscient au conscient alors que sa rêverie maternelle fonctionne en tant que moi subconscient auxiliaire pour le bébé.

Chapitre 4
Les enveloppes psychiques

En 1915, Freud a apporté un complément métapsychologique à la théorie du rêve. Ses premières lignes établissent «des comparaisons avec certains états et phénomènes que l'on peut considérer comme des *prototypes normaux* d'affections pathologiques». Par cette formule équivoque, Freud a rassemblé aussi bien le deuil et l'état amoureux que l'état de sommeil et le rêve. L'idée de régression se trouvait au cœur de cette intuition unificatrice. Cette brève introduction débouchait sur une comparaison et une métaphore qui, en nous faisant faire retour sur l'étayage corporel, introduisent le rôle des enveloppes psychiques dans l'activité onirique. «Nous ne sommes pas habitués à beaucoup méditer sur le fait que l'homme chaque nuit dépouille les enveloppes dont il a recouvert sa peau... On peut ajouter qu'en allant se coucher il dévêt, de façon tout à fait analogue, son psychisme, renonçant à la plupart des acquisitions psychiques...»

Passons au génie de Klein qui ouvrit une voie vers le post-kleinisme avec son article de 1946[1]. Elle y a avancé pour la première fois la notion d'identification projective. Lancée dans un mouvement futuriste en grande partie ignoré d'elle, soumise à une écriture créatrice analogue à celle de Freud dans *L'interprétation*, elle a entrouvert la fenêtre sur la peau psychique en fournissant un cas avec rêves. Il s'agissait d'une femme présentant une alternative entre des états dépressifs et maniaques. La gravité de son atteinte l'avait poussée à répéter des tentatives de suicide.

L'analyse avait réussi à obtenir «une amélioration réelle et importante». La patiente se mit à bien collaborer avec son analyste. Mais elle ne présentait pas de réactions émotionnelles aux interprétations et leur manifestait un certain mépris. Elle admettait rarement d'elle-même la justesse de l'interprétation. Cependant, elle répondait aux interprétations par du matériel reflétant un effet sur son inconscient. Klein en conclut qu'une partie importante de sa personnalité supportait le travail analytique tandis qu'une autre résistait puissamment et ne collaborait pas du tout avec l'autre. Comme l'analyse paraissait incapable de lui faire obtenir une synthèse, la patiente décida, aidée par des circonstances extérieures, de mettre fin à son analyse.

La patiente fixa la date de la dernière séance. Elle vint y raconter le rêve suivant : *Il y avait un homme aveugle, très préoccupé de sa cécité, mais il semblait se rassurer en touchant la robe de la patiente et en vérifiant la façon dont elle était fermée* (*op. cit.*, p. 292). La rêveuse admit, non sans mal, qu'elle était l'aveugle. Elle ajouta qu'une de ses blouses était boutonnée jusqu'en haut du col. Elle remarqua qu'elle s'était retirée de nouveau dans sa «peau» (les guillemets sont de Klein). L'analyste lui dit qu'elle exprimait inconsciemment dans son rêve qu'elle était aveugle à ses propres difficultés et qu'elle avait pris la décision d'arrêter son analyse sans tenir compte de sa connaissance inconsciente. Klein ajouta que le fait de se retirer dans sa «peau» signifiait qu'elle se fermait, comme cela lui était déjà arrivé au cours de l'analyse. L'insight inconscient et une certaine collaboration ne concernaient qu'une partie de sa personnalité. Klein dut constater que l'interprétation du rêve n'avait produit aucun effet. La patiente arrêta son analyse après la séance comme annoncé.

Klein a terminé cette section en constatant l'étroite connexion entre les phénomène dépressifs et schizo-paranoïdes. Elle se demandait si ces deux groupes pathologiques n'étaient pas plus liés entre eux qu'elle ne l'avait supposé. En réalité, la question n'était pas d'affiner le diagnostic différentiel entre les deux pôles de Kraepelin, mais de tenir compte des failles dans la constitution d'une «peau psychique». Celles-ci peuvent se réactiver dans l'un ou l'autre groupe. Confrontée à des circonstances extérieures que Klein a omis de nous préciser, mais dans lesquelles une partie du monde interne avait probablement été projetée, la patiente avait senti son enveloppe psychique se délabrer. Elle sollicitait de son analyste, non seulement les contenus des interprétations, mais aussi une contenance. L'analyste dut néanmoins la lui apporter non verbalement puisque l'analyse fut reprise après une interruption. Nous allons voir qu'un analyste actuel aurait peut-être pu interpréter ce rêve en liant le regard mental à la peau psychique et tenir compte de la bisexualité psychique précocement inscrite dans l'enveloppe mentale

1. LA PEAU PSYCHIQUE

L'école kleinienne a pris un tournant important au cours des années soixante. L'enfant de l'observation s'est partiellement superposé à l'enfant de la psychanalyse. En supervisant un groupe de travail dans lequel étaient rapportées des observations de bébés, Bick commença à remarquer que, lors des communications mère-enfant, des phénomène mettent spécifiquement en jeu la stimulation de peau. Dans un article de 1964, elle présenta le cas d'un bébé qui tendait à se conduire avec ses mains comme avec une bouche. Il lui apparut que le contact cutané constituait un élément primordial au cours de la relation la plus précoce[2].

Les observations rapportées lui montrèrent que le bébé alterne entre deux états d'esprit opposés, soit il a le sentiment d'exister avec une certaine cohérence, soit il sombre dans un sentiment d'inorganisation, d'annihilation. Au cours des premières semaines, cette détresse se remarque surtout lorsque on déshabille le bébé, on lui lave le visage, ou lorsque il est mal tenu au cours du nourrissage. A l'inverse, la détresse et l'apparente incoordination diminuent lorsqu'il est soutenu correctement, lorsqu'on l'habille après un bain, lorsqu'on l'enveloppe en le plaçant dans son berceau.

Bick fut amenée à reformuler nos débuts dans la vie. Les parties de la personnalité sont ressenties, sous leur forme la plus primitive, comme manquant d'une force d'agglutination, de liaison. Elles doivent donc être maintenues grâce à la peau fonctionnant en tant que frontière. Cette contenance interne des parties de soi dépend initialement d'un objet capable de remplir cette fonction. Plus tard, l'identification à cette fonction remplace l'état non intégré. C'est alors seulement que le concept d'espace à l'intérieur du soi peut apparaître. Bick a montré que le bébé devait, avant de pouvoir séparer le bon du mauvais, faire l'expérience d'un objet contenant avec lequel il puisse s'identifier. Il peut alors se sentir suffisamment contenu à l'intérieur de sa peau psychique pour supporter l'absence de la mère sans se désintégrer.

La relation au sein en tant que objet partiel constitue toujours l'unité de base à partir de laquelle vont se développer les relations plus complexes. Mais il semble qu'elle résulte de la mise en œuvre plus ou moins simultanée de trois processus.

– Celui de Klein comporte trois mécanismes : projection de la pulsion de mort, introjection d'un bon objet et clivage du moi et de l'objet. Cette action qui transforme les pulsions en relations affectives aboutit à l'installation ferme d'un bon objet dans le moi.

- Celui de Bion réalise une identification projective normale qui fonde la forme la plus primitive de communication mentalisable. Cette action, qui transforme les émotions en pensées débouche sur la création d'un appareil à penser.
- Celui de Bick paraît un préalable à la mise en œuvre des deux autres. L'étayage sur les expériences cutanées et orales permet au bébé d'introjecter une fonction de contenance interne. Cela passe par le fantasme d'un objet externe capable de faire tenir ensemble les parties de la personnalité qui étaient engagées dans des expériences initialement chaotiques.

Bick a décrit des troubles dans la constitution d'une peau psychique. La dépendance à l'objet est remplacée par une pseudo-indépendance grâce à l'utilisation d'autres fonctions mentales ou de dispositions innées, pour créer des substituts au contenant cutané. Les substituts les plus connus viennent de l'activité musculaire, ce qui débouche sur une névrose de comportement, et du langage verbal, ce qui engendre les cas limites de type faux-self.

Sydney Klein nous a appris que certains patients, qui semblent modérément névrosés, peuvent laisser apparaître dans leur analyse des phénomènes identiques à ceux décrits par Meltzer ou Tustin chez les enfants autistes[3]. Il s'agit d'un enkystement très épais d'une partie de leur personnalité, d'une résistance muette et implacable au changement et d'un manque de contact émotionnel. Ces résistances sont induites par une crainte de la séparation. Une partie de leur personnalité est tellement hypersensible qu'elle anticipe le danger psychique au point d'expulser les sentiments avant qu'ils puissent être éprouvés. Ce mode de fonctionnement mettant en jeu une «seconde peau» est souvent représenté dans les rêves par des villes fortifiées, des forteresses, des murs de pierre ou des animaux à carapace comme des cafards, des tatous, des homards, etc.

Bion a fourni explicitement une théorie de la schizophrénie et des états schizoïdes. Mais cette affection se déclare généralement chez l'adolescent et le jeune adulte. En réalité, la psychopathologie qu'il a reconstruite en traitant des adultes correspond aux psychose infantiles et aux autismes. Condamné à toujours courir plus en arrière, le kleinisme a découvert qu'une pathologie de la peau psychique précède celle de la position schizo-paranoïde. Bick n'est pratiquement pas revenue sur sa découverte comme elle l'annonçait. Mais elle a pu donner à Meltzer et ses coéquipiers l'amorce d'une théorie de l'autisme en tant qu'absence d'espace interne.

Bick a décrit les défauts d'une peau contenante tandis que Meltzer a étudié les failles dans la constitution de l'objet en tant que contenant. Au cours de leur collaboration dans les années soixante-dix, ils en sont venus à distinguer deux types d'identifications narcissiques. Alors que l'identification projective se déroule dans un monde à trois dimensions, l'identification adhésive opère dans un monde à deux dimensions. Le comportement mimétique repose sur le fantasme de coller à l'objet au lieu de s'introduire en lui. Dans ce cas, l'expérience de l'objet ne peut être séparée des qualités sensorielles perçues à la surface. On a fait remarquer l'inadéquation de l'expression «identification adhésive». On ne saurait parler d'identification à propos d'un soi rudimentaire qui n'est pas encore clairement différencié de celui de la mère[4].

Grâce à Bion et à la notion de contenant mental, il a été possible de dégager dans le stade oral la constitution d'une peau psychique. Je vais illustrer cette démarche avec une petite histoire clinique. Patrice, qui va bientôt avoir trente ans, fréquente l'hôpital de jour depuis deux ou trois ans. Sa pathologie, qui combine névrose et psychose, se caractérisait à l'entrée par une tendance à passer à l'acte. Elle s'est atténuée avec le temps et nombre de soignants se félicitent de ce qu'il arrive à parler davantage. Au cours de l'entretien qui nous intéresse, Patrice nous dit qu'un organisme de HLM vient de lui attribuer un appartement. Je suis surpris de son peu d'enthousiasme car il se plaignait depuis plusieurs mois d'habiter un logement social vétuste, sommaire et de mauvais voisinage. Puisqu'il est arrivé en retard une fois encore, je lui demande s'il n'aurait pas fait quelque nouveau «cauchemar». Il a l'habitude d'incriminer des expériences oniriques qu'il vit comme des intrusions angoissantes pour justifier un réveil tardif.

Cette nuit, Patrice a encore rêvé. *Il voulait décoller avec sa sœur et son père la tapisserie d'un appartement où il devait s'installer. Le papier peint, partiellement arraché, lui laissait apercevoir des calendriers plats, collés contre la paroi — des cartons rectangulaires, de taille moyenne. Il se mettait à recoller la tapisserie avec sa sœur, mais ils n'arrivaient qu'à obtenir une surface gondolée. Son père n'avait pas voulu les laisser enlever les calendriers.* Patrice n'a, pas plus que les autres jours, quelque chose à dire de son rêve. C'est à moi de servir d'auxiliaire actif pour rassembler des fragments épars. Patrice, encore célibataire, est resté très proche de ses parents et de son unique sœur, un peu plus jeune que lui, mais récemment mariée. Il n'est probablement pas anodin qu'elle soit sujette à un eczéma généralisé et chronique. Le calendrier renvoie à quelque échéance temporelle angoissante, telle le déménagement. Enfin, j'ai rappelé à Patrice que sa mère avait lacéré la tapisserie de sa chambre (à lui) lorsqu'il avait quitté ses parents pour s'installer dans le logement social deux ans auparavant.

Alors que le rêve et son décodage semblaient en bonne voie, Patrice a soudain brouillé ma compréhension en me lançant : «J'ai pensé à vous en voyant le film *Le silence des agneaux*».Il m'a confirmé, un petit sourire aux lèvres, qu'il me distribuait le rôle du psychiatre fou et anthropophage. Il a ajouté un peu gêné qu'il le préférait quand même à «Buffalo Bill», qui tuait et dépeçait des jeunes femmes. Patrice, reproduisant avec moi le jeu relationnel existant avec ses parents, n'a pas davantage explicité le sens de sa «plaisanterie» qu'il n'avait commenté son rêve. Mais, peu à peu, tandis que nous reprenions nos échanges quasi opératoires sur sa vie quotidienne, me sont revenus en tête son avidité orale qui l'oblige à avoir en permanence dans la bouche cigarettes, bonbons, voire les deux; la rage avec laquelle il lui arrive de dénoncer le bec-de-lièvre, assez anodin de mon point de vue, qui l'a empêché à jamais de séduire les filles; son mode de fonctionnement lent et méticuleux dans les activités artistiques qui pourrait en faire un «Buffalo Bill» acceptable.

J'ai poursuivi mon élaboration après l'entretien, comme cela arrive souvent avec ce genre de patients. Il se trouvait que j'avais lu le livre, remarquablement intuitif, qui a donné naissance au film. J'ai essayé d'interpréter le spectacle pervers devenu l'objet de ma «rêverie» tandis que Patrice s'était contenté d'y trouver une source d'excitation pulsionnelle, d'évacuation projective. Il avait opéré un renversement de perspective — je consacrerai ensuite un paragraphe à ce sujet — propre à annuler toute intervention thérapeutique, car elle faisait de moi, dans son aire fétichiste, un psychiatre interné dans un service médico-légal. Par contre, l'auteur a clairement signifié, par le choix de son titre, qu'il avait ordonné sa création selon une vision maniaco-dépressive : deuil difficile et prolongé du père tué en service chez l'héroïne, deuil à l'état naissant chez le supérieur hiérarchique, substitut paternel dont la femme gravement atteinte décède à la fin du roman. Une dédicace au début de son roman indique : «A la mémoire de mon père».

En deçà de ce travail de deuil, l'auteur a très habilement personnifié le Moi-bouche et le Moi-peau dans deux personnages masculins qui ne se rencontrent jamais. Lorsque Hannibal Lecter, psychiatre emprisonné pour une série de morsures meurtrières, mais autorité nationale en matière de démence médico-légale, reçoit la visite dans sa cellule de Clarice, jeune inspectrice en cours de formation (sentimentale?). Il lui conseille d'aller à la *National Gallery* de Washington voir *Le supplice de Marsyas* peint par le Titien. Il justifie son conseil d'une information : «Voyez-vous, Clarice, lors des écorchements récréatifs, la victime est suspendue la tête en bas, pour que la pression sanguine soit maintenue plus longtemps dans la tête et la poitrine; comme cela le sujet reste conscient. Vous ne saviez pas cela ?[5]»

Le roman se termine par la poursuite, sous forme écrite, de la «psychothérapie» entreprise par Lecter sur l'héroïne. Sa question : «Alors, Clarice, est-ce que les agneaux ont cessé de pleurer?» ne reçoit pas de réponse directe. L'auteur se contente de nous montrer Clarice endormie, pour une fois paisiblement, sous plusieurs édredons, en compagnie d'un homme qui a su lui faire accepter une hospitalité aussi chaleureuse que sécurisante. «Mais, sur l'oreiller, le visage rosi par la lueur du feu, c'est certainement celui de Clarice Sterling qui... qui rêve profondément du silence des agneaux.» Telle aurait pu être, selon moi, la dernière image d'un travail de deuil réussi et d'un complexe d'Œdipe aménagé

2. LE MOI-PEAU ET L'ENVELOPPE PSYCHIQUE

Anzieu a théorisé le Moi-peau d'une tout autre manière que Bick en reprenant la pulsion d'attachement selon Bowlby[6]. Il a trouvé là l'outil pour conceptualiser son expérience analytique avec des patients ayant éprouvé «des alternances contradictoires — précoces et répétées — de cramponnements excessifs et de décramponnements brusques qui ont fait violence à leur moi corporel et/ou à leur moi psychique». Il était frappé par le fait que ces manifestations ne se rattachaient pas à la problématique orale, classiquement centrée sur l'activité de succion et de déglutition. Il a pris en considération le contact cutané, le corps à corps du bébé avec la peau maternante, bref à élargir la relation sein-bouche à la relation sein-peau.

Anzieu a désigné par Moi-peau «une figuration dont le moi de l'enfant se sert au cours des premières phases précoces de son développement pour se représenter lui-même comme un moi contenant les contenus psychiques, à partir de son expérience de la surface du corps». Le fantasme prend la forme d'une peau commune à la mère et à l'enfant. Cette peau fantasmatique les tient attachés tout en préfigurant leur future séparation. L'enfant et sa mère vivent de cette façon des empathies dans une dépendance symbiotique mutuelle.

Quelques rêves notés par Freud au cours de son auto-analyse gagneraient à être compris avec la notion de peau psychique ou de Moi-peau.

Il ne s'agit pas d'invalider leur interprétation sexuelle, mais de surinterpréter leur contenu. Je me limiterai aux rêves de nudité, qu'il considérait comme des «rêves typiques». Le rêve «Monter les escaliers déshabillé» a eu lieu en mai 1897. Le récit de ce rêve n'est pas tout à fait le même dans la lettre à Fliess du 31 mai 1897 et dans *L'interprétation* (*op. cit.*, p. 209). Voici un résumé succinct. Freud, en tenue très légère, monte lestement les escaliers qui mènent à l'étage supérieur, après être sorti d'un appartement du rez-de-chaussée. Il voit soudain une domestique qui descend. Sa honte le pousserait à se dépêcher alors qu'il reste collé aux marches sans pouvoir bouger.

Deux mois plus tard, Freud a repris le rêve et découvert le sens des rêves de nudité. «Les enfants ont souvent des plaisirs d'exhibition.» Il citait à l'appui le conte d'Andersen : *Les habits neufs de l'empereur*. Ce souverain se serait laissé piégé par les deux imposteurs pour retrouver le plaisir de se montrer nu. Il me semble plutôt que le conte met en scène la déconfiture de celui qui veut croire que la vue procure une enveloppe analogue à celle de la peau. En contre-partie d'une prime voyeuriste, les spectateurs ont gardé le secret sur l'illusion de l'empereur.

Freud a ensuite évoqué la nostalgie pour sa mère-patrie avant de se souvenir que son rêve de l'escalier appartenait à une série. A la base de cette série associative se trouvait le souvenir d'une bonne d'enfant. Freud pressentait qu'il s'était débarrassé de son ambivalence par un clivage entre une mère jeune, belle, idéalisée et une bonne d'enfant vieille, laide et redoutée. Deux pensées, qui paraissent n'avoir aucun lien, mais qui se suivent de manière immédiate forment un tout qu'il faut savoir déchiffrer : en l'occurrence, la peau psychique après l'exhibitionnisme sexuel. Une transposition symbolique lui avait permis de parler indirectement de l'enveloppe psychique trop liée à l'image maternelle. (Lorsqu'il a analysé le «rêve de la monographie botanique», Freud a repris dans le *Faust* de Goethe la métaphore du tisserand pour la fabrique des pensées oniriques. Le rêveur tisse un entrelacs visuel avec la myriade de fils imaginaires.)

Freud s'était aperçu qu'il y avait entre les rêves typiques et les contes des correspondances qui n'étaient pas dues au hasard. Il glissa dans ses associations au rêve de l'escalier une séquence mythologique (à travers le roman autobiographique de G. KELLER qui en reprenait le thème) : la rencontre de Nausicaa et d'Ulysse dans *L'Odyssée*. Ulysse a quitté Calypso après s'être construit un radeau. Il finit par arriver en piteux état chez les phéaciens. Athéna s'introduit en rêve chez Nausicaa pour la téléguider vers Ulysse. Celui-ci s'est endormi dans le bois après s'être enveloppé dans un épais lit de feuilles mortes. A son réveil, il se présente nu, cachant toutefois sa virilité d'un rameau bien feuillu tenu à la mains, devant Nausicaa et ses servantes. Il déclenche leur fuite lorsqu'elles découvrent «l'horreur de ce corps tout gâté par la mer». Il ne reçoit à manger et à boire qu'après s'être refait un enveloppe en se baignant et en revêtant des vêtements royaux[7].

Une amélioration conceptuelle a été apportée par le passage de la notion de Moi-peau à celle d'enveloppe psychique, beaucoup moins métaphorique. Houzel la définit comme «le plan de démarcation entre monde interne et monde extérieur, entre monde psychique interne et monde psychique d'autrui[8]». Il propose, entre autres, de comparer l'enveloppe psychique à un champ de forces grâce au concept d'attracteur (emprunté à la physique). Un attracteur réalise dans un système dynamique un sous-espace invariant. Il matérialise une forme dans laquelle vient se mouler les force à l'œuvre, comme une vallée peut être considérée comme un attracteur pour l'écoulement des eaux.

La métaphore de l'attracteur permet de mieux appréhender la notion de contenant au stade oral. Le sein fantasmatique ne contient pas les pulsions orales comme un récipient, mais il les ordonne en les attirant selon une forme significative. Il devient également possible d'intégrer précocement les deux polarités maternelle et paternelle. Les post-kleiniens ont ajouté dans leur description fantasmatique le mamelon au sein, en tant que précurseur des fonctions paternelles. Tout se passe comme si le contenant maternel pouvait se renforcer sans se rigidifier par l'inclusion de composantes paternelles.

En passant de la notion de Moi-peau à celle d'enveloppe psychique, Anzieu a pu réviser la théorie du rêve[9]. Il l'a métaphorisée sous forme de pellicule, de fine membrane qui fonctionne en sens inverse de l'enveloppe psychique. Alors que cette dernière se voue pendant la veille à la séparation du dedans et du dehors, la «pellicule du rêve» met sur le même plan les stimuli externes et les pulsions internes en aplatissant leurs différences. Le rêve peut alors fonctionner comme «une pellicule impressionnable qui enregistre des images généralement visuelles». L'autre fonction de l'enveloppe : l'enregistrement des traces et des perceptions se trouve activée lors du sommeil. L'image du corps nous fournit, en s'aplatissant et en déréalisant, l'écran-peau du rêve. Sur ce fond émergent les figurations qui symbolisent ou personnifient les instances en conflit.

Selon Anzieu, nous ne pouvons rêver «au sens strict du terme», si nous n'avons pas pu constituer un Moi-peau. Le rêve se voit attribuer, par réciprocité, la fonction de réparer le Moi-peau. Les rêves qui accompagnent la névrose traumatique ne constituent pas un cas de figure particulier; ils nous fournissent, au contraire, le mécanisme général de tous les rêves. La pulsion, du fait de la poussée qu'elle exerce en permanence, fait irruption de manière répétitive dans l'enveloppe psychique. Elle provoque des mini-traumatismes, ce que Masud Kahn a qualifié de « traumatisme cumulatif ».

L'enveloppe d'angoisse est la première à protéger la psyché au moyen de l'affect. Elle prépare l'apparition de la « seconde défense » qui fonctionne par la représentation. Elle permet de colmater les trous du Moi-peau par une pellicule d'images. « La pellicule du rêve est une tentative pour remplacer l'enveloppe tactile défaillante par une enveloppe visuelle plus mince, plus frêle, mais plus sensible... Le rêve nocturne opère à l'inverse de Pénélope; il retisse la nuit ce qui du Moi-peau s'est défait le jour sous l'impact des stimuli exogènes et endogènes. » (*La peau psychique*, p. 102).

La pellicule du rêve amène à repenser les rapports du contenu latent et du contenu manifeste. La structure de l'appareil psychique repose sur des emboîtements : ce qui est contenant à un niveau peut devenir un contenu à un autre niveau. « Le contenu latent du rêve vise à être un contenant des poussées pulsionnelles en les associant à des représentants inconscients de choses. Le contenu manifeste du rêve vise à être un contenant visuel du contenu latent. Le récit du rêve après le réveil vise à être un contenant verbal du contenu manifeste. » (*Le Moi-peau*, p. 218). Le psychanalyste qui interprète le rêve démonte les emboîtements d'une part, rétablit le Moi dans sa fonction de conteneur vis-à-vis des poussées pulsionnelles et des effractions traumatiques d'autre part.

NOTES

[1] KLEIN, M., «Notes sur quelques mécanismes schizoïdes», in *Développements de la psychanalyse*, Paris, PUF, 1966, p. 291.

[2] BICK, E., (1968), «L'expérience de la peau dans les relations précoces», in Meltzer et al., *Explorations dans le monde de l'autisme*, Paris, Payot, 1980.

[3] KLEIN, S., «Autistic Phenomena in Neurotic patients», *Int. J. Psycho-Anal.*, 1980, *61*, p. 395-402.

[4] MELTZER, D., et al., *Explorations dans le monde de l'autisme*, Paris, Payot, 1980.

[5] Par ailleurs, le désir chez le tueur de se constituer par des meurtres en série une peau de femme, avec des seins sur la poitrine, repose la question d'une bisexualité précoce de l'enveloppe psychique.
HARRIS, T., (1988), *Le silence des agneaux* (trad. franç. par LE BAILLY), Paris, Albin Michel, 1990, p. 160.

[6] ANZIEU, D., *Le moi-peau*, Paris, Dunod, 1985.

[7] Garma (1981, p. 289n) a eu une intuition un peu voisine en voyant «dans les feuilles les membranes fœtales et dans les dépôts de la mer, le méconium ou *vernix caseosa* qui recouvre le fœtus dans le ventre maternel».

[8] HOUZEL, D., «Le concept d'enveloppe psychique», in *Les enveloppes psychiques*, Paris, Dunod, 1987.

[9] Je ne suis pas certain d'avoir toujours bien repris un foisonnement créatif qui, sous son apparente limpidité, n'a pas supprimé le chaos de la découverte.
ANZIEU, D., *Le Moi-peau*, p. 213-224.

Chapitre 5
Le regard mental

Anzieu a soustrait la notion de Moi-peau du primat du visuel, tout comme il l'a préservée de l'hégémonie de l'oralité. Ce naturel chassé par la pensée ne pouvait manquer de revenir. Je vais relier le rêve et la peau psychique à l'oralité et au regard mental. Face à une inflation sémantique qui veut tout expliquer en accolant un nouvel adjectif au mot « enveloppe », je soutiens qu'il n'existe pas d'enveloppe visuelle. Le regard mental ne renforce que de façon transitoire ou défensive la peau psychique. Il a pour fonction essentielle de séparer, de différencier et d'aider à transformer ce qui s'est constitué à partir de la peau psychique et de la cavité primitive. Le regard mental, c'est le Grand Echangeur pour le sensoriel en voie de symbolisation. Les nourrissons semblent posséder une capacité innée pour abstraire des schémas à travers diverses modalités sensorielles (la perception amodale de Stern). Mais le rassemblement, puis l'intégration des schémas recueillis à partir d'un même objet, d'une même situation dépendent de la vision. Toutes les modalités sensorielles intériorisées se rassemblent autour du regard mental.

1. LA CAVITÉ PRIMITIVE

Spitz était persuadé que la notion de cavité primitive tirait sa légitimité des résultats obtenus par sa psychologie expérimentale[1]. Cette métaphore conserve une vérité profonde, bien que ses résultats aient été supplantés depuis longtemps par d'autres. Il en est ainsi parce que Spitz a su faire preuve d'une imagination visionnaire, comparable à celle de Bion. Malgré son arrière-plan fourni par la Psychologie du Moi, je n'hésite pas à reprendre cette notion, à côté de celle du peau psychique, pour faire la théorie du regard mental. Le moi, à ses débuts, est avant tout corporel ; il étaye sa première capacité de représentation sur la peau et la cavité primitive. J'espère établir que le Moi devient psychique lorsqu'il se laisse habiter par les images du regard mental.

Lorsque le mamelon vient se placer dans sa bouche et que du lait pénètre dans son corps, le bébé a le sentiment qu'un objet vivant est venu supprimer le trou buccal. Il fait une expérience primordiale pour l'étayage corporel du développement mental. La bouche, cavité bordée par les lèvres et communiquant aussi bien avec le tube digestif que l'appareil pulmonaire, établit un pont entre les perceptions externes et internes. Cette activité perceptive liée à la succion et à la déglutition fonctionne par le contact direct, comme la peau. La contenance apportée par l'introjection de cet objet oral se soude avec l'attachement véhiculé par l'objet cutané.

Trois autres contacts perceptifs opèrent de concert durant la période d'allaitement. Les sensations de la main, du revêtement cutané et du labyrinthe se combinent entre elles tout en se mêlant aux sensations orales ; elles finissent par aboutir à un vécu sensoriel unifié : celui de la cavité primitive. L'interrelation entre les sensations façonne le vécu perceptif primaire qui apporte les qualités de plaisir et de déplaisir, d'activité et de passivité, les affects bon et mauvais.

Spitz a imagé la cavité primitive sous la forme d'une immense bouche qui prend le sein à l'intérieur d'elle tandis que le giron maternel (les bras, les cuisses, le thorax et l'abdomen) enveloppe cette bouche (*op. cit.*, p. 230). Les sensations venues de l'extérieur et celles issues de l'intérieur se mélangent. Les stimulations buccales, cutanées, kinesthésiques, vestibulaires et olfactives se complètent pour autant qu'un Soi-peau fait tenir ensemble le tout, qu'un fantasme inconscient de peau psychique représente ce contenant psychogène.

Spitz semble avoir imaginé la cavité primitive à partir de réminiscences du mythe de la caverne. Il n'avait pas fini d'écrire la première page de son article qu'il évoquait l'« écran du rêve ». Lewin nous a certifié que le bébé ne fait pas de différence entre sa personne, qui se vit surtout par sa bouche et sa peau, et la peau du sein de la mère. L'écran du rêve est la surface sur laquelle l'action visuellement perçue prend place. « C'est l'arrière-fond blanc (*the blank background*) présent dans le rêve, même s'il n'est pas nécessairement vu[2].» Cet arrière-fond blanc pourrait être, selon moi, une mouture tardive — parce que visuelle — de l'objet d'arrière-plan (*Background object*).

2. L'OBJET D'ARRIÈRE-PLAN

Je vais essayer de cerner cet objet d'arrière-plan dont se sert l'identification primaire, malgré le flou poétique avec lequel Grotstein l'a défini. Dans un univers tout chaotique et clivé, le bébé a besoin de constituer en lui une solide impression d'unité et de cohésion. Il va se créer davantage un Soi-peau qu'un Moi-peau dont le statut est analogue au Soi-objet de Kohut grâce à un état de fusion entre un moi immature et son soutien objectal. L'idée d'un objet d'arrière-plan est venue à Grotstein en découvrant les fantasmes des patients psychotiques ou narcissiques chez lesquels leur dos, leur adossement semblaient disparaître, chez lesquels il manquait l'étayage sur la colonne vertébrale.

Grotstein pense avoir retrouvé ces fantasmes dans des rêves où les patients conduisent une voiture en étant assis à l'arrière. Les associations expriment invariablement leur impression de manquer d'un appui en arrière et, par conséquent, de ne pouvoir être autonomes. Par exemple, un patient limite avait eu plusieurs fois le même cauchemar. Il y voyait une surface unie; ensuite, celle-ci se plissait en de nombreux petits cratères. Grotstein estime que la détérioration de cette surface lisse représente celle de l'écran du rêve qu'il assimile à son objet d'arrière-plan de l'identification primaire[3].

Geneviève Haag a affiné la description de cet objet d'arrière-plan grâce à son travail analytique avec des enfants autistes. Du moment qu'ils ont peu ou prou tissé leur peau psychique, ils ont souvent besoin de coller leur dos contre les limites de l'espace — le dos au mur par exemple — ou contre le corps des autres. Ils souffrent dans le même temps d'une mauvaise organisation de leur espace interne. Ils sont terrifiés devant la perspective de tomber, de glisser sans fin. Ils réussissent parfois à s'en sortir en cherchant à se mettre dans le regard de l'autre, souvent de façon exagérée. La réciprocité du regard permet la représentation du lien en le doublant. Je suppose qu'au lieu d'épaissir leur peau psychique jusqu'à en faire une carapace, ils ont pu se servir de l'objet d'arrière-plan comme d'une sorte de squelette interne pour le psychisme en rassemblant plusieurs représentations sensorielles sous la houlette du regard mental[4].

3. LES PRÉCURSEURS

Meltzer avait apporté avec sa métaphore du «sein-toilettes» un modèle relationnel intéressant, mais réducteur. Il voulait en faire la représentation la plus primitive du sein en tant que objet partiel. A ce stade, le petit enfant a besoin de trouver dans le monde extérieur une personne qui puisse contenir la projection de sa souffrance mentale. L'établissement d'un objet fonctionnant comme des toilettes serait nécessaire pour que l'enfant puisse renoncer à l'utilisation massive de l'identification projective. L'enfant établit un clivage horizontal qui localise les fonctions excrétoires en bas, avec le derrière, et les fonctions nourricières en haut, avec le sein, la bouche et la pensée[5].

J'envisage plusieurs variantes de la métaphore de la cavité primitive en fonction de la prédominance pulsionnelle : oralité, analité et génitalité. Ces variantes se juxtaposent ou s'interpénètrent au fur et à mesure que le développement psychophysiologique progresse. Au cours de l'hégémonie anale, la primauté de la bouche et des lèvres s'efface devant celle de l'anus et du rectum. Des mouvements actifs et des éprouvés passifs se trouvent conjoints en un ensemble contrôlé par la conscience. Les rythmes lents et la musculature lisse se combinent aux rythmes rapides de la musculature striée en vogue avec l'oralité. Plutôt que de parler de «sein-toilettes», l'ampleur des aménagements me fait pencher pour une «arrière-cavité primitive». Il en résulte d'un côté une duplicité relationnelle avec double vécu et double jeu, de l'autre l'apparition de l'ambivalence à la place de l'ambiguïté et de la symbiose inhérente au Moi-peau archaïque[6].

Spitz ne s'y est pas trompé ; il a soigneusement distingué la main du reste du revêtement cutané. Un mouvement impérialiste a fait accoler au fantasme de peau commune avec la mère tout ce qui provient du toucher manuel. Or c'est après que se soit constituée une peau psychique que la main se mobilise conjointement à l'œil pour agir, individualiser, et connaître. On peut imaginer que l'activité continuelle de la main sur le sein ne forme au début qu'un prolongement de ce qui se produit dans la bouche. Il s'agit davantage d'une sensation proprioceptive musculaire qui sert à soulager la tension dans la bouche. Lorsque le bébé se remplit de sensations en provenance de la cavité orale, il regarde le visage de sa mère. Il opère une première jonction entre le tactile et le visuel. Le toucher manuel, qui entre en activité de dehors de la tétée, change de perspective en se liant au regard qui s'efforce de comprendre le monde, aussi bien interne que externe.

Le visage de la mère offre au bébé un premier miroir émotionnel (Winnicott) puisque c'est par ses réponses, ses réflexions (au deux sens du terme) qu'il peut reconnaître ses propres émotions. Cette capacité du visage à transmettre et à refléter des messages émotionnels en fait un objet de connaissance, et non un objet de satisfaction. Le sein de la mère satisfait d'abord des besoins corporels comme la faim ; il fonctionne dans un corps à corps. Au contraire, le visage de la mère ne s'appréhende que par la vision et le sourire reste toujours à distance. Le contact établit la réalité de la satisfaction tandis que la vision délimite sa représentation et lui donne forme.

4. LA PENSÉE EN IMAGES

Nous partons d'un fonctionnement sensori-perceptivo-moteur pour aller à la pensée verbale. La théorie kleinienne commençait en présupposant l'existence d'une limite entre le dehors et le dedans du moi primitif, car elle opposait dans un mouvement constitutif de la psyché l'introjection (par étayage sur l'allaitement) et la projection (par étayage sur la défécation, l'émission d'urine ou l'expectoration). Les post-kleiniens ont été amenés à postuler au préalable la formation d'un fantasme de peau psychique limitant le dehors et le dedans. Ceci se fait d'abord grâce à l'illusion d'une peau commune à l'enfant et à la mère. Le regard mental intervient au moment où le nourrisson, dans son expérience, commence à séparer son soi de l'objet maternel (réduction et différenciation du fantasme de peau commune). En acceptant et en transformant la séparation, il apporte son concours aux moyens de la surmonter, notamment par le formation et l'utilisation des symboles. C'est grâce aux symboles que nous communiquons avec autrui et nous-mêmes, que nous donnons du sens et que nous prenons conscience de l'autonomie de notre soi.

Nous pouvons combiner les métaphores de la cavité primitive, du Moi-peau et du regard mental pour ordonner la genèse de la représentation mentale et du monde interne. La mise en jeu de récepteurs sensoriels opérant à distance rend le fonctionnement mental plus complexe. Le regard mental participe d'abord au fonctionnement de la cavité primitive et de la peau psychique. Le Soi-peau ébauche une différenciation entre la figure et le fond. Mais c'est le regard mental qui nous fait opposer clairement l'arrière-plan, le fond de l'espace à la forme qui s'y inscrit. Il se produit des chevauchements entre deux interpénétrations chez le bébé qui tête : les yeux du bébé dans les yeux de la mère, le mamelon de la mère dans la bouche du bébé. Cette équivalence symbolique permet au voir de devenir imageant, d'associer un fait naturel avec quelque chose d'abstrait ou d'absent. L'image du visage de la mère demeure alors que le sein a disparu. C'est le début de la pensée proprement dite.

Freud admettait que, chez beaucoup de personnes, c'est à la faveur de la visualisation que la pensée progresse vers la conscience. «...Et l'on peut dire que la pensée visuelle se rapproche davantage des processus inconscients que la pensée verbale et est plus ancienne que celle-ci, tant du point de vue phylogénétique qu'ontogénétique.» (F., 1923, p. 189). Le nourrisson amorce une activité de pensée en jouant avec les images visuelles conservées en l'absence de objets parce qu'elles participent d'un ordre symbolique. Lewin a désigné par le terme : «passé en images» cette période de l'enfance placée sous le règne de l'image et de la pensée visuelle. Autrement dit, l'étayage sur le regard apporte une dimension proprement psychique à l'expérience primaire de la bouche et de la peau. Il existe une étape visuelle sur le chemin des mots et de la pensée abstraite que je propose d'appeler : Grand Echangeur ou carrefour visuo-symbolique. Dans le même temps, la représentation de la séparation entre le soi de la mère et celui du bébé, entre la réalité interne et le monde extérieur débouche sur la création d'une autre illusion, mais qui peut, cette fois, être partagée collectivement : celle d'un espace transitionnel.

A propos du fantasme de jumeau imaginaire, Bion s'était demandé si l'apparition du complexe d'Œdipe n'est pas contemporaine du développement du contrôle oculaire. Ceci me conduit à penser que l'avènement de la position dépressive et l'apparition de la situation œdipienne modifient la pensée visuelle, que le regard mental favorise l'articulation entre l'axe narcissique dont relève notamment le Moi-peau, et la relation d'objet œdipienne. Un nourrisson ne pourrait apprendre par l'expérience s'il ne disposait très tôt dans la vie d'un schéma rudimentaire lui permettant d'appréhender la relation du couple parental. Bion considérait qu'un mythe œdipien, de statut privé, fait partie intégrante de l'esprit humain. C'est cette version individuelle du mythe qui permet au petit enfant d'entrer en contact avec la réalité de ses deux parents. Une partie importante de l'activité de connaissance consiste à différencier les expériences relatives à ces diverses préconceptions innées. Il me semble que cette différenciation, en partie programmée, s'opère essentiellement grâce à l'activité onirique et au regard mental.

La vision offre à la psyché le moyen de percevoir les objets du monde externe dans un espace synchronique tandis que le regard mental dramatise dans la réalité interne des séquences simultanées, concurrentes et multistratifiées. Ce qui a été vécu en relation avec le monde extérieur se réordonne, se réorganise grâce aux possibilités imaginatives de l'onirisme. L'enfant intègre un nombre croissant de signaux verbaux au fur et à mesure que le langage verbal commence à transformer d'une autre façon ses expériences de la journée. Il parachève le passage de la sensation et de l'émotion à la pensée abstraite. L'enfant acquiert la capacité à utiliser l'espace sur un mode linguistique. L'image onirique d'un platane représente un arbre particulier. Mais le mot «platane» renvoie simultanément à une catégorie d'arbres (les platanacées). Les mots ne se réfèrent pas seulement à un objet unique, mais aussi à un groupe ou une classe d'objets. La verbalisation correspond à une autre manière de penser, avec davantage de généralisation et d'abstraction. L'analyse des rêves se révèle souvent d'une grande richesse parce que la pensée visuelle présente dans l'expérience onirique est complétée par la mise en récit de l'expérience onirique.

NOTES

[1] SPITZ, R., «The primal cavity», *Psychoanalytic Study of the Child*, 1955, 10, 215 (trad. franç. «La cavité primitive», *Rev. Franç. Psychanal.*, 1959, 2, 205).
[2] LEWIN, B., (1946), «Sleep, the Mouth and the Dream Screen» («Le sommeil, le rêve et l'écran du rêve», *NRP*, n° 5, Printemps 1972, p. 212).
[3] GROTSTEIN, J., *Splitting and Projective Identification*, New Jersey, Jason Aronson, 1986, chapitre 6.
[4] HAAG, G., «Réflexions sur quelques jonctions psychotoniques et psychomotrices dans la première année de la vie», *Neuropsychiatrie de l'enfance*, 1988, 36, 1-8.
«De quelques fonctions précoces du regard à travers l'observation directe et la clinique des états archaïques du psychisme» (exposé inédit).
[5] MELTZER, D., (1967), *The Psycho-analytical Process* (trad. franç. *Le processus psychanalytique*, Paris, Payot, 1978, p. 81-83).
[6] BLEGER, J., *Symbiose et ambiguïté*, Paris, PUF, 1981.

DEUXIÈME PARTIE

LES PRATIQUES CHOISIES

Aucun thème de la psychanalyse ne se prête moins que le rêve à une séparation de la technique et de la théorie. « En un certain sens, Freud n'a jamais cessé de parler de la technique... Dans *La science des rêves* même, il s'agit tout le temps, perpétuellement, de la technique. » (Lacan[1]). En conséquence, j'envisagerai les pratiques en fonction de la théorie du rêve révisée selon le point de vue post-kleinien. Ce sera néanmoins plus « technique » dans la mesure où la finalité sera davantage la conduite de la cure que la théorie du rêve. Il ne pourra échapper au lecteur que le besoin d'exposer avec clarté une question terriblement complexe m'a conduit parfois à des répartitions sommaires. Déjà, Freud, en composant *L'interprétation*, avait dû recourir à de nombreux renvois et à des reprises du même thème sous différentes rubriques. J'ai toutefois tenté de faire un exposé linéaire, car il me paraît essentiel, à notre époque, de faire apparaître au grand jour les strates archéologiques enfouies dans notre pratique quotidienne. « Il m'est impossible de décrire plus simplement un processus qui n'est pas simple en soi. » (F., 1932, p. 28).

Les changements techniques proposés par le post-kleinisme s'accommodent sans difficulté des quatre mécanismes fondamentaux découpés par Freud dans le travail du rêve - à savoir la condensation, le déplacement, l'élaboration secondaire et la figuration. Nous ne saurions nous passer de ce découpage pour interpréter, car l'interprétation analytique du rêve repose toujours sur un système distinguant l'Inconscient du Préconscient-Inconscient.

Par contre, dans la mesure où la pratique des kleiniens a pas mal évolué depuis les années cinquante, certains règles ont été infléchies ou nuancées. En écho à l'importance accordée au travail du rêve durant le sommeil, la formulation du rêve — sa mise en récit — par le patient et l'analyste a pris de l'ampleur face à l'interprétation. La formulation pourrait s'apparenter à la construction ou à la reconstruction. Les kleiniens ont toujours maintenu un cadre analytique aussi strict que possible afin que le transfert puisse s'y manifester dans toute son intensité et sa pureté. Si l'on admet que les rêves s'interprètent d'autant mieux que le transfert n'est pas pris en compte, l'analyse du rêve par les kleiniens se situe à l'opposé de l'auto-analyse. L'analyse du rêve ne constitue qu'un cas particulier de l'analyse du transfert. Cette différenciation a ranimé l'intérêt pour le contenu manifeste du rêve.

L'intérêt s'est aussi déplacé vers les formes du rêve. L'idée n'était pas seulement que le contenu puisse être représenté dans la forme dont il est rêvé, mais aussi que les patients les plus déstructurés nous confrontent avec des formes archaïques ou intermédiaires du rêve. C'est dans cet esprit que la dimension temporelle, les séquences oniriques peuvent nous donner des indications sur la structure, sur la manière dont une organisation mentale peut établir sa permanence malgré la rupture.

NOTE

[1] LACAN, J., *Le séminaire, livre I. Les écrits techniques de Freud*, Paris, Les éditions du Seuil, 1975, p. 15.

Chapitre 1
Le travail du rêve

Je vais présenter le travail du rêve tel qu'il apparaît dans *L'interprétation*, avec ses différents ajouts, et mes additions en rapport avec Klein et Bion. Mais avant, il me paraît préférable de rappeler la manière dont Freud concevait la formation du rêve. Un rêve se produit parce que quelque chose veut perturber le sommeil. L'analyse nous permet de saisir la façon dont le psychisme a pu se défendre contre ce trouble. Le dormeur a poursuivi son sommeil parce que la revendication interne qui réclamait de l'attention a été extériorisée, projetée[1]. Ce qui pousse à former un rêve, ce sont des restes diurnes, des représentations préconscientes, qui ne sont pas soumis au retrait général des investissements, qui ont retenu une certaine quantité d'intérêt pulsionnel. (J'ai simplifié en laissant de côté le cas moins intéressant où le perturbation provient d'une excitation externe). Freud n'a cessé de soutenir que l'essence du rêve réside, non pas dans le contenu latent, mais dans le travail qui s'y accomplit. Les pensées latentes doivent être transformées en contenu manifeste sous la nécessité impérieuse de combiner en une seule unité toutes les sources qui ont stimulé la formation du rêve. Freud a décomposé le travail du rêve en quatre mécanismes fondamentaux : la condensation, le déplacement, l'élaboration secondaire et la figuration. J'y ajoute l'affectivité.

1. LA CONDENSATION

Les processus inconscients arrivent à réduire, à ramasser en mettant une représentation unique à la place de plusieurs chaînes associatives. C'est dans le rêve que la condensation peut le mieux se mettre en évidence. Le contenu du rêve apparaît «bref, pauvre, laconique, comparé à l'ampleur et la richesse des pensées du rêve.» (F., 1900, p. 242). Prestigitateur moderne, Freud provoque invariablement notre surprise admirative en faisant sortir une interprétation de plusieurs pages d'un rêve écrit en une demi-page, et même en deux lignes. Le rapport entre le récit et son interprétation varie selon les qualités du rêveur et de l'analyste, mais il ne s'inverse jamais.

Chacun des détails présents dans le contenu manifeste ne dérive pas d'une idée latente, mais de plusieurs idées empruntées au fonds latent et qui ne sont pas nécessairement en rapport entre elles. Corrélativement, une seule idée latente peut être représentée par plusieurs détails. En définitive, la condensation forme un réseau complexe de liens entrecroisés entre le contenu manifeste et le contenu latent. Un rêve n'évoque pas seulement des associations se rapportant à des résidus diurnes, mais il peut aussi rappeler des émotions, des pensées et des événement du passé que notre mémoire a conservés. Le mécanisme de condensation se révèle particulièrement riche lorsqu'il combine des choses des mots et des noms.

Un de mes rêves servira de coup d'envoi. «*Je regarde Fernandel jeune faire son numéro de comique troupier.*» Dès que je me suis éveillé, il m'est revenu le nom réel de l'acteur : Fernand CONTANTIN dit Fernandel. J'avais d'abord déformé le nom réel en Constantin, ce qui m'avait ramené au prénom de mon père : CONSTANT. Je suis confronté à une ambivalence marquée. D'une part, Constant et Constantin ont été des noms d'empereurs de Rome et de Byzance; d'autre part, l'artiste mûr s'était souvent plaint de physique ingrat dont il avait eu à souffrir dan sa jeunesse. Je suis obligé d'admettre que j'ai voulu ridiculiser mon Constant jeune. Mais contrairement à l'acteur très célèbre, mon père était plutôt beau gosse et inconnu. Ils étaient, comme moi, originaires des bords de la Méditerranée. C'est ici que commence l'ombilic du rêve pour le lecteur.

J'ai fait et rapporté ce rêve au cours de ma seconde analyse alors que les éléments du transfert commençaient à se rassembler. Le mot «troupier» fait allusion à mon analyste qui a été autrefois médecin militaire. Là encore, d'officier, je le ramène à homme de troupe. Cet analyste venait de me rappeler la mort accidentelle de mon père à propos d'actes manqués qui auraient pu mettre ma vie en danger. Plutôt que de l'écouter et de revenir sur ce deuil, je préfère les tourner en dérision grâce à une condensation qui a estompé les traits qui coïncident pas et renforcé les traits communs à l'acteur, à mon père, à mon analyste et à moi-même.

Le rêve choisi paraît avoir condensé une foule de pensées latentes, de fantasmes et de souvenirs en une image composite, un portrait. Tout se passe comme si le travail du rêve avait aimanté ce matériel hétéroclite après l'avoir homogénéisé par la visualisation. L'aimant psychique fait sortir du réservoir psychique les seuls éléments nécessaires pour composer cette image animée. Toutefois, en dehors des exemples soigneusement triés en vue de leur publication, ce sont plusieurs aimants qui finissent par entremêler diverses images mentales. Ma métaphore laisse à désirer si j'ajoute que les images sont généralement animées.

Le rêve ne travaille pas en accolant le résumé d'une pensée ou d'un groupe de pensées à d'autres résumés, mais en soumettant la matière entière des pensées du rêve à une certaine élaboration. Freud a privilégié le point de vue économique pour faire la théorie de la condensation. (Le mot a d'abord relevé de la physique). La représentation unique est investie par les énergies attachées aux diverses chaînes associatives qui s'additionnent sur elle. Fort heureusement pour le plaisir du lecteur et du commentateur, Freud a répandu une délicieuse ambiguïté en développant une métaphore politique à partir de l'idée d'une représentation unique. Plutôt qu'un scrutin majoritaire au cours duquel chaque catégorie de la population se choisit un représentant et les diverses représentations se juxtaposent après le vote, la condensation se rapproche du scrutin de liste au cours duquel la représentation finale se constitue d'emblée en proportion du nombre de voix. Freud ne voulait pas priver les électeurs d'une certaine capacité de discernement et nous devons reconnaître que le processus de condensation suscite une visualisation caricaturale.

La nature même de la condensation nous interdit de considérer quoi que ce soit dans le rêve comme l'effet du hasard ou comme insignifiant. Nous commençons souvent à comprendre lorsque notre attention est attirée par des détails anodins ou discrets. En ce sens, nous perdons souvent de la richesse associative lorsque nous publions un rêve, car la publication nous impose pudeur et discrétion. La résistance ne manque jamais de s'engager dans ces conventions langagières qui participent du mensonge social.

2. LE DÉPLACEMENT

En examinant les exemples de condensations dans le rêve que je viens d'apporter, nous nous apercevons que le contenu manifeste est «autrement centré» que les pensées latentes. Dans mon rêve, j'ai apporté des faits anciens sur lesquels j'avais déjà opéré un déplacement dans l'enfance. Lorsque j'ai formé le rêve, j'ai traité les éléments se rapportant à mon père, chargés d'une affectivité intense, comme s'ils n'avaient qu'une faible valeur et j'ai mis au premier plan les éléments liés à un artiste disparu depuis près de vingt ans et jouant un rôle peu important au fond de moi. Dans d'autres rêves, un événement ou un détail minime en rapport avec des faits récents peut accaparer toute l'attention aux dépens du noyau du rêve.

Voici un exemple de déplacement réalisé dans un rêve de Camille. Cela faisait plus d'un an et demi qu'elle avait engagé sa psychothérapie. On était fin juillet lorsque je l'ai revue après plusieurs semaines de vacances. Elle venait de faire un séjour en Espagne avec un couple d'amis. Peu après le début de la séance, elle me raconte le rêve suivant. *«Un de mes cousins me rend scrupuleusement les 187 pesetas qu'il me devait.»* Elle s'est aperçue qu'elle avait fait le rêve dans la nuit du 18 juillet, soit 18/7. Elle revient à l'ordonnance qu'elle m'avait apportée l'année précédente, à peu près à la même époque. Comme elle est la dernière d'une fratrie nombreuse, sa mère l'a eue après la quarantaine. Camille a été nourrie au sein pendant six mois. Elle est persuadée d'avoir été sevrée du jour au lendemain, après que sa mère ait obtenu d'un médecin une ordonnance lui prescrivant l'arrêt de l'allaitement. C'est ce document en date d'un 18/7 que Camille avait soigneusement conservé pour se présenter en victime. Elle s'étonne que le souvenir de ce sevrage soit toujours aussi fortement inscrit en elle. Le cousin du rêve, ainsi que le premier de ses neveux, représente la réussite qui lui fait envie : profession, mariage, enfants. Camille me raconte que ses parents sont venus passer deux semaines près de sa maison de campagne. Elle a été très touchée par la somme d'argent que son père lui a donnée pour l'aider. A propos d'un rêve analogue, Freud a rappelé parmi les associations intermédiaires le vieil adage : le temps, c'est de l'argent.

Le déplacement et la condensation sont les deux grandes opérations par lesquelles nous formons nos rêves. Freud faisait jouer un rôle essentiel à la censure et à l'économie psychique dans les deux processus. En vertu d'une intensité susceptible de se détacher d'une représentation pour passer à d'autres représentations originellement peu intenses, le contenu manifeste restitue seulement un désir inconscient. Sa représentation ne peut pénétrer en tant que telle dans le préconscient; elle ne devient agissante que si elle s'allie à quelque représentation sans importance qui s'y trouvait déjà, à laquelle elle transfère son intensité et dont elle se sert comme d'une couverture.

Avant guerre, Ella Sharpe (1988) avait proposé d'aborder les mécanismes du rêve en les rapprochant des figures de la rhétorique, comme si la composition du rêve relevait de l'art poétique. C'est ainsi qu'elle avait repéré une forme de déplacement analogue à la Synecdoque. Le travail du rêve substitue la partie pour le tout. Lacan avait applaudi au procédé. Tandis que le linguiste Jacobson rapprochait le déplacement de la métonymie et le symbolisme de la métaphore, cet analyste avait assimilé le déplacement à la métonymie et la condensation à la métaphore. Lacan a signalé que le mot « transfert » (*Übertragung*) était apparu pour la première fois dans la *Traumdeutung*. Pas seulement dans « La psychologie des rêves », mais déjà dans « Le travail du rêve ». Un rêve se forme dans la mesure où des pensées oniriques sont déplacées, où il existe une scène infantile modifiée par un transfert de langage dans un domaine récent.

Les restes diurnes dont se sert le travail du rêve sont moins investis de désir. Devenus moins importants, ils se prêtent au déplacement, à la migration, à la recombinaison. Une organisation nouvelle, celle qui se constitue chaque nuit pour promouvoir une expérience onirique, peut les reprendre et les transférer dans un autre mode d'expression (rébus, hiéroglyphes...) pour exprimer un nouveau sens. Lacan n'était pas si éloigné des kleiniens dans les années cinquante par la manière de poser le problème. « ...pour un certain désir refoulé par le sujet, il n'y a pas de traduction directe possible. Ce désir du sujet est interdit à son mode de discours et ne peut se faire reconnaître. Pourquoi? C'est qu'il y a parmi les éléments du refoulement quelque chose qui participe de l'ineffable. » (*op. cit.*, p. 269). Mais, où Lacan se lançait dans un « l'entre-les-lignes », Bion jouait des éléments du refoulement comme d'un « entre-les-alphas ».

3. L'ÉLABORATION SECONDAIRE

Le contenu manifeste ne provient pas tout entier des pensées du rêve puisqu'une fonction psychique liée à notre pensée de veille lui fournit une partie de ses éléments. La censure n'influence pas seulement la formation du rêve en produisant des omissions et des limitations dans le contenu, mais aussi en amenant des ajouts et des prolongements. Ces adjonctions se produisent là où elles peuvent lier deux morceaux du contenu, permettre l'assemblage de deux parties du rêve. C'est sans doute à cause de la disparition de « ces pensées intermédiaires » que nous retenons seulement une partie de nos rêves.

Par la suite, Freud a rapproché l'élaboration secondaire du besoin d'unification, de cohérence et d'intelligibilité présents dans les systèmes de pensée phobique, obsessionnel et paranoïaque ; Jones l'a avoisinée de la rationalisation. Ce remaniement, qui se produit dans un deuxième temps, enlève au rêve son apparence d'absurdité et d'incohérence. Il finit avec plus ou moins de succès par en faire une sorte d'événement compréhensible. Son influence se manifeste surtout par un tri dans un matériel déjà formé par les autres mécanismes. Toutefois, bien que secondaire, cette élaboration exerce en même temps et de la même manière que les autres mécanismes une influence inductrice sur le fonds des pensées du rêve. En outre, Freud ne pouvait lui dénier absolument toute activité créatrice ; elle crée du nouveau lorsqu'il n'y a pas moyen de faire autrement. Il arrive que le rêve se dispense de construire une façade en utilisant une construction toute prête. Freud a qualifié de « fantasme » cet élément préconstruit. Il précisait que ce fantasme correspond à la rêverie, c'est-à-dire un scénario imaginé à l'état de veille.

Dans sa théorie du rêve, Freud a décrit l'activité fantasmatique sur le modèle de la rêverie et des états hypnoïdes. Segal a critiqué cette conception qui fait intervenir l'activité fantasmatique assez tardivement - pas avant que le principe de réalité et la pensée logique n'aient été solidement établis. En conséquence, les scénarios imaginaires de Freud bénéficient d'une organisation évoluée qui engage de préférence des objets totaux. Au contraire, les kleiniens soutiennent que les fantasmes entrent en action dès le début de la vie. Le jeune enfant vit des expériences instinctuelles précoces sous forme de fantasmes se rapportant à des relations d'objet. En outre, les premiers fantasmes ne mettent pas seulement en jeu des satisfactions libidinales par un objet idéal, mais aussi des peurs et des souffrances engendrées par la pulsion de mort.

Freud considérait le sommeil, du point somatique, comme une revivescence du séjour dans le corps maternel. Ce retour en arrière de la libido rétablit le « narcissisme primitif ». Nous touchons à une différence majeure entre Freud et Klein puisque, pour cette dernière, les pulsions sont à la recherche des objets et que les fantasmes reflètent la relation entre le moi et l'objet. Elle a expliqué que la satisfaction hallucinatoire est possible parce que la perception s'accompagne à l'origine de phantasmes d'incorporation et que l'objet frustrant, persécuteur, est maintenu complètement séparé de l'objet idéalisé. Deux procédés se conjuguent pour produire cette satisfaction hallucinée : d'un côté, l'invocation omnipotente de l'objet idéal et la situation gratifiante ; de l'autre, l'anéantissement omnipotent de l'objet mauvais et de la situation douloureuse.

Freud soutenait que le désir du rêve est halluciné et qu'on croit en la réalité de son accomplissement parce qu'il a pris une forme hallucinatoire. A partir de là, il se demandait ce qu'il fallait pour qu'il prenne cette forme. La régression apportait une réponse insuffisante, car une médiation régressive ramène à la conscience des images visuelles quasi-hallucinatoires qui n'entraînent pas une conviction de réalité. Il faut encore que l'épreuve de réalité soit abolie. Une perception, qu'une action suffit à faire disparaître doit être reconnue comme extérieure, comme réalité. Le rêve abolit l'épreuve de réalité dans la mesure où il entraîne un retrait de l'investissement dans tous les systèmes de l'appareil psychique[2].

Une élaboration secondaire riche a pu être retrouvée dans une suite onirique apportée par Camille après quatre ans et demi de psychothérapie. (Je ne donne pas ici d'interprétations complètes, mais les étapes du travail d'analyse). Elle me raconte un rêve fait au cours d'un stage tout récent de développement personnel. Dans ce songe, elle avait accouché d'une petite fille. Elle se tenait debout et serrait tendrement l'enfant contre elle. Elle m'en parle avec beaucoup d'émotion comme si l'événement lui était réellement arrivé. Elle avait commencé sa psychothérapie avec un désir d'enfant que son rêve venait de réaliser. Elle s'étonnait toutefois que ce fut une fille au lieu d'un garçon. Elle l'avait prénommée Céline, prénom qu'elle estimait seulement féminin, au contraire du sien, bisexuel. Camille commente son rêve avec satisfaction car il indiquerait une acceptation de sa féminité. Je lui suggère qu'elle a pu se représenter à la fois comme bébé et comme mère, celle qu'elle aurait voulu avoir. Elle m'avait dit juste avant de rapporter le rêve qu'elle avait tendance en ce moment à éviter sa mère, que celle-ci appartenait à une fratrie de filles et détestait la sœur qui venait juste avant elle.

Camille enchaîne en me relatant un rêve de cette nuit. «*Elle visitait la petite usine familiale* (qui se trouve près du lieu de la psychothérapie). *Elle y voyait de nombreuse femmes au travail. Elle a pu lire des mots parfaitement distincts. Elle me précise avec amusement que c'était en anglais :*

SAVE RIGHT

SAVE LEFT».

Habituée à l'analyse du rêve, elle improvise aussitôt une adaptation en français : «Père, gardez-vous à droite ; père, gardez-vous à gauche.» Elle est surprise de se souvenir qu'un fils de roi s'était adressé ainsi à son père. Dans mon esprit vient flotter le *God Save the King*. Camille s'est souvent imaginée qu'elle aurait été mieux aimée de sa mère si elle avait été un garçon. Elle se dit qu'elle a pu se prendre pour le roi sans son enfance. Camille avait coupé court, par sa précipitation associative, avec le début du rêve. Elle avait ignoré les pensée latentes en prévenant son thérapeute masculin de se garder des autres femmes. Il s'agit des sœurs de sa mère et de ses propres sœurs. Les femmes du rêve se sont mises un jour au travail et ont réellement accouché d'enfants, et non de rêves.

De mon côté, je me sens troublé par la prononciation anglaise qui me fait entendre : «Sève». Camille complète aussitôt mon association en liant le sein à la «sève de droite». Je lui suggère que la «sève de gauche» vient du père, qu'elle peut donner un bébé. Ma remarque paraît l'illuminer. J'ajoute qu'elle demande au père de ne regarder ni à droite, ni à gauche, mais vers elle qui combine le masculin et le féminin. Elle me redit qu'on la traitait de garçon manqué dans l'enfance. Elle s'était prise au jeu et réclamait des jouets masculins. Elle a grimpé aux arbres en compagnie des garçons, jusqu'au jour où l'un d'eux l'a déshabillée dans une cime. La venue de se règles à douze ans l'a déstabilisée. Elle se met à réfléchir et me lance : «Les anglais sont arrivés... Cela veut bien dire qu'on a ses règles ?»

4. LA FIGURATION

Freud a consacré plus du tiers des pages de *L'interprétation* au travail du rêve et les deux tiers de ces pages sont allées à la figuration. Ce n'est pas un hasard si Sharpe l'a remplacée par le symbolisme et la dramatisation et si Segal l'a escamotée au profit d'une «représentation indirecte». La complexité du problème m'a également contraint d'abréger, et parfois d'esquiver la difficulté.

Freud a étudié les transformations que les pensées du rêve doivent subir pour être présentes dans le contenu manifeste. Toutes les pensées, même les plus abstraites, ont à être figurées. Elles sont choisies, condensées et déplacées en faveur d'images, surtout visuelles. Freud a spécifié que tous les discours qui apparaissent dans le rêve reproduisent avec peu ou pas de changement des discours réellement émis ou entendus. Une fois que la pensée verbale a été transposée dans le langage pictural, elle trouve plus facilement des points de contact, des identifications avec le reste du matériel.

Le déplacement favorise la figurabilité selon deux procédés. Tout d'abord, il remplace une expression abstraite et décolorée par une expression imagée et concrète. Le déplacement peut aussi préparer la figurabilité par un échange d'expressions verbales. «Tout le domaine des jeux de mots peut ainsi servir le travail du rêve... Le mot, en tant que point nodal de représentations nombreuses, est en quelque sorte prédestiné aux sens multiples.» (F., 1900, p. 293). Une pensée, dont l'expression vient peut-être d'autres motivations, peut influencer les possibilités expressives d'une autre; elle les différencie et opère un choix, comme cela arrive dans un travail poétique.

Freud a posé à l'origine du rêve une sorte de texte polysémique qui serait inscriptible dans un lieu psychique. Les pensées essentielles du rêve réalisent une construction complexe dont les différents éléments entretiennent les uns envers les autres les relations logiques les plus variées. Freud s'est intéressé aux conjonctions grammaticales parce que le rêve n'a aucun moyen de représenter ces relations logiques entre les pensées qui le composent. Il s'est demandé ce que deviennent ces liens lorsque la construction d'ensemble est tordue et morcelée par le travail du rêve.

Freud estimait que le rêve, comme les arts plastiques, dispose d'un certain nombre de procédés pour représenter les relations logiques (par la simultanéité) et les relations causales (par la succession). Le rêve use de moyens innombrables pour signifier la ressemblance, l'accord et le contact. Ceux-ci sont habituellement représentés par le rapprochement et la fusion. Grâce à cette possibilité de créer des images composites, le travail du rêve apporte des combinaisons qui n'ont jamais pu être perçues dans la réalité. Le rêve n'exprimera pas l'alternative, l'opposition. Freud a ôté d'emblée au rêve le pouvoir d'exprimer la relation de contradiction, le non. Mais il le lui a mystérieusement restitué en faisant déboucher le contraste des éléments composites sur le renversement et la transformation dans le contraire.

En prenant le terme «symbolique» dans son sens le plus large, Freud a situé la «figuration symbolique» au nombre des procédés indirects de représentation. Il s'est révélé intarissable sur le moyen le plus direct et le plus automatique de transformer des pensées en images. «Le rêve utilise les symboles tout préparés dans l'inconscient; ce sont ceux qui satisfont le mieux aux exigences du rêve grâce à leur figurabilité et leur liberté à l'égard de la censure.» (F., 1900, p. 300). En effet, cette symbolique n'est pas spécifique aux rêves; elle se retrouve dans toute l'imagerie inconsciente collective. Nulle part, Freud ne m'est apparu plus ambigu qu'à propos de la symbolique des rêves. Il a versé avec abondance des exemples de rêves montrant «combien il est difficile de parvenir à interpréter le rêve quand on se refuse à employer la symbolique, combien celle-ci s'impose dans de nombreux cas.» Mais il s'est empressé de «mettre en garde contre la tendance à surestimer l'importance des symboles, à réduire le travail de traduction du rêve à une traduction des symboles.» (F., 1900, p. 309).

La symbolique freudienne paraît être tombée en désuétude. Aucun analyste kleinien n'a publié depuis longtemps une interprétation de rêve en s'appuyant sur elle. Tout en critiquant les méthodes antiques d'interprétation, Freud n'était pas loin de fournir une clé des songes par des ajouts incessants au texte original de *L'interprétation*. Corrélativement, l'arbitraire dans le choix de ses «rêves typiques» saute aux yeux dès qu'on s'intéresse à ses propres rêves ou qu'on se lance dans la littérature spécialisée.

Freud n'a cessé de se défendre avec une vigueur irritée contre l'accusation de pansexualisme. «L'affirmation que *tous les rêves doivent être expliqués d'une manière sexuelle...est étrangère à ma Traumdeutung*. On ne saurait la trouver dans les sept éditions du livre et elle est en contradiction nette avec son contenu.» (F., 1900, p. 319). Certes, l'affirmation ne s'y trouve pas. Mais il suffit d'énumérer les titres des paragraphes choisis pour la symbolique, à commencer par le chapeau comme symbole des organes génitaux masculins, pour s'apercevoir qu'il n'en est pas loin. «Il faut bien dire qu'il n'y a pas de sphères de représentation qui ne puisse symboliser des faits et des désirs d'ordre sexuel.» (F., 1990, p. 319). L'évolution des mœurs a rendu caricaturaux des propos tels que : «Plus on s'occupe d'interprétation des rêves, plus on doit reconnaître que la plupart des rêves des adultes ont trait à des faits sexuels et expriment des désirs érotiques.» (F., 1900, p. 340).

Plutôt que de reprendre ce que j'ai déjà écrit sur les rapports du symbolisme avec la position dépressive et la fonction alpha, je propose un autre rêve de Camille. Six mois environ après le début de sa psychothérapie, Celle-ci était arrivée à la séance avec un papier sur lequel elle avait noté deux rêves de la même nuit. Dans le premier songe, *elle se trouvait avec une amie ayant à peu près son âge, mais mariée et mère. Elle lui parlait de Simone Signoret. (Cela se passait un peu avant la mort de l'actrice.) Elle voyait apparaître son visage sur un écran. Elle pouvait lire les mots qui défilaient sur ses yeux, comme un générique de télévi-*

sion. *Elle n'avait retenu que la dernière phrase : «Les lyonnais doivent faire attention aux attentats.»* Camille n'a donné aucune association et n'a fait aucun commentaire. Elle attendait, peut-être par défi, ce que j'allais faire. Je lui en fis la remarque et elle se mit à lire le second rêve, poursuivant l'évacuation de son expérience onirique.

Dans cet autre songe, *elle se trouvait dans une voiture avec un couple d'amis qui avait une petite fille. La voiture explosait soudain à cause de son toit bourré d'explosifs.* La rêveuse, qui n'était plus dans le véhicule, assistait à l'explosion. Son récit terminé, Camille m'apprit que ces amis, qui habitaient une autre ville de la région, s'entendaient bien ; elle aurait aimé faire un couple de ce genre. La semaine précédent ces rêves, elle avait longuement monologué sur son incapacité à trouver du travail et avait fini par admettre qu'elle y était pour quelque chose dans cet échec.

Bien vite, Camille avait laissé entendre qu'elle n'en serait plus là si je l'avait aidée. Cela l'avait fait revenir à son enfance. Elle s'était plainte de ce que la petite dernière avait toujours besoin de l'aide physique de l'un ou de l'autre, par exemple pour prendre un paquet posé sur une étagère. Je lui ai demandé si elle n'avait pas besoin maintenant de quelqu'un pour la plaindre. Elle poursuivit comme si elle n'avait pas entendu : «Si seulement un homme me plaignait une fois...» Elle ne devait pas avoir oublié qu'elle m'avait parlé de son père, qui était venu, seul, la chercher dans un camp de guides, la première fois qu'elle avait vécu loin des siens, la première fois qu'elle avait eu ses règles. C'était l'unique occasion de sa vie, selon ses dires, où son père l'avait plainte.

Je pus lui faire remarquer peu après qu'il y avait un attentat dans chaque rêve : d'abord la menace, puis l'exécution. Elle en convint sans difficulté. J'amorçais une interprétation en me souvenant qu'elle s'était plainte quelques séances plus tôt d'une souris, peut-être d'un rat, de souris et de rats qui venaient la déranger la nuit. Camille avait eu beau solliciter le membres de sa famille : personne n'était venu l'aider. Elle a pu retrouver le souvenir de sa petite chambre, qui n'était séparée que par une mince cloison de celles de ses parents. Je lui ai demandé si les souris pouvaient être considérées comme des terroristes. Elle avait approuvé toute souriante, puisque les souris la terrorisaient.

5. LES ÉMOTIONS ET LES SENTIMENTS

Avant d'en arriver à l'élaboration secondaire, Freud a brièvement traité des affects. L'analyse des rêves lui avait appris que les contenus représentatifs subissent des déplacements et des substitutions tandis que les affects ne changent pas. Ils sont donc tout simplement accolés l'un à l'autre sans former une unité indissoluble. Le contenu manifeste renferme en général moins d'affects que le matériel psychique qui lui a donné naissance. Le travail du rêve réprime donc les affects. La répression serait une conséquence de l'inhibition exercée par le sommeil et la censure. Cette dernière commencerait par déformer le matériel du rêve avant d'en réprimer les sentiments. Freud a eu l'intuition de la faiblesse de son point de vue. Il a reconnu avoir surtout travaillé sur ses propres rêves, qui s'appuyaient plus souvent sur des conflits d'idées que sur des «fantasmes diurnes, peut-être inconscients» (F., 1900, p. 421n). Cette tendance à l'intellectualisation dans certains passages de la *Traumdeutung* vient compenser l'irruption du préconscient et de l'affectif dans les relations cliniques.

La psychanalyse selon Bion ne cesse de nous dire : Au commencement était l'émotion /le sentiment — il tenait ces deux termes pour pratiquement synonymes. Lorsque le principe de réalité en vient à dominer, l'appareil psychique se débarrasse d'abord de surcroîts d'excitation par la décharge motrice. La pensée vient ensuite se substituer à cette dernière. La fonction alpha transforme les données sensorielles en pensées du rêve et pensées vigiles inconscientes. Elle opère simultanément sur les émotions de base. Dans la mesure où on ne peut concevoir une expérience émotionnelle en l'isolant d'une relation, les trois facteurs émotionnels de base sont l'amour, la haine et la connaissance. Ils se retrouvent dans l'expérience onirique. Si nous voulons conserver la notion de pensées du rêve, il faut admettre qu'elles sont constituées par des idées et des émotions indissolublement liées, car elles résultent toutes deux de l'action de la fonction alpha sur les vécus vitaux à l'état brut.

J'ai suivi une démarche analogue à celle de Meltzer, qui consiste à réviser la théorie du rêve à partir de la filiation Freud-Klein-Bion. Mais je ne pense pas aboutir tout à fait aux mêmes conclusions. Meltzer (1984, p. 64) s'oppose directement à Segal pour qui «un rêve est une manière d'exprimer et d'élaborer un phantasme inconscient». Il s'est démarqué du kleinisme en différenciant la pensée de la fantasmatisation inconsciente et il a défini «le rêver comme un penser inconscient». Il a attribué deux objectifs complémentaires à la vie onirique : d'abord penser les expériences émotionnelles afin d'en extraire la signification, et ensuite se servir de la fantasmatisation et de la pensée pour chercher à résoudre les problèmes émotionnels et intellectuels. C'est cette dernière opération qu'il qualifie de «travail du rêve». Il prend soin de distinguer dans la première le changement de forme du matériel de l'exploration du sens du matériel. En révisant «la prise en considération de la figurabilité», il a gauchi la pensée de Bion en considérant que l'élément alpha est un équivalent d'un symbole (*op. cit.*, p. 74).

NOTES

[1] Freud a pris pour modèle la phobie hystérique dans laquelle le névrosé peut se protéger par l'évitement d'un danger extérieur qui a pris la place d'une revendication pulsionnelle interne. «La théorie que Freud a élaborée de l'appareil psychique est à l'image du sien propre...A la structure hystérophobique de l'homme Freud, la technique psychanalytique doit en partie...» (Anzieu, *op. cit.*, p. 508-509)

[2] GARMA (1989, chapitre III) a pris le contre-pied de Freud quant à l'épreuve de réalité. Le moi considérerait comme réelles les perceptions qu'il ne peut repousser et comme intérieures, celles qu'il peut mieux dominer. Le psychisme du nourrisson aurait une plus grande capacité à se défendre contre les perceptions venant de son monde interne, car il a été en contact avec elles pendant les mois de la sa vie intra-utérine. C'est parce qu'il ne peut ni les chasser, ni les contrôler que le moi endormi considère les hallucinations survenant pendant le sommeil comme des événements du monde extérieure.

Chapitre 2
Les règles techniques

C'est probablement à propos du rêve que le caractère génial de Freud peut être difficilement nié, avec des règles techniques aussi parfaitement formulées que soudainement incertaines. Sa conceptualisation réussit à tout couvrir et faire tenir ensemble les contradictions majeures. Freud aboutit à un prodigieux équilibre à partir duquel chacun peut élargir telle ou telle proposition sans faire écrouler l'ensemble. Après tant d'années, il demeure risqué de relire Freud lorsque nous nous imaginons avoir quelque idée nouvelle sur le rêve. Nous constatons souvent qu'il en a déjà traité et qu'il l'a mieux formulée que nous ne saurions le faire. Malgré cela, j'ai choisi de reprendre les grandes questions de la technique. Comment formuler et/ou reconstruire le rêve ? Comment l'interpréter ? Comment retrouver le contenu dans la forme ? Comment tenir compte du temps, des rythmes, des séquences, des débordements temporels ?

Les réponses apportées voudraient avoir valeur pour l'ensemble des hommes. Chaque école de psychanalyse a la même prétention à l'universel. Mais la confrontation d'un rêve de Freud avec un rêve de Jung plonge dans le malaise si on veut voir un dénominateur commun entre les deux démarches quant à l'inconscient. Il reste étonnant que les rêves rapportés respectivement par Klein, Bion, Meltzer ou Segal aient le même air de famille et que leurs patients aient rêvé dans la manière de leur analyste. Je pense que l'air de famille vient davantage du style de la narration que du style du rêver. Le rêve retenu par l'analyste s'intègre à l'allure de la cure qui s'accorde avec le style narratif. Le résultat global dépend du genre de personnalité avec lequel se conjuguent aussi bien des traits génériques : relations d'objet, anxiétés, défenses et sublimations que des dons idiosyncrasiques : prédominance du visuel, mémoire des détails, talent d'écriture, clarté de pensée, charisme, etc.

1. LA FORMULATION ET LA RECONSTRUCTION DU RÊVE

J'ai titré : «L'analyse des rêves» pour souligner le fait que l'interprétation ne réalise pas une fin en soi pour le rêve et qu'elle ne constitue qu'un aspect du travail de l'analyste. Meltzer a proposé que le premier temps soit celui de la «formulation». Le patient doit transformer le souvenir de l'événement, vécu en grand partie sous forme visuelle, en une narration. Il participe à une tâche de construction et de reconstruction. Le travail analytique comporte deux actions distinctes qui opèrent en deux aires séparées. En cas de rêve, l'analysé devrait se remémorer quelque chose qu'il a vécu, mais qu'il a refoulé, clivé et identifié projectivement. L'analyste n'a jamais accès à ce vécu. Il va aider, avec les souvenirs et les indices retrouvés, à bâtir un récit, voire un texte — ou il va prêter assistance pour retrouver ce qui paraissait tout à fait oublié. D'une manière générale, le lecteur risque de sous-estimer ce labeur de formulation, car l'auteur préfère volontiers passer sous silence une phase confuse et répétitive afin d'exposer dans l'aisance une brillante interprétation.

Le travail de formulation, après avoir produit un entrelacement de souvenirs et d'associations, débouche sur la «publication» de l'expérience onirique. La focalisation sur le transfert et le contre-transfert a été temporairement mise de côté au profit d'une collaboration, voire d'un jeu en double. Le travail de l'analyste et celui du patient se poursuivent parallèlement, l'un toujours un pas en avant, l'autre suivant de près, et l'ordre s'inverse souvent. L'analyste achève intérieurement un fragment de reconstruction et le communique à l'analysé pour qu'il intervienne à son tour. La communication provoque l'afflux d'un nouveau matériel chez l'analysé qui influence en retour l'analyste et ainsi de suite. Il semblerait que, plus l'analyste gagne en expérience et tolérance, plus il prolonge et prend plaisir à cette phase d'exploration.

Meltzer est allé jusqu'à écrire : «Ce qui semble se produire [lorsque l'analyste écoute un rêve], c'est que l'analyste écoute le patient et surveille l'image qui apparaît dans son imagination. On peut fortement soutenir qu'il autorise le patient à susciter un rêve en lui.» (*op. cit.*, p. 90).

L'analyste voit bien des images se former en lui tandis qu'il écoute le récit d'un patient. Mais il reste éveillé et il enregistre aussi verbalement le récit dans sa mémoire. Selon moi, le contenu du rêve doit susciter une rêverie, et non un rêve, chez son interlocuteur avant de pouvoir être interprété. Toutefois, ceci convient au domaine névrotique. Plus le matériel relève de la psychose, plus il nécessite d'être rêvé à nouveau préalablement — soit grâce à une nuit de sommeil séparant la narration de l'interprétation, soit grâce à une métabolisation collective dans un petit groupe de travail (d'équipe ou de supervision).

L'un des sujets techniques sur lesquels les kleiniens ont ouvert la discussion concerne la construction. Une tendance générale veut que toutes les communications entre patient et analyste comportent quelque élément projectif, de sorte que l'analyste se retrouve forcément « agi » par le patient. De même, les kleiniens insistent sur le fait que le transfert et le contre-transfert ne mettent en jeu pas seulement la communication verbale, qu'il se produit sans cesse une interaction non-verbale au cours de laquelle le patient met en acte dans le psychisme de l'analyste. En son temps, Bion avait déclaré que bien des patients n'avaient pas besoin de faire preuve de résistance ; il leur suffisait de mobiliser celles existant chez l'analyste. La question reste posée : l'analyste doit-il lier explicitement la connaissance du passé individuel à l'interprétation du transfert dans la séance ? J'ai tendance à répondre par l'affirmative en considérant la « formulation », premier temps de l'analyse du rêve, comme une construction ou une reconstruction selon les cas. La question consiste dès lors à savoir quand et comment rendre explicite la liaison du souvenir du rêve avec le passé le plus ancien.

L'analyse des rêves, au fur et à mesure qu'elle s'est différenciée de l'auto-analyse, a ranimé l'intérêt pour le contenu manifeste[1]. Cette tendance a pris du temps pour s'affirmer car elle allait à l'encontre de Freud, qui n'avait cessé de dénoncer ceux qui « recherchent l'essence du rêve dans son contenu latent ». Il leur reprochait d'ignorer la nécessité d'une interprétation. Il ne s'était pas aperçu qu'il se défiait à l'excès du contenu latent, faute d'avoir fait analyser ses rêves grâce à une relation transférentielle instituée sans ambiguïté. « Le rêve est un conglomérat qu'il s'agit de fragmenter en vue de la recherche. » (F., 1900, p. 382). L'auto-analyse l'avait obligé à démembrer le rêve de façon à accentuer un clivage fonctionnel entre le moi qui avait participé au rêve et le moi qui analysait le souvenir de l'expérience. Une autre motivation obscure avait poussé Freud à considérer l'enchaînement des parties du rêve « comme une apparence sans valeur ». Sa plasticité lui avait fait envisager le contenu manifeste comme l'expression d'une psychose transitoire que sa tendance phobique lui conseillait de tenir à distance.

La peine et le plaisir surgis de la formulation doivent nous éviter de plonger immédiatement dans la profondeur du rêve. Une formulation réussie s'achève par une vision d'ensemble sur un contenu ravalé et éclairé judicieusement. En premier lieu, l'analyste favorise la mise en forme plutôt que le découpage en vue d'une traduction quasi simultanée. Il ne sera en mesure d'interpréter que s'il a rassemblé toutes les associations et les a rapportées au contenu manifeste conservé en totalité à l'arrière-plan. C'est de cette nouvelle figure mentale en trois dimensions qu'une imagerie centrale pourra être dégagée et transformée en thématique. La formulation commence et finit avec le contenu manifeste[2].

2. L'INTERPRÉTATION

Avant de pouvoir proprement interpréter, il faut que la formulation ait rassemblé les lignes forces du matériel onirique en les simplifiant et les ordonnant. Cette seconde mouture du contenu manifeste doit laisser surgir dans le patchwork chaotique du rêve quelque «fait choisi» grâce auquel patient et analyste pourront s'accorder sur le sens latent. Meltzer a bien montré que le mouvement général d'analyse se fait en spirale. Autour du fait choisi, la volute d'investigation a tourné au fur et à mesure qu'elle est passée par de nouveau éléments oniriques, qu'elle a intégré des données associatives et qu'elle s'est assurée des activités interprétatives. En référence au dessin préfiguratif de l'enfant, je propose d'envisager une double spirale, avec un enroulement antihoraire à partir du centre suivi d'un réenroulement horaire à partir de la périphérie. Ce sont par ces mouvement spiralés que l'enfant s'achemine vers une forme circulaire «fermée», une totalité. L'interprétation complète du rêve achève le décollement du thème central par rapport au fond, conglomérat du Soi, des contenants et des pensées latentes[3].

L'analyste a le choix entre plusieurs techniques pour interpréter le rêve. Le procédé chronologique, dans lequel le rêveur apporte des associations aux éléments du rêve en les prenant dans leur ordre d'apparition dans le récit, convient à l'analyse de ses propres rêves. S'il s'agit du rêve d'un patient, l'analyste peut commencer le travail d'interprétation en choisissant un élément particulier et remarquable. Il peut extraire ce qu'il estime le plus impressionnant, le plus clair ou le plus intense sensoriellement. Il arrive qu'il se focalise sur un mot apparu dans le rêve (le mot SAVE par exemple dans un rêve de Camille). A l'inverse, l'analyste peut tout d'abord négliger ce contenu manifeste pour s'attacher aux événement du jour précédent ou au matériel des séances voisines qui sont liées aux pensées du rêve rapporté (le rêve des pesetas). Enfin, l'analyste peut laisser le rêveur déjà familiarisé avec le procédé choisir son point de départ (le rêve avec Fernandel). Aucune des techniques énumérées ne semble préférable et l'une ou l'autre s'imposera d'elle-même selon le type de rêve ou le moment de l'analyse.

On arrive, en principe, à l'interprétation en opérant en sens inverse du travail du rêve qui a le plus souvent renversé, transformé dans le contraire. «C'est pourquoi, lorsqu'un rêve refuse obstinément de se laisser interpréter, il faut essayer de renverser certaines parties de son contenu manifeste; il est fréquent que tout s'éclaire alors.» (F., 1900, p. 282). Il ne faut pas négliger le renversement dans le temps, car il arrive que l'issue de l'incident soit l'introduction du rêve et que l'on trouve à la fin de celle-ci la cause de l'incident. «Fréquemment on ne trouve le sens du rêve que lorsqu'on a fait subir à son contenu plusieurs renversements.» (*op. cit.*, p. 82). Avec un tel procédé, d'aucuns remarqueraient qu'on finit toujours par trouver une interprétation. Bien sûr, le contexte devrait permettre de trancher.

L'existence d'une symbolique nous confronte aussi à une alternative en raison de la plasticité particulière du matériel psychique. «Il est fréquent qu'un objet symbolique apparaissant dans le contenu du rêve doive être interprété dans son sens propre.» (F., 1900, p. 302). Cela me fait penser au dilemme qui avait cours aux Etats-Unis avant guerre dans une célèbre clinique psychanalytique. Lorsqu'un patient demandait un verre d'eau, fallait-il interpréter un symbole ou lui donner à boire? En outre, beaucoup de rêves devraient être compris d'une manière bisexuelle. Ils se prêteraient à une «surinterprétation» à laquelle on ne peut se refuser. «Mais il ne faut pas interpréter tous les rêves de manière bisexuelle» (*op. cit.*, p. 340).

Freud a davantage été suivi lorsqu'il estimait le rêve «absolument égoïste». Si le rêveur voit surgir dans son songe une personne étrangère, il doit se dire au réveil que son moi était caché derrière cette personne. Quand il ne sait pas sous quelle apparence se dissimule son moi, il doit chercher quel personnage éprouve un affect qu'il ressent. Beaucoup sont allés plus loin et ont considéré le rêve comme une représentation du rêveur, de ses conflits, de ses problèmes. Segal a rapporté un rêve d'une surprenante fraîcheur qu'un officier de marine polonais avait eu durant sa première semaine d'analyse. Il avait rêvé d'une pyramide. A la base, une foule de marins frustres, rudes, portaient sur leur tête un pesant livre doré. Les officiers, dont faisait partie le rêveur, supportaient par leurs épaules l'amiral. Ce rêve a imagé la structure mentale du rêveur, avec le ça dévolu aux simples matelots, pleins de révolte et d'homosexualité, le surmoi attribué à l'amiral, fort et effrayant. Quant au moi, il avait été placé dans les officiers censés suivre une voie moyenne, une tranche dorée. Ce pauvre moi se sentait écrasé aussi bien par la poussée de pulsions insupportables venant du bas que par la répression rigide venant du haut[4].

Certains rêves présentent des différences d'intensité entre les images. L'intensité la plus grande porterait sur les éléments du rêve dont la formation a exigé la plus grande condensation. Il peut exister aussi des différences de netteté entre les fragments du rêve. Les fragments semblent clairs lorsque l'élaboration secondaire a réussi, et c'est l'inverse pour les fragments obscurs. Par ailleurs, Kohut a signalé que, lorsque des personnalités narcissiques commencent à intégrer leur soi grandiose, des rêves exagérément colorés, du genre technicolor à ses débuts, paraissent signaler l'intrusion dans leur soi de matériel non modifié d'apparence réaliste. Dans un de ces rêves, un patient contemplait un paisible paysage campagnard, d'une grande beauté. Des fissures de plus en plus profondes se produisaient dans un immense barrage jusqu'à ce que les flots destructeurs viennent s'abattre sur la campagne tandis que les teintes s'assombrissaient[5].

Selon Freud, il ne faut pas espérer tirer grand chose d'un rêve survenu au début d'un traitement. On devrait s'estimer heureux en découvrant un seul émoi du désir pathogène. Je ne pense pas que ce soit la règle si on se préoccupe davantage d'analyser que d'interpréter le rêve. Le patient apporte souvent avec son premier rêve un aperçu synthétique sur les problèmes de la cure. Pourtant, Freud connaissait bien les avantages de l'«interprétation à retardement», car il avait pu interpréter de façon satisfaisante, un ou deux ans plus tard, des rêves personnels peu ou pas interprétés sur le moment. De même, avec «l'interprétation fractionnée», il conseillait à juste raison de remettre à un autre jour la suite lorsque l'interprétation avait épuisé l'analyste ou si le rêve ne lui disait plus rien.

3. LES FORMES DU RÊVE

Silberer a découvert le «phénomène fonctionnel» qui apparaît au moment de l'assoupissement et du réveil. Il avait observé directement la transformation des pensée en images. L'image qui surgissait, comparable à un élément du rêve, figurait autre chose que la pensée soumise à l'élaboration — à savoir la fatigue, la difficulté ou le déplaisir de cette tâche, etc. Autrement dit, Silberer avait visionné la figuration de cet état fonctionnel à la place de l'objet déclenchant la fonction. A partir de ces observations, Freud a conclu que l'attention, qui fonctionne durant le jour, continue pendant le sommeil à contrôler, critiquer et éventuellement interrompre le rêve. Cette instance psychique restée éveillée évoque naturellement le veilleur-censeur. Mais il faut y ajouter une capacité d'auto-observation qui peut alimenter le contenu du rêve.

Freud n'a concédé qu'avec réticence la possibilité au rêveur d'influencer le cours de son songe. Faisant allusion à la thèse de Hervey de Saint-Denys, il a admis que le désir de dormir pouvait céder sa place à un autre désir pré-conscient : celui d'observer ses rêves et d'y prendre du plaisir[6]. Freud ne s'est vraiment pas attardé sur la signification du rêve dans le rêve. En se mettant à rêver dans un rêve, cela équivaut à souhaiter que l'événement apparu en rêve ne se fût pas produit. En d'autres termes, ce procédé fournit indirectement une affirmation très énergique.

La plupart des continuateurs n'ont retenu que l'aspect figuratif des pensées du rêve : l'accomplissement des désirs du rêveur par des images. « Le rêve est un rébus. » (F., 1900, p. 242). On se tromperait si on regardait ces signes comme de simples dessins, au lieu de prendre en compte le code qui régit le jeu expressif. Il faut remplacer chaque image de la devinette par une syllabe ou un mot chaque fois que le contexte le suggère. Freud nous a aussi assuré que le contenu du rêve est donné sous forme d'hiéroglyphes que nous devons transposer dans la langue des pensées du rêve. Enfin, il a comparé le travail du rêve au travail poétique qui impose de satisfaire simultanément le sens et la rime.

Lacan a tenu compte seulement de l'aspect figuratif de la pensée de Freud. « L'ensemble des pensées du rêve » est devenu « l'ensemble des choses signifiées » et chaque « image » a été remplacée par un « élément signifiant ». A travers les images du rêve, les signifiants oniriques se manifestent par une parole qui apporte la vérité. A l'inverse, j'ai considéré que Freud s'est autant intéressé aux transformations opérées par le rêve. Après Bion, je ne puis envisager le « contenu du rêve » sans m'interroger sur son contenant, parler des pensées du rêve sans me demander comment elles sont générées. C'est reculer pour mieux ignorer que de renvoyer l'origine de la symbolique, du langage pictographique ou de la transmission de pensée à une hypothétique phylogenèse de l'humanité.

« La forme du rêve ou la forme dans laquelle il est rêvé est employée avec une fréquence étonnante pour représenter son contenu. » (F., 1900, p. 286). Voici l'exemple choisi par Freud. Un jeune homme lui raconte avec précision un rêve dans lequel, le soir, dans un hôtel d'une station estivale, il se trompe de numéro de chambre. Il pénètre dans une pièce où une dame âgée et ses deux filles se déshabillent pour se mettre au lit. Il indique alors qu'il y a des lacunes dans le rêve, qu'il manque quelque chose. Freud appuya son interprétation sur les «lacunes» du rêve en supposant qu'elles représentaient les orifices génitaux des femmes en train de se déshabiller. Le jeune homme a signifié la castration qu'il attribue aux organes génitaux féminins par le défaut, l'absence dans le rêve. De fait, à la fin du rêve, il doit lutter dans la chambre avec un homme qui veut le jeter dehors.

Freud a retenu des exemples conduisant à une interprétation sexuelle (encore que la pièce comme symbole du ventre maternel pourrait être envisagée pour la fin du rêve). Cela suppose des formes fantasmatiques relativement élaborées. Rosolato a récemment apporté une notion qui désigne des changements élémentaires de forme dans le contenu du rêve. A côté des signifiants proprement dits, ces «signifiants de démarcation» viennent élargir l'intuition de Freud. Ils arrivent de la petite enfance et permettent la mise en mémoire d'impressions ou de sensations trop précoces ou trop intenses pour être mises en mots. Ils donnent sens à la communication non-verbale. Ils se développent en se différenciant sous forme d'opposition. Le terme de «démarcation» renvoie à la délimitation et à l'écart. Ces signifiants délimitent les représentations tout en signalant l'écart avec le signifié. Ils sont susceptibles d'entrer dans un processus de symbolisation[7].

Peu après, Anzieu a proposé la notion de «signifiant formel» pour désigner des «représentants psychiques, non seulement de certaines pulsions, mais aussi de diverses formes d'organisation du Soi et du Moi». Ils représentent principalement des contenants psychiques. Leur propriété spécifique se trouve dans une «opérativité qui génère en eux une transformation». Ces éléments conviennent à la logique qui régit les processus primaires. Anzieu les a situés uniquement du côté du Moi-peau. Il estime pourtant que ce que Freud a écrit dans le dernier chapitre de la *Traumdeutung* s'applique à sa notion. «Le signifiant formel est souvent vécu par le patient comme un rêve particulièrement angoissant, comme un cauchemar éveillé.»

Anzieu a raison de distinguer le signifiant formel du fantasme freudien. Mais il se trompe en considérant que cette mise en images, essentiellement visuelles, est postérieure ou contemporaine de l'acquisition du langage. La pensée visuelle organise le fantasme de façon symbolique avant que l'enfant sache parler. Les signifiants formels permettent le repérage de la mise en jeu des enveloppes psychiques et de leurs altérations pour autant que les vécus correspondant sont repris par le regard mental. Sans cela, les signifiants formels ne pourraient être « aisément métaphorisables »[8].

4. LA DIMENSION TEMPORELLE

On aborde l'analyse de ses patients après son auto-analyse, car on a interprété ses rêves avant ceux des autres, d'où la mise en garde de Freud : « Il convient presque jamais que le but thérapeutique cède le pas à l'intérêt suscité par l'interprétation du rêve. » (F., 1911, p. 44). Un analyste qui voudrait interpréter le plus complètement possible chacun des songes rapportés par son patient se heurte aux exigences immédiates de la cure. Même lorsqu'un premier rêve paraît se présenter comme un riche filon, d'autres rêves vont bientôt surgir. Même en voulant remettre leur interprétation aux jours suivants, l'analyste sera forcément débordé. « Le psychanalyste doit chaque fois se contenter des données de l'interprétation obtenue en une séance » (*op. cit.*, p. 45).

La production onirique peut être parfois si abondante et sa compréhension si lente que l'analyste doit admettre que la richesse en matériaux vient en fait contrecarrer le traitement. En outre, la cure perd pendant ce temps tout contact avec l'actualité. Un analyste qui montrerait un trop vif intérêt pour l'élucidation des rêves risquerait de faire croire au patient que l'analyse ne pourrait avancer s'il n'apportait pas des songes. La résistance à l'analyse pourrait alors se porter sur le souvenir des rêves et provoquer un oubli systématique. L'analyste doit être convaincu que la cure, même si les rêves font défaut, ne peut manquer de matériel intéressant. Mais, en chaque analyse, il vaut mieux qu'il y ait de la compréhension onirique. Lorsqu'un patient apporte un rêve, il offre l'occasion d'apprécier l'impact des séances précédentes, de reconnaître ses éventuelles erreurs ou de prévoir les difficultés qui l'attendent dans l'avenir immédiat. L'analyse des rêves établit une communication tolérante avec la vie inconsciente.

L'analyste ne doit pas se désoler de devoir renoncer à interpréter tant de matériel onirique susceptible de révéler les conflits inconscients. Renoncer à une interprétation parfaite ne peut être considéré comme une perte. Plusieurs séquences successives d'un même songe peuvent relever de pensées latentes qui se manifestent avec une netteté croissante. « Nous avons appris également que plusieurs rêves d'une même nuit peuvent n'être que des tentatives pour représenter de manières différentes un contenu identique» (F., 1911, p. 46). De même, il peut exister une continuité en une série de rêves faits à travers des semaines ou des mois. Selon Meltzer, la continuité se retrouve davantage dans la forme que dans la signification, comme si le rêveur esquissait des croquis en vue d'une composition d'ensemble. Guillaumin (1979, p. 10) a soutenu que Freud n'aurait pu découvrir «la continuité dans la rupture» autrement que par l'analyse de ses rêves. Le retour régulier et insistant du rêve nous fait «reconstituer aussi la nappe souterraine de l'inconscient».

Dans un additif à *L'interprétation* en 1925, Freud s'est à nouveau interrogé sur les limites de l'interprétable. Peut-on donner de chaque production onirique une traduction exhaustive et fiable ? Bien sûr que non puisque, en 1900, Freud avait déjà tranché avec une troublante formule poétique : «Les rêves les mieux interprétés gardent souvent un point obscur; on remarque là un nœud de pensées que l'on ne peut défaire... C'est l'«ombilic du rêve», le point où il se rattache à l'inconnu» (F., 1900, p. 446). Même lorsqu'on a trouvé l'interprétation d'un rêve, elle ne peut être considérée comme exhaustive. D'autres pensées inconscientes sont certainement parvenues à s'exprimer par le biais de ce même rêve. Les pensées latentes rencontrées pendant l'interprétation n'ont en général pas d'aboutissement puisqu'elles se ramifient en tous sens dans un réseau enchevêtré modelé par la relation du transfert avec le contre-transfert. Il suffit de voir comment le rêve de l'injection faite à Irma suscite encore de nouvelles interprétations près d'un siècle après sa publication.

NOTES

[1] La méthode qui consiste à agrandir un fragment du rêve à l'aide de matériaux empruntés au folfklore, aux conte de fées, à la mythologie et au symbolisme religieux est appelée «amplification» par les jungiens. Elle me paraît voisine dans ses intentions de la formulation. Elle majore toutefois l'accent porté au contenu manifeste et à ses rapports culturellement préétablis.
[2] Le lecteur désireux d'avoir une vue d'ensemble sur la «réhabilitation» du contenu manifeste lira avec profit :
JIMENEZ, J.-P., «Some technical consequences of Matte-Blanco's theory of dreaming», *Int. Rev. Psycho-Anal.*, 1990, 17, 455.
Cet auteur s'est inspiré des idées de Matte-Blanco selon lesquelles le contenu manifeste du rêve n'est pas une simple distorsion du contenu de l'inconscient sous l'effet de la censure, mais une tentative de pensée représentative pour déployer la réalité inconsciente selon un espace perceptif tridimensionnel et une logique aristotélicienne.

[3] HAAG, G., « Le dessin préfiguratif de l'enfant : quel niveau de représentation ? », *Journal de la psychanalyse de l'enfant*, n° 8, 91.

[4] SEGAL, H., *Introduction to the Work of Melanie Klein*, London, William Heinemann, 1984, p. 9-10 (trad. franç. *Introduction à l'œuvre de Mélanie Klein* par Ribeiro HAWELKA, Paris, PUF, 1969).

[5] KOHUT, H., *Le Soi*, Paris, PUF, 1974, p. 179 et 335.

[6] Un rêve est appelé lucide lorsque le rêveur a conscience de rêver au moment où il le fait. Cette possibilité d'explorer volontairement son monde onirique a été établie expérimentalement. Il a été proposé une méthode pour acquérir, développer et utiliser à des fins thérapeutiques cette capacité qui limite singulièrement la portée de la censure dans la théorie du rêve. J'y reviendrai dans la dernière partie.

[7] ROSOLATO, G., « Destin du signifiant », in *Eléments de l'interprétation*, Paris, Gallimard, 1985.

[8] ANZIEU, D., « Les signifiants formels dans le Moi-peau », in *Les enveloppes psychiques*, Paris, Dunod, 1987.

# Chapitre 3
Les rêves activistes

Les analystes kleiniens ont été amenés dans les années quatre-vingt à modifier leur point de vue sur l'acting out. Ce dernier a bénéficié de ces renversements qui ont transformé des obstacles au traitement en moyens d'analyse. Le transfert et le contre-transfert mettent en jeu bien plus que la communication verbale. Il existe une interaction constante, en dehors de la parole, par laquelle le patient agit sur l'esprit de son analyste. Le décalage entre ce qu'un patient dit et ce qu'il fait peut être un moyen de comprendre la manière dont il a pu s'adapter à son entourage et essayer de le contrôler à travers l'identification projective. Les rêves peuvent participer de cet agir, d'où mon intitulé : « les rêves activistes ».

Selon Segal, le rêve ne fonctionne pas de la même manière chez le névrosé que chez le cas limite, le psychotique ou le psychopathe. Comme l'avait établi Bion, ce genre de patient peut se servir des rêves pour se débarrasser, au lieu de les élaborer, des parties de la personnalité indésirables. Lorsque des patients vivent leurs rêves comme des événements réels, leur perception de la réalité s'en trouve forcément affectée. Segal a cité le cas d'une patiente qui avait commencé une séance en se plaignant d'une odeur de gaz dans le cabinet de l'analyste ; elle avait ensuite raconté avoir rêvé que des ballons de gaz avaient explosé.

1. LES RÊVES PROPHÉTIQUES

Tous les rêves poussent plus ou moins à la mise en acte — du moins, les fantasmes qui s'expriment sous forme onirique. Un patient est moins pressé d'agir lorsqu'il apporte dans une séance un rêve pouvant être analysé. Mais l'acting out peut être le trait dominant l'analyse de certains patients, ou de certains moments de leur analyse. Ils doivent mettre en acte leurs rêves pendant les séances. Segal a qualifié de « prophétique » ce genre de rêves. Il semble prédire un événement futur en provoquant presque automatiquement des mises en acte. Il constitue un schéma préalable à l'agissement, aussi bien à l'intérieur qu'à l'extérieur de la séance. car il résulte d'une insuffisance dans l'élaboration onirique[1]. Les rêves prophétiques se reconnaissent à certains caractères : une relative crudité dans la symbolisation, l'impression d'une expérience concrète, l'atténuation des frontières entre dedans et dehors, une compulsion à expulser mentalement.

L'insuffisance dans le travail du rêve entraîne une difficulté technique. Il ne sert à rien d'interpréter seulement le contenu de rêve prophétique. Puisque ce genre de rêve sert d'abord à la mise en acte, il faut commencer par interpréter la fonction qu'il remplit. Ce n'est qu'après qu'il sera possible d'aborder le contenu du rêve. La capacité de l'analyste à contenir les identifications projectives et à les comprendre permet au patient de rétablir en lui un espace mental et une capacité de symbolisation.

Voici un exemple donné par Segal (1991, p. 72-73) dans lequel l'analyse permit de rétablir l'accès aux rêves en renversant la tendance à concrétiser certains événements psychiques. Le patient revient après de longues vacances. Il s'étend silencieusement sur le divan et il paraît très accablé (*weighed down*). Après un long silence, il se met à parler de façon inaudible. Il dit que l'interruption a été terrible. Lorsqu'il s'était levé du divan à la fin de la séance précédent les vacances, il s'était senti comme collé (*glued*) à celui-ci. Il se sentait presque paralysé. Il n'avait pas rêvé pendant les vacances. Il s'éveillait en ayant le sentiment d'être accablé (*weighed down*) sous des pierres. Le jour, il ressemblait à un zombi. Segal était certaine qu'il ne se plaignait pas à la légère, en raison du contre-transfert que lui faisait éprouver la lourdeur du silence ; elle était persuadée qu'il avait projeté en elle son expérience d'accablement.

Elle interpréta en faisant référence à ce qu'elle savait déjà du patient. Incapable d'affronter la séparation, il s'était collé et confondu avec elle. (Le patient avait eu recours simultanément à l'identification projective et à l'identification adhésive). De cette manière, soit il était accablé par un conglomérat d'elle et de lui, soit il se vivait en zombi pour s'être coupé de cette expérience terrifiante. Il se souvint qu'il avait eu un cauchemar juste au début des vacances. «*Un énorme animal, un croisement de dinosaure et de rhinocéros, faisait éclater un hangar, dont des morceaux se collèrent à sa peau.*» Le patient s'était réveillé en proie à de la frayeur et il n'avait plus rêvé depuis. Il associa le dinosaure à de la fouinardise, de l'intrusion et de l'agression. La séance suivante, il déclara avec soulagement que les rêves étaient revenus; il pouvait à nouveau respirer et écrire. Il avait rêvé que «*une personne prenait un petit chat dans ses bras*». Il s'était attendu à ce que le petit chat fût très sale, mais cela n'avait pas été le cas. Dans un autre rêve, *il y avait un sac de lettres, comme des lettres pour un scrabble, seulement le sac était bien plus grand. Il avait commencé à les trier.* «Un autre rêve, malheureusement non rapporté, traitait de la séparation.

Segal se dit que l'expérience ressentie lors de la dernière séance avant la séparation l'avait transformé en un mélange de rhinocéros et de dinosaure qui fonçait sur le hangar et le faisait éclater. Il devenait confus à cause des morceaux collés à sa peau. (Le patient, profondément déstabilisé par la séparation, avait anormalement renforcé sa peau psychique grâce à une identification projective dans des animaux à peau épaisse, et même un placage de bois sur la peau. Segal n'avait pas eu le temps d'interpréter le contenu du rêve; elle prenait le rhinocéros et le dinosaure presque aux pieds de l'image. Paradoxalement, l'activité musculaire destructrice vécue sur le mode d'une équation symbolique onirique avait renforcé son enveloppe psychique et apporté un soulagement temporaire que la séance avait pu rendre durable.) Cette confusion se poursuivait et le rêveur se transformait en un chaton. Celui-ci n'était pas aussi sale — dangereux — qu'il ne le craignait. L'analyste avait retrouvé forme humaine puisque une personne avait pris le chaton contre elle. Le fouillis de lettres — des fragments projetés dans le sac — peut enfin être trié pour former des mots. (L'apparition d'un sac pour contenir les lettres fait passer à une dissociation littérale beaucoup plus mentalisée et moins destructrice.)

2. LES RÊVES D'ÉVACUATION

En 1987, Grinberg est revenu à l'acting out pour proposer une classification des rêves. Il a distingué deux grandes catégories selon que le rêve participe à une élaboration mentale ou qu'il expulse des contenus psychiques. Les «rêves d'évacuation» cherchent primordialement à décharger dans un objet externe des affects, des fantasmes inconscients et des relations d'objet insupportables. Ces «rêves primitifs» se rencontrent plutôt chez les patients limites et psychotiques ou en début d'analyse chez les patients névrosés. Le rêveur a pour objectif premier de trouver un contenant dans lequel il puisse évacuer son rêve. La mise en acte durant la vie éveillée ne suffit pas toujours à débarrasser la psyché de ses tensions et de ses émotions intolérables. Elle doit se poursuivre au cours de la nuit sous forme de rêves d'évacuation. Corrélativement, la mise en acte peut venir compléter pendant la journée l'évacuation amorcée dans le rêve. L'acting out serait alors une tension excessive de la vie éveillée qui n'aurait pas pu être rêvée[2].

A l'inverse, les «rêves d'élaboration» mettent en jeu des mécanismes dépressifs qui leur confèrent une capacité d'élaboration. De ce fait, le rêve serait un équivalent du penser. Il permet de focaliser l'attention sur le monde interne. Grinberg a repris la métaphore de Meltzer qui fait de la «vie onirique» le théâtre engendrant le sens. Le rêve d'élaboration dispose d'un pouvoir créatif qui lui permet de montrer comment les problèmes peuvent être posés, élaborés et parfois résolus.

3. UN EXEMPLE DE RÊVE MIXTE

Il me semble que la plupart des rêves se situent entre ces deux catégories. Grinberg les qualifie de «mixtes» puisqu'ils s'efforcent d'évacuer des parties du soi et des objets tandis qu'ils amorcent des compromis grâce à un souci dépressif pour le sort des éléments frappés d'expulsion. Je vais rapporter un rêve d'une patiente pour montrer comment l'analyse des rêves se module en fonction du «mixte onirique». Denise, alors âgée d'une trentaine d'années, était venue me voir pour des difficultés sentimentales. J'avais eu du mal à suivre un discours plutôt diffluent et confus. Elle fréquentait depuis un an un chercheur un peu plus âgé qu'elle et elle se demandait si elle devait rompre. Denise m'avait aussi beaucoup entretenu de sa recto-colite hémorragique (RCH) apparue deux ans auparavant, après la rupture d'une autre liaison amoureuse qui avait duré quatre ans. Cette affection, qui avait mis sa vie en danger, avait entraîné plusieurs interventions chirurgicales importantes. On lui avait parlé de «maladie psychosomatique» et cela lui donnait une raison connexe de venir me voir. Denise restait attachée et dépendante de ses parents, bien qu'elle fût installée dans son propre logement pour exercer une activité professionnelle libérale. Je la recevais deux fois par semaine pendant trois-quarts d'heure. Nos rencontres, au cours desquelles elle parlait beaucoup, l'avaient assez rapidement stabilisée. Elle avait accepté de s'allonger quelques mois plus tard. C'est alors qu'elle m'a paru apporter davantage de rêves d'évacuation.

J'ai choisi un rêve raconté deux ans plus tard parce qu'elle ne s'était pas contentée d'évacuer cette fois-là. Elle avait ressenti un malaise au réveil tant ce rêve lui a paru horrible. Elle se trouvait dans une maison pour personnes âgées, probablement en tant que médecin. Elle découvrait que des « bêtes » terribles tuaient les pensionnaires. Mais elle n'était pas menacée. Elle réfléchit et dit que ces bêtes pourraient être des sangsues. Brunes comme les cafards qu'elle a écrasés dans son appartement. Elle parlait avec une femme ; ce devait être sa sœur aînée (qui exerce le même métier qu'elle). Elle entre dans une grande pièce et s'arrête à l'entrée, pétrifiée par le spectacle. Des lits de différentes tailles occupent la salle. Un grand lit rempli par plusieurs vieilles femmes mortes prend le devant de la scène. D'autres lits sont placés perpendiculairement, plus à distance. Il y a peut-être dans le lointain des lits pour un homme et une femme.

Elle décide d'écraser, avec sa chaussure, ces petits animaux malfaisants. Mais elle ne réussit qu'à les scinder en morceaux qui continuent à vivre et restent dangereux. Ces bêtes provoquent la mort en s'introduisant dans l'organisme. Je m'efforce de la faire associer tandis que je suis envahi par des rapprochements divers. Elle se souvient qu'elle a souvent travaillé dans des maisons pour personnes âgées. Je lui demande si elle avait peur de faire des piqûres. Elle me répond indirectement en évoquant l'image du vampire, qui vide la victime de sa substance vitale. Je lui suggère qu'elle pourrait se comporter en vampire lorsqu'elle fait ses piqûres. (Le fantasme préconscient peut fonctionner comme dans la vie onirique, injecter peut signifier son contraire : prélever.) Elle a eu effectivement cette pensée en se réveillant (nous avions déjà abordé ce fantasme à propos des piqûres qu'elle aurait pu être amenée à faire à son père). Je lui suggère qu'elle m'a perçu en arrivant comme une sangsue qui voulait se fixer sa ventouse sur elle pour me faire soigner. Peut-être perçoit-elle sa mère comme une bouche qui se colle à elle (dans un mouvement projectif qui inverse les nombreuses demandes de friandises adressées à sa mère).

J'ai commencé à interpréter le rêve avec son aide. J'ai pu dégager trois aspects principaux :
– La bouche insatiable qui vide le sein. Elle s'introduit dans l'organisme pour mieux absorber la substance vitale. Denise me redit qu'elle ne devait jamais en avoir assez dans l'enfance.

– Le sein s'épuise. Il se flétrit et finit par mourir. La mère nourricière se transforme en vieille femme morte. Denise en a mis plusieurs dans un même lit pour bien monter l'importance de son avidité.
– La bête représente un objet combiné : un corps mou, extensible, avec une pointe perceuse. Dans un rêve récent, qui se passait dans son pays natal, Denise avait érigé une pointe au sommet d'une coupole. Elle se souvient maintenant que son père avait un jour placé des ventouses sur le dos de sa mère. Je fais remarquer que cela peut laisser des marques sur la peau, comme des suçons. Elle revient à sa dernière liaison et dit qu'elle aurait pu aimer se comporter ainsi avec le sexe de son partenaire. Elle ajoute que le sexe que son père introduisait dans sa mère risquait de la vider entièrement et de la faire mourir.

Je résume la série d'équivalences symboliques établies par identifications projectives : bouche-sein, sein-pénis et bouche-langue. En se déplaçant, l'effet sangsue de l'avidité a produit de la confusion. La couleur noire de la bête provient d'une agressivité fécalisante. Les bêtes se multiplient au fur et à mesure que Denise les écrase parce son avidité multiplie son agressivité, comme dans le combat de Hercule contre l'hydre de Lerne. Elle essaie de se débarrasser des bêtes en les écrasant parce qu'elle s'était sentie écrasée en s'infiltrant dans le couple parental en coït (sensation d'étouffement récemment ravivée par la bronchite). Elle a voulu leur rendre la pareille dans son rêve, mais elle a récolté la tempête en semant le vent.

Nous revenons à sa recto-colite hémorragique. Elle me raconte que sa mère avait trouvé à différentes reprises des sangsues en lavant de la salade. Il avait été plusieurs fois question de l'effet diarrhéique, et donc hémorragique, des fibres contenues dans les légumes verts, comme la salade. Je lui demande si elle n'aurait pas avalé des sangsues avec la verdure maternelle qui s'attaqueraient à ses intestins. Elle me confirme être persuadée que ses troubles alimentaires ne sont pas seulement d'origine mécanique. Je lui explique l'intérêt de disposer d'un modèle en images pour articuler sa pensée à la vie émotionnelle de son corps. Ce genre de patiente peut faire illusion par son fonctionnement doublement limite : entre névrose et psychose, mais aussi entre névrose et psychosomatose. L'élaboration rapportée repose en partie sur un fonds hystérique, même si la vie sociale de Denise était de plus en plus rétrécie par l'obsessionnalisation. A chaque instant, sa psyché oscille entre l'excès de décharge directe des affects et leur rétention corporelle par la somatisation. Sa mise en acte dépense le plus rapidement possible l'émotion. Ses manifestations psychosomatiques échappent souvent à toute verbalisation et à tout entendement. Denise s'en sert pour se défendre contre des vécus mortifères. Cette hystérie doit être qualifiée d'«archaïque». «Dans cet univers, où l'indistinction entre soi et l'autre s'estompe, il n'y a qu'un corps pour deux» (McDOUGALL)[3]. Et même pour trois parfois.

NOTES

[1] SEGAL, H., (1981), «The function of Dreams», in the Work of Hanna Segal, p. 91.
SEGAL, H., Dream, Phantasy and Art, London, Tavistock and Routledge, 1991 (chapitre 5 : «The dream and the ego»).
[2] GRINBERG, L., «Dreams and acting out», Psychoanalytic Quaterly, 56, 1987, in The goals of psychoanalysis, London, Karnac Books, 1990 (chapitre 14).
[3] McDOUGALL, J., Théâtres du corps, Paris, Gallimard, 1989.

Chapitre 4
Les rêves post-traumatiques

En étudiant l'hystérie masculine, Charcot découvrit que son déclenchement était souvent traumatique. Il fut conduit à annexer les névroses traumatiques à l'hystérie. C'est en partant de la névrose traumatique ainsi annexée que Freud commença a édifier une théorie des névroses. Mais, ce faisant, il fut amené à substituer la violence sexuelle des adultes envers les enfants à l'accident ou la catastrophe risquant d'entraîner la mort. Freud avait opéré une réduction radicale en faisant du trauma une «blessure» sexuelle. Cet infléchissement explique peut-être qu'il n'ait jamais mentionné explicitement les rêves d'angoisse répétitifs liés à la névrose traumatique dans la *Traumdeutung*. C'est seulement au cours de la première guerre mondiale que la pensée freudienne a abordé les névroses traumatiques avec l'état d'esprit qui sera celui de la deuxième topique.

«L'étude du rêve peut être considérée comme le moyen d'exploration le plus sûr des processus psychiques profonds. Or les rêves des malades atteints de névrose traumatique sont caractérisés par le fait que le sujet se trouve constamment ramené à la situation constituée par l'accident et se réveille chaque fois avec une nouvelle frayeur. On ne s'étonne pas assez de ce fait.» (F., 1920, p. 14). Si le rêve restait conforme à sa nature, il devrait évoquer des tableaux remontant à l'époque où le rêveur était bien portant ou anticipait la guérison. Freud admettait que la fonction du rêve n'avait pas échappé à la perturbation générale. Elle avait été détournée de son but ou pervertie par quelque masochisme.

Le théoricien affrontait une première exception à la règle selon laquelle les rêves sont des réalisations de désir. Cette règle ne s'établissait qu'après que l'ensemble de la vie psychique soit tombée sous la domination du principe de plaisir. L'appareil psychique a d'abord pour tâche de lier les manifestations pulsionnelles. Corrélativement, les rêves traumatiques ont pour but de faire naître chez le sujet un état d'angoisse qui lui permet d'échapper à l'emprise de l'excitation qu'il a subie et dont l'absence a causé la névrose traumatique.

Freud n'a abordé spécifiquement la question des rêves traumatiques qu'en 1932. En cherchant à réviser *L'interprétation des rêves*, il avait trouvé deux objections sérieuses à l'accomplissement du désir par le rêve. Tout d'abord, quel désir pourrait être satisfait par le retour à l'événement pathogène pénible ? Ensuite, en cherchant à lever le voile d'amnésie infantile, on ouvrait l'accès aux rêves pour les manifestations sexuelles de la première enfance. Or, elles étaient associées à des impressions pénibles : peur, déception, punition, interdiction. En fait, le matériel infantile ramené au jour montrait que le rêve tente de transformer la déception en possibilité. Par contre, puisque les rêves traumatiques produisent toujours de l'angoisse, « avouons franchement que, dans ce cas, le rêve ne remplit sa fonction » (F., 1932, p. 41). Freud se retranchait dans sa position en se disant que l'exception ne saurait infirmer la règle[1].

1. LA FONCTION TRAUMATOLYTIQUE DU RÊVE

Ferenczi a redonné une grande importance au « facteur traumatique originel » dans l'étiologie des névroses lorsque, à la fin de sa vie, il a appliqué la « néocatharsis » à ses patients. Le matériel mnésique mis à jour le persuada que le traumatisme psychique résultait bien moins souvent d'une hypersensibilité constitutionnelle de l'enfant que d'un traitement réellement inadéquat ou cruel. Ferenczi fut amené à réviser la théorie du rêve en le dotant d'une « fonction traumatolytique ». Le sommeil favorise, non seulement le principe de plaisir et l'accomplissement de désir, mais aussi le retour d'impressions post-traumatiques brutes. Une sorte de résolution pourra être obtenue si l'on encourage le patient à répéter et à vivre l'événement jusqu'au bout ; l'analyse n'y arrive qu'après d'innombrables échecs et s'être contenté d'une réussite partielle. Le traumatisme ne sera admis à la conscience que s'il subit une « falsification optimiste ». Celle-ci s'obtient à l'aide d'un « clivage narcissique », à savoir un moi à tête de Janus capable d'évaluer l'étendue du dommage d'un côté, apte à laisser seulement apparaître le supportable de l'autre côté[2].

L'accent mis sur les relations d'objet a eu pour contrepartie un abandon relatif du point de vue économique. Tandis que Freud attribuait à l'activité psychique le but d'éviter le déplaisir et de procurer le plaisir, Klein décrivait la manière dont le moi du bébé s'efforce de modifier l'angoisse grâce à des mécanismes de défense sous-tendus par des phantasmes. Elle se souciait de représentations, et non de mouvements énergétiques. Le trait essentiel de l'identification projective chez Klein est devenu le modèle contenant-contenu chez Bion. Ce dernier estimait que le système clos formé par la mère et son bébé était capable de changer la nature de l'information circulant entre eux. Par contre-coup, il avait tendance à ignorer le soubassement pulsionnel. Néanmoins, l'économique avait fait un retour avec la notion de «changement catastrophique». Mais il n'était plus traité de la même manière. La croissance mentale s'effectue seulement si la psyché intègre des énoncés risquant de la bouleverser profondément. Nous tenons là une différence fondamentale entre l'économique de Freud et celui de Bion. Là où le premier s'intéressait uniquement à une énergie susceptible d'augmenter ou de diminuer dans la psyché du patient, le second a considéré les transformations opérées dans la situation analytique globale.

Le retour à l'économique par le biais du traumatique s'est intensifié chez les «bioniens» tels que Meltzer ou Tustin lorsqu'ils se sont intéressés à l'autisme infantile. Il n'était plus question de charger l'enfant autiste du soupçon d'envie puisque ce genre de patient manifesterait un minimum de sadisme. Si l'autisme devient pathologique, c'est que l'entourage n'a pas su le protéger d'une rencontre trop brutale avec la réalité. La notion de traumatisme s'apparente plus ici à celle de Ferenczi qu'à celle de Freud. Il ne s'agit pas du tout d'une résurgence de souvenirs pénibles, mais au contraire d'une impossibilité de verbaliser des expériences traumatiques parce qu'elles n'ont pas pu être mentalisées.

Anzieu a explicitement construit une théorie du rêve en prenant pour modèle les rêves post-traumatiques. Il n'a eu aucun mal dans la mesure où Freud avait donné une définition quasi tautologique du traumatisme. Sont considérées comme traumatiques des excitations extérieures assez fortes pour rompre la barrière qui protégeait le patient auparavant contre ces excitations tout en laissant passer suffisamment d'informations venant du monde extérieur. La névrose traumatique résulte d'une vaste rupture dans le pare-excitation. Les rêves qui suivent le traumatisme vont remplir de nouvelles fonctions :

– « réparer la blessure narcissique infligée par le fait d'avoir subi un traumatisme
– restaurer l'enveloppe psychique déchirée par l'effraction traumatique
– maîtriser rétroactivement les circonstances déclenchantes du traumatisme
– rétablir le principe de plaisir dans le fonctionnement de l'appareil psychique que le traumatisme a fait régresser à la compulsion de répétition » (*Le Moi-peau*, p. 216).

2. LES NÉVROSES DE GUERRE

Barrois a traité des « névrosés de guerre » avec une stratégie thérapeutique dont l'ossature provient de Bion et d'Anzieu[3]. Très schématiquement, il apparaît la nécessité de créer un cadre thérapeutique où des enveloppes psychiques pourront accueillir des « projectiles » post-traumatiques constitués par des éléments bêta pour les transformer en éléments alpha. « L'évolution sous traitement nous a montré que ce n'est pas l'activité de liaison des représentations qui est l'élément essentiel dans le cours des troubles, mais surtout la reconstruction des enveloppes narcissiques primaires. » (*op. cit.*, p. 183)... Sur le plan purement technique, la théorie des enveloppes psychiques, groupales et culturelles constitue le cadre conceptuel de la thérapeutique » (220). Barrois joue de la mollesse conceptuelle des enveloppes psychiques pour intégrer dans le même cadre aussi bien la rupture individuelle que la « rupture communautaire ». Il a repris le Moi-peau tel quel, sans tenir compte du regard mental. C'est pourquoi il minimise le travail de liaison et de transformation opéré par la pensée visuelle. A la suite de Anzieu, il s'imagine que les « trous » provoqués par le traumatisme sont colmatés par une pellicule d'images alors que cette dernière n'est qu'une formation défensive pathologique. Le regard mental rétablit une relative différenciation au cours de l'expérience onirique. C'est en travaillant sur l'insight qu'il apporte qu'une relative différenciation sera opérée dans l'expérience onirique, qu'une individuation-séparation pourra être rétablie — ou, selon la fantaisie de Barrois, qu'Orphée ne restera pas collé au regard d'Eurydice (identification adhésive).

Lorsque l'analyste détaille le matériel onirique dans les névroses traumatiques, il apparaît que tout ne vient pas du trauma. J'ai fini par trouver une séquence purement traumatique dans un récit de captivité remontant à la deuxième guerre mondiale. Un jeune soldat américain avait été pris aux Philippines par les japonais dans les premiers mois de la guerre du

Pacifique. Il dut endurer des conditions effroyables de captivité comportant la famine, les sévices et les tortures. Il fut évacué début 1945 au Japon alors qu'un traumatisme intercurrent l'empêchait de marcher. Miné par le froid et la famine, il craignait de ne jamais se réveiller s'il s'assoupissait. C'est alors qu'il fit plusieurs fois un rêve terrible. Il rêva qu'*il était dans le coma. Au matin, une sentinelle japonaise tirait son corps hors de la pièce pour le jeter dans la neige. Le rêveur essayait de l'appeler, de lui crier qu'il n'était pas mort, qu'il se trouvait seulement dans le coma. Il avait beau tenter de hurler; aucun son ne sortait de sa bouche. Il se réveilla en tremblant de la tête aux pieds*[4].

Ferenczi a montré la complexité de l'impact du trauma dans la mesure où la réalité, tout en représentant le monde externe, participe au modelage de notre inconscient. Le trauma, en ébranlant le narcissisme, met en cause l'idéalisation du moi, l'idéalité. Un célèbre passage d'un prix Nobel de médecine en montre l'enjeu : «Je porte en moi, sculptée depuis l'enfance, une sorte de statue intérieure qui donne une continuité à ma vie, qui est la part la plus intime, le noyau le plus dur de mon caractère. Cette statue, je l'ai modelée toute ma vie. Je lui ai apporté des retouches. Je l'ai affinée. Je l'ai polie.» Jacob avait subi un grave traumatisme, physique et moral, en s'engageant dès le début de la deuxième guerre mondiale dans les forces françaises libres. Longtemps, après que la vie ait repris son cours normal, qu'un travail gratifiant, qu'une épouse et des enfants chéris soient venus le combler, il lui est arrivé au cours du sommeil d'être à nouveau débordé par le reflux d'excitations terriblement excessives. «Parfois, la nuit je me réveille en sursaut. En sueur. Haletant. Osant à peine respirer. Immobilisé par l'angoisse. Abasourdi de me trouver dans le Djebel tunisien à défiler sous la lune devant la mitraillette du soldat nazi. Ou de ne plus sentir le poids du cadavre de mon ami Vincent D. que je ramène au poste de secours...Lentement, le monde se remet en place autour de moi...Me reste dans la bouche le goût amer de la mort[5].»

3. UN EXEMPLE DE COMPLEXITÉ

Les névroses traumatiques de la guerre du Vietnam ont fait l'objet de nombreuses publications aux Etats-Unis. Leur lecture suffit à établir que tout ne vient pas du trauma, même chez les grands traumatisés. La complexité, l'intrication et l'évolution du matériel onirique nous le rappellent. N'ayant pas l'expérience de genre de patients, j'ai décidé de reprendre l'analyse d'un rêve d'un de ces anciens combattants[6]. Après avoir été libéré de ses obligations militaires, ce jeune homme avait cherché une aide psychothérapique en raison de son incapacité à se réinsérer dans la vie civile. Il se plaignait de difficultés à se concentrer, à dormir, à contrôler son humeur et d'un sentiment envahissant de peur. Il avait une fiancée, mais il hésitait à vivre en couple par crainte de perdre le contrôle de lui-même et de la blesser sous le coup de la colère.

A était envahi par des pensées obsessionnelles sur les combats, la guerre et la façon injuste dont l'administration des anciens combattants le traitait. Il souffrait également de cauchemars qui se produisaient plusieurs fois par semaine et qui le réveillaient brusquement. Il entreprit une psychothérapie à raison de deux séances par semaine. Le thérapeute en apprit davantage sur le passé de son patient. D'origine hispanique, celui-ci avait grandi dans un quartier populaire d'une grande ville. Il était l'aîné d'une fratrie de quatre. Sa mère vivait en concubinage avec son père lorsque celui-ci les avait quittés. A, âgé de trois ans environ lors de cette séparation, resta avec sa mère qui était enceinte et qui ne tarda pas à prendre un autre homme.

A baillait d'admiration devant une mère séduisante tandis qu'il dénigrait son «nouveau père». Ce dernier, qui buvait beaucoup, brutalisait sa mère et son jeune frère. A ne fut jamais l'objet de l'agressivité du beau-père, même s'il en fut le témoin. La sexualité s'étalait ouvertement. A, qui avait de l'ambition, avait réussi à entrer dans l'enseignement supérieur. Mais il s'était engagé dans l'armée avec l'espoir d'y trouver une vie meilleure. Il l'avait quittée normalement, et pas pour des raisons médicales.

Le contenu manifeste du rêve variait peu d'une séance à l'autre. Le rêveur se trouvait dans la jungle, sans pouvoir réellement l'apercevoir. Il savait qu'il faisait très chaud et qu'une bataille était en cours. *Des mines explosaient. Il était en train de charger un mortier qu'un pote tenait sur son épaule. Les explosions augmentaient et le mortier fut tiré. Le rêveur avait l'impression que cela avait provoqué une destruction considérable. Il commençait à recharger le mortier ou à placer une baïonnette au canon.* Arrivé a ce point, il se réveillait d'habitude en proie à de la terreur.

A raconta maintes et maintes fois son rêve. Il était clair que le fait de raconter lui apportait quelque soulagement. Il ne voulait d'abord que décrire le contenu manifeste. Mais il accepta peu à peu d'associer à l'ensemble, puis aux éléments du rêve. Les auteurs ont finalement regroupé les résultats de ce long travail interprétatif. Ils les ont présentés comme s'il s'était agi d'un auto-analyse au cours de laquelle le contenu manifeste aurait été totalement décomposé avant d'être remplacé par le contenu latent. La similitude avec une auto-analyse est renforcée par une absence de référence au transfert, comme si l'analyse avait consisté seulement en une alliance de travail pour interpréter en commun le rêve.

- « Dans la jungle » faisait référence à la vie dans le *Barrio*, avec l'idée de fécondité, de violence, de curiosité, de lieu masculin, de comportement animal. A s'était rapidement aperçu que l'état militaire, en l'infantilisant, avait fait revenir le vécu de l'enfance.

- « Je ne l'aperçois pas réellement » fut compris par l'analyste comme un désaveu. Le patient avait évoqué par ailleurs le fait de se cacher les yeux lorsque son beau-père « montait » sa mère ou lorsque celui-ci manifestait sa violence. Son milieu d'origine avait renforcé la fusion de l'agression et de la sexualité.

- « Il fait très chaud » avait à voir avec le fait d'exsuder quelque chose, d'avoir à baigner dans son jus, et aussi de trop étouffer.

- « Une bataille était en cours. » Le patient se rappelait nombre de combats auxquels il avait participé, mais aussi les nombreuses batailles dans lesquelles son beau-père affrontait sa mère ou son frère.

- « Des mines explosaient. » Le patient manifesta son alliance thérapeutique en faisant preuve d'humour. Il joua sur le sens des explosions : de colère, de sexualité.

- « Charger le mortier. » Le patient n'avait aucune association pour « charger ». Par contre, il s'était animé en passant de « mortier » à « mortel ». Le péché mortel en question se rapportait à ses désirs de mort envers autrui, ainsi qu'au fait d'avoir réellement attaqué et tué. C'est dans ce contexte que le patient évoqua pour la première fois ses désirs sexuels (Il ne fit jamais mention de troubles sexuels). Bien que catholique peu pratiquant, il avait été en contact avec l'aumônier à l'armée, mais il n'avait pas aimé ce « père ».

- « Tenir sur l'épaule » ramenait le souvenir d'avoir tordu le bras à d'autres enfants, d'avoir eu le bras tordu par son frère ou d'autres gamins, d'avoir porté son cartable son l'épaule et d'avoir vu les femmes porter leur sac à main par l'épaule.

- Le « pote » du rêve n'était qu'une vague silhouette, un être qu'il ne connaissait réellement pas, bien qu'il se battait avec lui. Dans un autre contexte, A disait qu'il ne connaissait réellement pas son père naturel. L'expression « se battre avec lui » pouvait se rapporter aussi bien à un allié qu'à un ennemi et l'analyste se disait que le « pote » devait représenter la mère, le beau-père et le Soi dans ses aspects objectaux et narcissiques.

- « Les explosions augmentaient » renvoyait à la rage croissante du patient. Cette excitation venait davantage de l'enfance que de la guerre.
- « Le mortier fut tiré » évoqua la vision d'un corps secoué et projeté en avant.
- « Une destruction considérable » apportait le sens d'une tâche accomplie, le sentiment d'avoir fait beaucoup.
- « Je recommençais à charger le mortier ». L'analyste pensait que le patient avait le désir de répéter de cette manière une expérience symbolique.
- « Ou à placer une baïonnette au canon. » L'américain amène d'autres associations que le français car « to fix » signifie aussi « arranger, réparer ». La baïonnette évoqua deux sortes de couteaux : des canifs (*penknives*) et des couteaux du cuisine (*kitchen knives*). Le *penknife* allait dans le sens de l'écriture, d'activité intellectuelle (en raison de *penholder* = porte-plume, de *pen name* = pseudonyme littéraire, de *penpusher* = gratte-papier et il serait opportun de rappeler que le récit de ce rêve a fini sur le papier). Par contre, le couteau de cuisine avait trait à un souvenir avec sa mère. Alors qu'il trouvait dans sa quinzième année, A avait assisté chez lui à une scène au cours de laquelle le beau-père avait menacé la vie de sa femme avec un couteau. L'adolescent s'était précipité sur lui en hurlant de rage. Il allait arranger (*to fix*) une fois pour toute la situation. Il s'empara du couteau, renversa l'homme et menaça de le tuer. Le peau-père, en résistant, fut blessé au bras et à l'épaule. A se souvenait que les blessures, bien que superficielles, avaient saigné abondamment. Le patient avait d'abord banalisé cette scène. Mais sa passion devint manifeste au fur et à mesure que des sentiments de colère envers le beau-père revinrent. Il semblait clair que A avait ressenti de l'excitation et un sentiment de triomphe.

Ce long travail d'interprétation permit ensuite d'examiner de nouveaux aspects de la relation au beau-père, à la mère, et finalement, au père. Ce fut aussi l'occasion de critiquer le point de vue « classique ». Les auteurs proposent de panacher le constat effectué par Freud en 1920 selon lequel les rêves post-traumatiques diffèrent des « rêves ordinaires ». Les rêves post-traumatiques accomplissent un désir, en plus de la tentative de maîtrise différée. En d'autres termes, ces rêves ne répètent pas fidèlement l'événement traumatique, mais ils apportent quelques gratifications en modifiant la représentation de l'événement déclenchant. Le rêve, après avoir été fidèle à l'original, laisserait progressivement place à des situations où le sentiment d'impuissance s'effacerait peu à peu.

La compulsion à répéter chercherait à faire revivre quelque composante agréable d'une expérience apparemment traumatique, à côté de l'abréaction et de la liaison des stimuli en excès. Dans le rêve en question, la répétition répondrait au désir de s'engager à nouveau dans une expérience inconsciemment gratifiante. L'accomplissement de désir se trouverait dans le fait de recharger le mortier et de fixer la baïonnette. La signification latente de cet élément serait : J'ai conservé mon phallus en dépit de mon agressivité sadique. Ce serait à cause de cette gratification trop intense que la compulsion à répéter se serait installée dans les rêves de façon pathologique. Elle se serait atténuée lorsque la condamnation surmoïque aurait fléchi.

NOTES

[1] Ce type d'argument s'est retourné contre le caractère scientifique de la psychanalyse. Selon Popper, toute théorie scientifique doit établir ses critères de réfutabilité. Or, en matière de rêve, Freud a toujours tenu le raisonnement contraire. Si l'examen des rêves traumatiques n'a pas révélé que la théorie du rêve (comme accomplissement de désir) est exacte, elle n'a pas non plus montré qu'elle n'est pas exacte puisque les rêves post-traumatiques sont restés l'exception.
[2] FERENCZI, S., «Réflexions sur le traumatisme», in Psychanalyse 4, Paris, Payot, 1982.
[3] BARROIS, C., Les névroses traumatiques, Paris, Dunod, 1988.
Cet auteur n'a malheureusement fourni que deux vignettes sur les rêves (p. 174 et 177). Par ailleurs, je n'ai pas trouvé de travaux kleiniens sur la question.
[4] Ce prisonnier de guerre américain est devenu analyste par la suite :
STEWART, S., Give us this day, New York, Avon Books, 1956-1990, p. 176.
[5] JACOB, F. La statue intérieure. Paris, les Editions Odile Jacob, 1987 (Folio, 1990, p. 28 et p. 388). Barrois a mis en exergue ce passage dans son chapitre sur le sommeil et les rêves traumatiques.
[6] Adams SILVAN, A. SILVAN, M. «A dream is the fulfilment of a wish : traumatic dream, repetition compulsion and the pleasure principle» Int. J. Psycho-Anal. 1990, **71**, 513.
Les auteurs ne précisent pas comment la rédaction en couple a favorisé l'élaboration contre-transférentielle du fantasme de scène primitive sado-masochiste qui dominait le matériel.

Chapitre 5
Les songes
dans un tissu de mensonges

Bion a montré que des mécanismes de défense, apparentés à ceux de la psychose, font du mensonge permanent et généralisé une affection mentale assez différenciée. Il semblait attribuer au mentir une place assez analogue à celle que Freud avait conféré à la perversion, entre névrose et psychose. Des post-kleiniens (notamment Betty Joseph) se sont particulièrement intéressés aux «perversions de caractère» dans lesquelles il semble qu'aucune perversion sexuelle ne soit manifestement présente.

Je propose de situer les rapports entre le rêve et le mensonge à partir de la grille de Bion. Il s'agit d'un tableau à double entrée qui comporte un nombre fini de cases. Il est censé pouvoir accueillir tous les éléments de la psychanalyse, c'est-à-dire toutes les données simples dont la combinaison permettrait de recomposer n'importe quel matériel analytique. Bion a doté la grille de deux axes : l'un pour représenter les usages que l'on peut faire des éléments, l'autre pour classer les éléments selon le degré d'évolution de la pensée.

La rangée C accueille les pensées oniriques, les rêves et les mythes. L'analyse de cette catégorie nous offre donc une voie royale vers l'inconscient selon le mot de Freud. De son côté, la colonne 2 est bien particulière, car c'est la seule colonne (des usages) qui ne soit pas directement liée à l'avènement du principe de réalité (selon la description donnée par Freud en 1911). Une association, ou une interprétation, connue pour être faussse peut servir de barrière contre d'autres énoncés, soit inconnus et susceptibles d'angoisser, soit connus mais capables de bouleverser (un «changement catastrophique» selon le vocabulaire bionien).

Je conçois aisément qu'une interprétation puisse dérailler, sous l'effet du contre-transfert par exemple. Elle servira inconsciemment dénier qu'une expérience onirique soit incompréhensible ou dangereuse. Par contre, il me semble difficile d'admettre l'idée qu'une colonne de la rangée correspondant à l'activité onirique puisse recevoir des pensées sciemment contraires à la vérité, des contenus oniriques destinés à piéger la recherche de la vérité - ce qui nécessiterait l'art de les diriger. (La possibilité existe, mais rarement, comme nous le verrons dans la troisième partie.)

Ce chapitre se propose de faire le tour de la question, à défaut de savoir résoudre une énigme philosophique de taille. Nous verrons que Freud a soutenu, à partir de la deuxième topique, l'existence de «rêves mensongers». Mais il ne m'a pas convaincu et il a passé sous silence le contenu des rêves en question — autant dire qu'il a demandé un chèque en blanc. Nous continuerons avec un aperçu sur l'emploi fétichiste des rêves — travers parfois méconnu chez les chercheurs scientifiques du rêve. Nous découvrirons des considérations sur le «vrai rêve» avec Masud Kahn.

Je suggère d'avancer grâce à la notion de «perspective réversible» dont l'importance dans l'œuvre de Bion a été méconnue. Il convient de mieux distinguer le processus normal qui nous fait découvrir la position dépressive, le fait choisi et le regard mental, de la défense pathologique qui nous aide à fuir la douleur psychique, à éviter l'insight. Nous terminerons avec deux illustrations littéraire d'univers pervertis par des perspectives inversées. Ce chapitre, particulièrement complexe en raison de la subtilité des mécanismes en jeu et de la multiplicité des points de vue, montre comment la psychanalyse a buté contre les limites de sa méthode. Aussi d'autres chercheurs ont-ils préféré reprendre la question par d'autres méthodes, comme nous le verrons dans la dernière partie.

1. LES RÊVES MENSONGERS

En 1920, Freud a soutenu qu'il existait des rêves de «complaisance mensongers». Ce faisant, il se doutait qu'il «déchaînerait chez plus d'un parmi ceux qui se nomment psychanalystes une véritable tempête d'indignation et de désarroi». Freud a commencé la relation d'un cas comme un conte : « Une jeune fille de dix-huit ans, belle et intelligente, issue d'une famille socialement haut placée... » Elle lui avait été amenée en analyse parce qu'elle poursuivait de sa « tendresse » une dame plus âgée d'une dizaine d'années. Cette dame, suspectée d'être une « cocotte », vivait amoureusement chez une amie mariée avec laquelle elle entretenait des relations intimes tout en ayant des rapports amoureux épisodiques avec des hommes.

Freud, avec son expérience de la soixantaine, ne fut pas trop surpris de l'évolution de la cure en deux temps. Au début, la jeune fille s'était montrée « très coopérante au point de vue intellectuel, mais sans se départir de sa tranquillité d'âme »[1].

Freud avait l'impression de conduire un traitement hypnotique, la complaisance finissant par être remplacée par une résistance invincible. Freud s'était demandé avec étonnement pourquoi de si grands progrès dans la compréhension analytique ne s'étaient pas accompagnés du moindre changement symptomatique. Il se disait que tout son travail avait été sapé à la base par le doute. Je dirais plutôt, avec Bion, que l'accord intellectuel entre Freud et la patiente sautait aux yeux tandis qu'un désaccord d'opinion minait leur relation.

Freud s'est efforcé de situer la résistance de la jeune fille dans une vengeance dirigée contre le père. Une seule fois, il avait eu la satisfaction de découvrir l'ébauche d'un transfert positif. Peu après le début de la cure, la jeune fille lui avait apporté une série de rêves qui lui avaient paru « faciles à traduire sans risque d'erreur. Mais l'interprétation du contenu l'avait étonné. Ils anticipaient la guérison de l'inversion par le traitement, exprimaient la joie de la jeune fille devant les perspectives qui s'ouvraient à la vie, avouaient le désir nostalgique d'être aimée d'un homme et d'avoir des enfants, et pouvaient donc être salués comme une encourageante préparation à la transformation désirée » (p. 263).

Freud a insisté sur la grande contradiction entre les propos à l'état de veille et la représentation onirique. (Notons au passage qu'il avait implicitement accordé une fonction de communication et même de prédiction, aux rêves de sa patiente contrairement à ce qu'il soutenait dans sa théorie du rêve.) Il expliqua un jour à la patiente qu'il n'avait pas confiance dans ces rêves, qu'ils étaient mensongers et hypocrites, qu'elle avait l'intention de le tromper comme elle avait continué de tromper son père. « J'avais raison ; à partir de cette explication, cette sorte de rêves fit défaut. » Freud, probablement bien titillé dans son contre-transfert par cette beauté jeune et intelligente, a vu aussi dans ces rêves une part de séduction et de la complaisance destinées à le décevoir plus profondément par la suite. Il a expliqué au lecteur que le rêve n'est pas l'inconscient. Chez la rêveuse, l'intention de tromper, qui venait sans doute du préconscient, s'était imposée en entrant en liaison avec le désir inconscient de « plaire au père, ou à son substitut ». C'est ainsi qu'elle avait créé des rêves mensongers.

Freud s'était aperçu que sa patiente ne constituait pas un cas idéal. Elle avait été amenée par les siens et eux seuls désiraient son changement. Il eut l'impression que la rancœur contre l'homme rendait vains tous les efforts du médecin. Il mit donc fin à l'analyse et conseilla l'éventuelle poursuite analytique auprès d'une femme médecin. Freud publiait sur l'homosexualité féminine en même temps que sur « l'au-delà du principe de plaisir ». Il a pourtant seulement tenu compte de l'action de la pulsion de mort en essayant de comprendre les raisons qui avaient poussé la jeune fille, avant le début de l'analyse, vers une sérieuse tentative de suicide. Aussi piégé dans son contre-transfert féminin qu'avec Dora, Freud concluait : « La psychanalyse n'est pas appelée à résoudre le problème de l'homosexualité » (p. 270).

Freud ne m'a pas convaincu de l'existence de rêves mensongers. Son exemple n'a guère de valeur dans la mesure où il contente d'affirmer sans rapporter le contenu des rêves. La patiente n'était pas venue pour mieux se connaître ou résoudre son problème, mais pour faire la preuve qu'elle n'avait pas besoin de l'analyste. Elle tenait compte seulement de son existence s'il l'aidait à nier un réel insupportable. Afin d'éviter de souffrir mentalement — et cette souffrance avait été suffisamment intense pour la conduire au suicide — la jeune fille avait secrètement renversé la perspective sur la figure de la bisexualité alors que Freud s'imaginait qu'ils voyaient tous deux la même chose dans l'homme et dans la femme. Nous pouvons admettre avec Gammill que cette jeune fille souffrait en réalité d'un conflit inconscient entre une partie de sa personnalité qui aurait voulu laisser vivre sa « vérité » sexuelle et une autre partie qui voulait lui imposer sa contre-vérité psychique par la séduction d'un jeu érotique et narcissique[2].

2. L'EMPLOI FÉTICHISTE DU RÊVE

Guillaumin (1977, p. 37) a montré comment les rêves pouvaient aisément trouver un emploi fétichiste en raison de la place particulière qu'ils occupent dans le champ de la conscience et de leur texture à prédominance visuelle[3]. Le souvenir du rêve bénéficie d'un statut ambigu dans la conscience. On lui reconnaît une existence de même nature que le reste de la vie mentale tout en insistant sur son origine située dans le sommeil et l'autre scène. La juxtaposition dans le fétichisme de l'affirmation et de la négation de la castration, en les laissant s'ignorer l'un l'autre, correspond en partie au mécanisme de la dénégation. Cette double attitude nécessite un clivage du moi.

Le fétiche se situe dans l'ordre des choses vues. Il est repérable par le regard car il fait saillie ou tache sur le fond. Des éléments tactiles ou olfactifs peuvent participer à son élaboration, mais ils demeurent subordonnés à l'expérience visuelle. Deux images mentales de significations opposées apparaissent sur la même actualité au même point de la conscience grâce à une troisième image, seule directement vérifiable par la perception. Or celle-ci, comme le rêve, provient de condensations visuelles. L'utilisation du fétichisme vise à pallier à une découverte traumatique de l'absence de pénis chez un des deux genres. De même, le vécu figuratif du rêve contient la trace d'une expérience traumatique primaire et, en même temps, la dénie en s'y substituant. C'est ce vécu qui a obligé à transformer l'expérience onirique en un objet mental de conservation. La conscience vigile évite ainsi une rencontre directe avec les séquelles d'une catastrophe ancienne.

L'analyse éloigne beaucoup les rêves de leur but originel. Pontalis a trouvé l'éloignement maximal dans la perversion qui produit le «rêve-objet». Le rêve devient pour le rêveur un objet de manipulation et de connivence. L'analyste se sent assigné une position de spectateur devant un rêveur qui conserve pour lui seul la chose rêvée. «C'est sa chose, elle lui appartient et il déplace ses petits cailloux associatifs autour, non pour marquer une piste, mais pour cerner son territoire, s'assurer son appartenance...» Le rêveur ne cherche plus à produire ou faire resurgir le désir, mais à faire prendre le rêve pour un but en soi. On ne peut évoquer un fétichisme du rêve sans présupposer une «vraie nature» du rêve. Pontalis comme Kahn ont voulu la trouver chez Winnicott et son objet transitionnel, dont, à mon avis, on a généralement sous-estimé les liens avec le fétiche[3].

3. UN ESPACE POUR UN «VRAI» RÊVE

Bien qu'il se soit terriblement défié d'une psychanalyse livrée à la pulsion épistémophilique de Klein, Masud Kahn nous intéresse ici par la manière dont il a installé la théorie du rêve du côté du «Vrai Self». Il fut à la fois patient, collaborateur, collègue et fils adoptif de Winnicott. Au cours des années soixante, il avait été impressionné par la manière dont Freud avait su recréer dans le cadre analytique une ambiance physique et psychique analogue à l'état intrapsychique du rêveur. Il existe toutefois une différence fondamentale entre l'état de dormeur et celui d'analysé puisque l'analyste suscite, par sa seule présence, le transfert alors que le moi rêvant reste totalement privé de relation externe. Kahn se distinguait de ses devanciers en parlant du «bon rêve». Un rêve réussit s'il incorpore dans son matériau un désir inconscient et si, après le réveil, il reste disponible pour l'expérience psychique du moi. Il faut un certain degré d'intégration du moi et de développement libidinal pour faire un «bon» rêve (les «hystériques» de Freud en fournissaient des exemples caractéristiques dans le passé). Par contre, les patients actuels, génériquement catalogués cas limites, font un «mauvais usage de l'expérience onirique en se donnant l'illusion d'une satisfaction réelle au lieu de recourir à des objets externes.

Kahn faisait reposer une grande partie de notre littérature, de nos mythes, de nos rites et de nos découvertes intellectuelles sur la capacité de rêver. «Dans ce sens, on peut dire que le rêve est le prototype de toute créativité psychique chez l'adulte[4].» Avec un tel présupposé, il n'est pas étonnant qu'il ait opposé dix ans plus tard le texte du rêve à l'expérience du rêve. La capacité de rêver dépend d'abord de la capacité d'utiliser les processus symboliques qu'impose la formation du rêve. Elle existe seulement si l'environnement a facilité, au moment voulu, les processus de maturation. Kahn accentua son originalité en découvrant «l'espace du rêve». De nombreux patients peuvent former le rêve sans avoir accès à son espace.

Une théorie du rêve germa dans l'esprit de Kahn lorsqu'il observa les consultations thérapeutiques effectuées par Winnicott chez des enfants. Il s'aperçut que les adultes en analyse pouvaient utiliser «l'espace du rêve» exactement comme l'enfant se sert de l'espace potentiel que lui fournit le papier pour tracer des *squiggles*. Kahn s'est efforcé de différencier les processus du rêve, qui articulent des conflits et des mouvements pulsionnels inconscients, de l'espace du rêve où ils s'actualisent. Il déboucha sur une donnée clinique tout à fait comparable avec celle des «rêves activistes», en soutenant qu'un rêve qui s'actualise dans l'espace du rêve limite la mise en acte dans l'espace social.

C'est en traitant de jeunes drogués que Kahn fut frappé pour la première fois par le parallélisme entre le récit de leurs rêves et celui de leurs «voyages». La verbalisation semblait avoir rabougri «une expérience unique, vivante, intense» en une répétition prosaïque. L'idée d'un texte à traduire s'effaça au profit de celle d'expérience formatrice. L'interprétation traduit moins le contenu de l'inconscient qu'elle ne montre pourquoi le rêveur a eu recours à l'espace du rêve. Le rêver se situe au-delà de l'interprétation, car cette expérience actualise le Vrai Self d'une façon inconnaissable. L'analyste cherche à établir et à maintenir chez le patient un espace où l'expérience puisse se dérouler.

4. LA PERSPECTIVE RÉVERSIBLE ET LA PERSPECTIVE INVERSÉE

Je propose d'aborder le rapport du rêve au mensonge grâce à la notion de perspective réversible. C'est dans *Learning* (chapitre 10 et 26) que Bion a introduit cette notion. Il s'intéressait à la façon dont une série d'éléments dispersés peut soudainement déboucher sur une synthèse ou l'inverse. Grâce au «fait choisi», les objets partiels de la position paranoïde-schizoïde arrivent à se métamorphoser en des objets totaux de la position dépressive. L'irruption du «fait choisi» provoque une émotion analogue à celle ressentie par un observateur en face d'un dessin illustrant une perspective réversible. Si l'on dessine un cube selon les lois de la perspective, la face la plus rapprochée de l'observateur apparaît plus grande que la face plus éloignée. Avec un cube réversible, c'est-à-dire un cube dont toutes les faces sont d'égales dimensions, l'observateur peut considérer comme plus rapprochée tantôt l'une, tantôt l' autre. Il a la possibilité d'interpréter de deux manières une même image sans pouvoir se fixer définitivement sur l'une d'elles. Le phénomène permet de proposer aux enfants de jouer avec des images dans lesquelles ils peuvent soudain découvrir dans une haie ou un buisson quelque animal ou quelque personnage dissimulé. Une forme prend sens seulement lorsqu'elle constitue la figure. Elle perd ce sens en devenant le fond.

Bion a cantonné la perspective réversible au domaine de la pathologie mentale grave dans *Elements*. Il a illustré son propos en apportant un cas clinique de synthèse. L'analyste et le patient paraissent parler le même langage, et s'accorder sur plusieurs points. Sur un point au moins, l'accord entre le patient et l'analyste saute aux yeux alors qu'un désaccord mine sournoisement leur relation. L'analyste croit qu'il se trouve dans son cabinet en train de mener une analyse. De son côté, le patient transforme la même donnée en une fantaisie. Il se sent capable de voir ses difficultés sans aucune aide; il ravit l'analyste inexpérimenté par son brillant et sa cordialité. Il arrive que le patient rapporte avoir eu un rêve. Il ne croit pas en l'existence de son expérience onirique, mais il fait en sorte que son analyste y croit. Il espère que l'analyste traitera sa narration comme un rêve à interpréter alors qu'il a eu affaire directement à une expérience horrible. Il souffrirait moins si tout ceci n'était qu'un rêve. Le patient mobilise l'ensemble de ses ressources, et ceci inclut la manipulation de la matérialité de l'analyse, pour écarter tout ce qui pourrait menacer sa conviction.

Ce genre de «rêve» apparaîtrait dans la séance comme une hallucination si la capacité mentale du patient était débordée. La perspective inversée permet de fuir la douleur psychique inhérente à toute croissance. Le patient psychotique se sert du renversement de perspective pour se limiter à une vision «monoculaire»; il «voit» l'interprétation en fonction de sa croyance et rejette silencieusement celle de l'analyste. Le renversement empêche tout développement mental en immobilisant une situation dynamique. La perspective inversée écarte du patient la douleur que lui provoquerait l'existence du couple parental, tout en lui évitant de se trouver en désaccord ouvert avec son analyste. L'antagonisme envisagé par Bion n'est pas un conflit névrotique entre un ensemble pulsionnel et un autre, mais une lutte sourde entre la Connaissance et l'anti-Connaissance. Bion a soudainement eu recours à la perspective réversible en abordant le mythe œdipien. Selon cette expression imagée, la perspective réversible renvoie au conflit entre Tirésias et Œdipe qui s'opposent à propos de la vérité, et non au conflit entre Œdipe et Laïos qui se disputent Jocaste. Le patient semble accepter l'interprétation de l'analyste alors qu'il rejette le présupposé qui confèrerait le pouvoir d'interpréter à son interlocuteur.

Le renversement de perspective peut être mis en œuvre pour contrecarrer l'avènement de la position dépressive et le développement du complexe d'Œdipe. La manière dont Britton a repris récemment la question intéresse la vision mentale[5]. Il apparaît une situation œdipienne dès que l'enfant reconnaît l'existence d'une relation entre ses parents. La fermeture du triangle œdipien achève la clôture du monde interne. L'enfant a dès lors la possibilité de devenir spectateur de leur relation tout en acceptant d'être observé. En cas de troubles graves de la personnalité, il peut s'établir une «illusion œdipienne» pour dénier dans la réalité psychique l'existence de la relation parentale. Deux configurations identiques se superposent sans se confondre. Dans chacune d'elle, un partenaire est le parent désiré tandis que l'autre est le rival haï (je dirai plutôt : ignoré ou néantisé). Cette configuration reste la même lorsque la perspective se renverse, mais les sentiments éprouvés envers chaque parent permutent. Cette illusion permet de connaître l'existence de la relation parentale en niant qu'elle soit différente de la relation de l'enfant avec chacun des parents.

La perspective réversible nous dote d'un insight binoculaire tandis que la perspective inversée travestit la vérité en privant notre vision mentale du sens du relief et de la finitude. Il faut bien distinguer le mécanisme normal qui nous fait découvrir la position dépressive et la défense pathologique qui nous aide à fuir la douleur psychique et l'insight que pourrait apporter le regard mental. La perspective réversible naît avec la position dépressive, lorsque la configuration de l'objet total se superpose à celle de l'objet partiel. C'est par elle que nous pouvons accepter le paradoxe qui fait que l'objet partiel n'est partie d'aucun objet. Dès lors, les deux «illusions œdipiennes» (celle avec le père et celle avec la mère) peuvent se rapprocher; elles finissent par se superposer pour laisser place à un triangle œdipien fermé.

5. DES UNIVERS À PERSPECTIVE INVERSÉE

Nous allons emprunter deux rêves à une littérature qui a engendré des univers pervertis par des perspectives renversées. George Orwell a souvent fait référence aux tourments de son enfance et son adolescence. Ses commentateurs ont généralement accepté l'idée d'un vécu uniformément malheureux. D'aucuns ont voulu voir dans le souvenir du collège privé l'une des sources d'inspiration pour l'univers imaginé dans *1984*. Orwell n'avait plus que quelques années à vivre à la fin des années quarante parce qu'une tuberculose rongeait ses poumons. Il ne put supporter les injections de streptomycine, un antibiotique qui venait tout juste d'être découvert. Il s'était mis à écrire un roman tandis qu'il luttait à nouveau contre cette maladie. Il eut le temps de voir paraître son roman *1984* peu avant de mourir. Son héros Winston Smith vit une drôle d'époque, car la vérité y est systématiquement falsifiée. Un ministère de la Vérité veille sur ce mensonge généralisé; il a inscrit sur la façade de son immeuble les trois slogans du Pari unique :

LA GUERRE C'EST LA PAIX

LA LIBERTE C'EST L'ESCLAVAGE

L'IGNORANCE C'EST LA FORCE

Winston a décidé d'écrire un journal pour laisser un témoignage véridique. Il ne pouvait écrire qu'au futur ou au passé, les seuls temps où il pouvait échapper à la novlangue, à la double pensée et la mutabilité du passé. Il s'aperçut qu'il était mort en se mettant à écrire. Les conséquences de l'acte de penser se trouvaient incluses dans l'acte lui-même. Le crime de penser était la mort. «Maintenant qu'il s'était reconnu comme mort, il devenait important de rester vivant aussi longtemps que possible.» Tous ces paradoxes qui reposent sur des renversements de perspective résultent de phénomènes psychotiques larvés.

«Winston rêvait de sa mère.» L'auteur, dès le seuil du troisième chapitre, nous plonge dans le cours d'un songe. Le rêveur se tient au-dessus de sa mère, assise au fond d'un puits ou d'une tombe profonde, avec dans les bras, sa fille, un petit bébé faible. Winston ne se souvenait plus du tout de sa sœur. Bien qu'elles soient dans un endroit déjà très bas, elles continuent de descendre. Toute deux le regardent intensément. Le décor se transforme et elles se retrouvent sans transition dans le salon d'un bateau en train de sombrer; elles continuent de le regarder, mais elles entrent maintenant dans une eau de plus en plus opaque. Ce liquide vert dans lequel elles s'enfoncent irrésistiblement va bientôt les cacher à jamais tandis que le rêveur reste au dehors, dans l'air et la lumière. Le rêveur sait, comme il voit sur leur visage, qu'elles savent, qu'elles doivent mourir pour le laisser vivre.

Orwell ne partageait pas les vues de Freud sur l'absence de créativité dans le rêve. «C'était un de ces rêves qui, tout en offrant le décor caractéristique du rêve, permettent et prolongent l'activité de l'intelligence. Au cours de tels rêves, on prend conscience de faits et idées qui gardent leur valeur quand on s'est réveillé» (*op. cit.*, p. 46). Le héros continue de penser en rêvant. Il se rappelle qu'il a perdu ses parents lors d'une des premières grandes épurations politiques trente ans auparavant. Le souvenir de sa mère le déchirait parce qu'elle était morte en l'aimant; le tragique venait de ce qu'il était trop jeune et trop égoïste au moment de sa disparition pour l'aimer en retour.

Dès qu'il avait commencé à rédiger son journal, en date du 4 avril 1984, Winston avait relaté spontanément les réactions des spectateurs en face d'un film de guerre. Une femme d'âge moyen, peut-être une juive, se trouvait assise à l'avant d'un canot de sauvetage. Elle tenait dans ses bras un garçon de trois ans environ. Elle l'entourait, le recouvrait tandis qu'il tentait, au comble de la terreur, de cacher sa tête contre ses seins, comme s'il avait essayé de s'enfoncer en elle. L'hélicoptère, qui les survolait, lâcha sur le canot une bombe qui le fit voler en éclats; un bras d'enfant monta droit dans les airs, déclenchant les applaudissements d'une salle qui avait jusque là rit à gorge déployée (*op. cit.*, p. 17)[6].

Le rêveur se retrouva soudain debout sur du gazon élastique par un soir d'été alors que les rayons obliques du soleil doraient le paysage. Ce paysage, plutôt irréaliste, était revenu souvent dans ses rêves. Une fille aux cheveux noirs se dirige vers le rêveur à travers le champ. D'un seul geste, elle déchire ses vêtements et les jette dédaigneusement. Son corps blanc et lisse n'éveille aucun désir chez le rêveur qui le regarde. Il est transporté d'admiration par le geste avec lequel elle a rejeté ses vêtements, un geste de l'ancien temps qui repousse dans le néant Big Brother, le Parti et la Police de la Pensée. Winston se réveilla avec un mot sur les lèvres : « Shakespeare ».

La vanité seule pourrait me pousser à interpréter ce rêve de littérature. Certes, un rapide calcul m'apprend que l'auteur avait à peu près l'âge de son héros : trente-neuf ans, lorsqu'il a rédigé son roman. « Ecrire était facile. Tout ce qu'il avait à faire, c'était de transcrire l'interminable monologue ininterrompu qui, littéralement depuis des années, se poursuivait dans son cerveau » (*op. cit.*, p. 16). Je pourrais me servir de que je connais sur l'aspect psychosomatique de la tuberculose, de la somatisation comme défense contre la dépression. Je pourrais attirer l'attention sur les faiblesses de l'enveloppe psychique suggérées avec une intuition profonde par l'auteur dès la deuxième page. Winston, bien que jeune encore, souffrait d'un ulcère de jambe au-dessus de la cheville droite. La peau de son visage naturellement sanguin avait été « durcie par le savon grossier, les lames de rasoir émoussées, et le froid de l'hiver ». Je pourrais évoquer pour la première partie du rêve un noyau autistique et l'absence d'une mère vivante et attentive dans son regard pour soutenir le bébé. Dès la deuxième page du roman également, le regard d'un « grand frère » impose à chacun un collage en surface au lieu d'une contention individuelle par le regard maternel. Dans sa seconde partie, le rêve opère une nouvelle synthèse entre le regard mental et l'enveloppe psychique. L'abandon de ses vêtements par la jeune fille révèle son corps « lisse » — châtré.

Le pays des merveilles dans lequel a voyagé Alice n'est pas loin parfois d'Océania dans lequel se débattait Winston. Les différences viennent de l'humour avec lequel Caroll soupoudre l'horreur et de la certitude laissée à la petite héroïne : il lui suffirait d'ouvrir les yeux pour revoir la réalité. L'un des thèmes sous-jacents est sans doute celui de la croissance physique et mentale de l'enfant, avec sa richesse fantasmatique, ses mouvements progrédients et régressifs.

Le conte approche de sa fin lorsque le Greffon entraîne Alice au procès mené au mépris de toute justice par le Roi et la Reine de Cœur. Cet univers rocambolesque s'apparente à celui du cauchemar par ses équations symboliques, ses renversements de perspective et la substitution du non-sens au bon sens. L'écriture « imbécile » des jurés sur leur ardoise, avec le lézard obligé de (faire semblant d') écrire avec son doigt faute d'avoir retrouvé son crayon, met en scène l'inscription autrefois dévolue au Moi-peau et l'échec de l'étayage de la pensée verbale sur la peau psychique.

Il règne dans cette cour une atmosphère de caractère pervers, pas très éloignée de celle pesant sur les citoyens d'Océania, qui doivent recourir à la «double pensée» pour éviter d'être «vaporisés». Un des cochons est immédiatement étouffé par les huissiers parce qu'il a applaudi un bon mot du Roi. Au chapitre suivant, un autre mot d'esprit n'entraîne qu'un «silence de mort»; le Roi obtient les éclats de rire en signalant le bon mot. Au fur et à mesure qu'elle retrouve sa taille normale, Alice anticipe l'opposition au monde adulte à laquelle son adolescence la conduira. Elle affronte le Roi en soutenant que les vers qui viennent d'être lus n'ont aucun sens. Le Roi, qui pourrait être le parent d'un enfant cas limite, se réjouit d'apprendre qu'ils n'ont pas de sens puisque cela évite à la cour d'en chercher un.

Le Roi, qui a conservé droit de mort, ordonne aux jurés de délibérer pour rendre le verdict. La Reine proteste et réclame la sentence d'abord. Alice, qui continue de grandir à vue d'œil, critique la Reine d'une voix forte. Celle-ci, pourpre de fureur, veut faire taire Alice qui s'y refuse. «Qu'on lui coupe la tête! hurla la Reine de toutes ses forces. Personne ne bougea.» La croissance de la rêveuse se manifeste par un renversement de perspective. Alice s'est aperçu qu'elle n'a rien à craindre d'une Reine de cœur et de sa cour. Elle leur crie : «Vous n'êtes qu'un jeu de cartes!» A ces mots, toutes les cartes montèrent en l'air et lui retombèrent dessus. Elle poussa un petit cri de colère et de frayeur; elle essaya de les repousser avec ses mains, et se retrouva couchée sur le talus, la tête sur les genoux de sa sœur qui enlevait doucement de son visage quelques feuilles mortes tombées des arbres. «Oh, quel rêve bizarre je viens de faire! s'exclama Alice.[7]»

NOTES

[1] FREUD, S., (1920), «Sur la psychogenèse d'un cas d'homosexualité féminine», in *Névrose, psychose et perversion*, Paris, PUF, 1973.
[2] GAMMILL, J., «Sur la notion de contre-vérité psychique chez l'enfant et l'adolescent», in *Avancées métapsychologiques. L'enfant. La famille*, Paris, Apsygée, 1989.
[3] PONTALIS, J.-B., La pénétration du rêve, in *Entre le rêve et la douleur*, Paris, Gallimard, 1977.
[4] KAHN, M., La psychologie du rêve et l'évolution de la situation analytique, in *Le soi caché*, Paris, Gallimard, 1976.
De la bonne et de la mauvaise utilisation du rêve dans l'espace psychique, *op. cit.*
De l'expérience du rêve à la réalité psychique, *op. cit.*
[5] BRITTON, R., The missing link, in *The Œdipus Complex Today*, London, Karnac Books, 1989.
[6] ORWELL, G., *1984*, Paris, Gallimard, 1964, p. 43.
Voici ce qu'envoya Orwell à un ami en septembre 1935 :
«J'étais à Grenwich l'autre jour; et, en regardant le fleuve, j'ai pensé aux merveilles que pourraient faire quelques bombes jetées sur les bateaux.»
Son biographe en a fait le commentaire suivant : «*Et vive l'Apidistra* (un roman) était en voie d'achèvement lorsqu'il écrivit ces mots réjouissants qui rapprochent tant Countock (le héros du roman) et Orwell... Mais il y a un thème précis qui revient souvent et qui, tout en n'étant pas relié à l'intrigue, est le prolongement des « désirs apocalytiques » du héros : «le bombardement» (CRICK, B., *George Orwell. Une vie*, p. 245).
[7] CAROLL, L., *Alice au pays des merveilles* (trad. franç. Papy, J.), Folio Junior, 1985.

TROISIÈME PARTIE

LES THEORIES ET LES FONCTIONS DU RÊVE

L'exploration de la contrée onirique demeure infinie, car le rêve se laisse seulement appréhender en tant que composition, jamais en tant que nature. Il participe à ce fonds commun grâce auquel les sociétés assurent leur cohésion et leur reproduction. En paraphrasant un propos de Saussure sur le langage, le rêve me fait songer à une vaste demeure dont on aurait plusieurs fois changé la disposition intérieure et la destination. L'histoire des systèmes de compréhension permettrait de totaliser et de superposer les distributions et les destinations successives, car, pour tous ceux qui, comme nous, occupent la maison actuelle, tout se passe comme s'il n'y en avait jamais eu qu'une seule disposition, une seule destination. Pour l'heure, je me suis déclaré, au nom d'une certaine psychanalyse, principal occupant.

Dans la *Traumdeutung* (p. 72), Freud avait défini la théorie du rêve comme « une analyse qui s'efforce d'expliquer d'un certain point de vue le plus grand nombre possible de caractères observés et en même temps de marquer la place du rêve dans un ensemble plus vaste ». Sa théorie du rêve attribuait une fonction au rêve et c'est d'abord par la fonction attribuée à l'onirisme que les diverses théories se distinguent les unes des autres. Elles s'appuient sur une caractéristique qu'elles considèrent comme essentielle et autour de laquelle elles organisent leur théorie. Le moment est venu de repérer et de comparer ces différents caractères. Chaque théorie reflète une manière d'habiter la maison du rêve. Chaque système d'interprétation fonctionne comme une loupe qui déforme la vision des lieux d'habitation. Sans cette déformation, l'essentiel ne deviendrait pas perceptible.

En nous intéressant aux autres occupants de la demeure, nous risquons la désillusion en perdant le monopole intellectuel. Mais les « gènes mutants » se trouvaient déjà dans le fruit de la connaissance. Le Moi-peau prolonge indirectement l'observation de l'agrippement des bébés singes. La notion de peau psychique a été autant le fruit de l'observation du nourrisson normal que de l'analyse de cas limites. En repoussant sans cesse dans le passé l'origine supposée des troubles, les kleiniens ou les post-kleiniens devaient tôt ou tard inciter d'autres chercheurs à se rendre compte de ce qui se passe « réellement » chez le jeune enfant. La psychologie expérimentale, la neuropsychologie, l'éthologie, l'anthropologie sont autant de disciplines qui sont venues compléter la connaissance sur l'enfant de la psychanalyse. De même, certains psychanalystes n'avaient pas hésité à porter deux casquettes dans les années cinquante en devenant officiellement onirologues scientifiques.

Je n'ai pas l'intention de recenser tous les travaux scientifiques sur le rêve. Je me contenterai de réfléchir sur l'incompatibilité ou la convergence de mon point de vue avec des conclusions atteintes par d'autres voies. Il n'est pas question, cependant, de m'aligner sur la quasi consensus qui, dans les années soixante-dix en France, s'était constitué autour d'une publication de Bourguignon. «Ces remarquables recherches [de la physiologie moderne] n'ajoutent ni ne retranchent rien d'important à la psychanalyse qui, en tant que théorie, ne trouve en elles que de nouvelles confirmations[1].» On reprenait le même refrain, sorte d'exorcisme, devant le peu d'acquisitions nouvelles obtenues par la psychanalyse depuis la *Traumdeutung*. «La neurophysiologie a confirmé en grande partie les hypothèses de Freud[2]» (Green, 1972). «Au total, une opinion largement soutenue est que Freud a, de manière assez précise «anticipé» d'au moins cinquante ans sur la conception que soutiennent les travaux actuels de laboratoire...» (Guillaumin, 1979, p. 304)

La *Traumdeutung*, bien qu'explicitement conçue pour tenir compte de la physiologie et de l'histologie de la fin du XIXe siècle, est restée en marge de discours scientifique. Sans aller, comme Laplanche, jusqu'à entendre le discours «biologique» de Freud comme une métaphore, je ne pense pas que la psychanalyse ait produit sur les rêves un discours scientifique parallèle. Je peux davantage accepter la position un peu plus nuancée que Bourguignon a adopté en 1972 : «Nous espérons que le lecteur repérera aisément dans quel système se place notre discours, dans la mesure où nous n'aurons pas tenté malgré nous de combler par des fantasmes l'espace irréductible qui sépare la psychanalyse de la biologie[4].»

Aucune discipline ne paraît échapper à cette «maladie infantile» qui amène à faire table rase d'une grande partie de ce qui précède. Il en est allé ainsi des onirologues dont le geste inaugural a souvent rejeté l'apport de la psychanalyse et des sciences de l'homme. Ma ligne de pensée m'a fait avancer simultanément en deux directions différentes. Si l'expérience onirique nous enrichit, non seulement par l'interprétation de son contenu, mais aussi par sa forme et ses transformations, nous sommes conduits à la doter de plusieurs fonctions. Nous pouvons comparer ces fonctions à celles que lui attribuent les scientifiques. Par ailleurs, l'intégration des observations psychothérapiques faites avec des psychotiques, des psychosomatiques, des post-traumatisés ou des enfants nous permet d'échanger avec des mentalités que notre culture considère comme dépassées ou marginales : préhistorique, primitive ou sauvage, parapsychologique ou mystique[4].

NOTES

[1] BOURGUIGNON, A., «Neurophysiologie du rêve et théorie psychanalytique», *Psychiat. Enfant*, 1968, 11, 1.
[2] GREEN, A., De l'«Esquisse» à «L'interprétation», *NRP*, 1972, n° 5, 179.
[3] BOURGUIGNON, A., «Fonctions du rêve», *Nouv. Rev. Psychanal.*, 1972, n° 5, 181.
[4] Je recommande la lecture d'un livre présentant avec un sens didactique achevé la double problématique du rêve :
PAROT, F., *L'homme qui rêve*, PUF, 1995.

# Chapitre 1
La neurophysiologie du rêve

Si nous reprenons la métaphore de la demeure, nous devons tenir compte de l'arrivée massive de nouveaux occupants à partir des années 50. Des scientifiques hautement spécialisés : neurophysiologues, neurobiologistes, spécialistes en sciences cognitives, etc. sont venus s'y installer en permanence. Depuis le début du siècle, la psychanalyse avait remodelé la représentation des événements intérieurs survenus au cours de la nuit. Mais elle avait pu rester en correspondance avec les données sur le rêve fournies par l'histoire, l'ethnologie et la littérature. Avec l'arrivée des scientifiques, le travail narratif s'est organisé seulement autour d'une activité physiologique.

Le discours biologique a donné des codes précis pour appréhender la narration onirique. Il était hors de propos d'envisager que les contenus du rêve puissent venir d'un autre monde ou d'une autre scène. Le neurophysiologiste a davantage étudié le processus que le contenu du rêve. Les scientifiques ont imposé le retour du mythe de la nature humaine en oubliant que le savant ne dialogue jamais avec la nature en tant que telle, mais avec un certain état du rapport entre la nature et la culture. Autrement dit, ils oubliaient qu'ils étaient seulement les hommes d'une époque[1].

1. L'ÉCOLE DE CHICAGO ET LA PREMIÈRE UNIFICATION

Au cours des derniers siècles, on a étudié presque tous les aspects de la vie de l'homme éveillé. Mais le sommeil, période de repos et d'inactivité totale, n'a pas retenu l'attention, à l'exception des rêves. Par contre, ces dernières décennies, d'intenses recherches scientifiques ont été consacrées au sommeil. On envisagea d'abord les effets de sa privation. Mais il était presque impossible de ne pas réveiller le dormeur dont on surveillait le sommeil. Tout changea en 1928 lorsqu'il devint possible d'observer les ondes cérébrales venues du cerveau. Ces signaux électriques ont des caractéristiques formelles, des structures, que l'on peut étudier aussi bien la nuit que le jour.

L'école de Chicago a réalisé des progrès considérables dans les années 50 en proposant une première conception d'ensemble. Son intuition majeure fut de mettre en corrélation l'activité onirique avec les modifications observées pendant le sommeil. Sa technique consistait à combiner les enregistrements électro-encéphalographiques et l'interrogatoire des sujets en expérimentation. On réveillait ces derniers au cours d'une certaine phase d'activité électrique en cherchant à recueillir des récits de rêve. On faisait l'hypothèse que leur fréquence et leur clarté indiquerait les phases du sommeil produisant les rêves. Kleitman, Aserinsky et Dement ont établi que le rêve survient périodiquement au cours du sommeil, que cette phase se caractérise par une activité corticale rapide et des mouvements oculaires rapides (MOR)[2]

L'étude du rêve a été englobée dans celle du sommeil dès les débuts de la neurophysiologie. Les présentations générales qui paraissent de nos jours annoncent souvent dans leur titre : Le sommeil et le rêve (Magnin, 1992; Challamel et Thirion, 1988). On y retrouve beaucoup de sommeil et un peu de rêve. De fait, la connaissance sur le rêve a pu avancer seulement lorsque on a mieux connu le fonctionnement du système nerveux central. L'école de Chicago s'était signalée par des recherches sur l'homme soit normal soit malade mental. La suite est venue de l'expérimentation animale où l'on a détruit ou activé les structures afin de déterminer leur fonction.

Plusieurs neurophysiologistes avaient cherché à localiser les structures nerveuses responsables des divers états de vigilance au début des années 50. La découverte par Magoun à Los Angeles de la réticulée fit prendre un tournant décisif. Elle permit de comprendre que la formation réticulée induit une désynchronisation des ondes cérébrales durant les périodes où apparaissent les mouvements oculaires rapides ou MOR.

Magoun a aussi établi que la réticulée peut produire durant le sommeil un effet analogue à celui de la stimulation sensorielle à l'état de veille. Avec Moruzzi, il nous a rendu accessible le système réticulaire activateur.

On fit des progrès importants dans les années 60 en décrivant les divers stades du sommeil. On trouva une opposition majeure entre le sommeil lent et le sommeil avec MOR quant aux rythmes et à l'ampleur des ondes électro-encépholographiques. On a pu représenter l'alternance entre ces différents stades de sommeil sur un graphique (un hypnogramme). Il faut cependant signaler un biais inévitable car les sujets volontaires sont obligés de venir dans un laboratoire et d'être branchés avec un appareillage complexe. On peut donc toujours évoquer un effet de stress pour expliquer les discordances entre les résultats.

2. L'ÉCOLE DE LYON ET LE SOMMEIL PARADOXAL

Au début des années 60 également, on a mieux connu l'activité onirique grâce à l'expérimentation animale. Le chat s'est révélé le sujet idéal. En raison de son absence de subjectivité, il ne risque pas de livrer des récits suspects ou mensongers. L'objectivation vient de ce qu'on a recours seulement à l'observation. On a pallié l'absence de paroles en faisant l'hypothèse suivante : puisque le chat présente des phases de sommeil MOR, que l'homme raconte des rêves après de telles phases, le chat doit aussi rêver. Un autre avantage est de ne pas être bridé par des considérations éthiques, mis à part les ligues hostiles à la vivisection.

La scène s'était déplacée vers la France. A Lyon, Jouvet a montré qu'une inhibition active de la réticulée en provenance du cortex produit le sommeil à ondes lentes. Le sommeil n'est donc pas un phénomène passif. Jouvet est surtout connu comme l'inventeur du sommeil paradoxal. L'école de Chicago avait assemblé les pièces du puzzle sans étudier le tonus musculaire. Cela l'avait conduite à considérer le rêve comme un stade de sommeil léger analogue à l'endormissement. Jouvet découvrit chez le chat deux états de sommeil différents : l'un s'accompagne d'ondes corticales lentes et la conservation du tonus musculaire tandis que l'autre se caractérise par la coexistence paradoxale d'une activité cérébrale similaire à l'éveil, de mouvements oculaires rapides et par une disparition du tonus musculaire. On s'aperçut bien vite que l'atonie musculaire existe aussi chez l'homme. « Le rêve devenait le troisième état du cerveau, aussi différent du sommeil que le sommeil l'est de l'éveil[3]. »

La plupart des changements qui se produisent à l'endormissement résultent de la position allongée et du relâchement musculaire. Le sommeil lent (ou profond ou tranquille) s'accompagne d'ondes verticales de grande amplitude et de la conservation du tonus musculaire. Le corps pourrait bouger puisqu'il n'est pas paralysé. Il ne le fait pas parce que le cerveau ne lui en donne pas l'ordre. Le dormeur a perdu le contact avec l'environnement du fait que les sens ne lui envoient plus d'informations. Quatre à cinq fois par nuit, le sommeil se caractérise par une activité électrique similaire à l'éveil : des mouvements oculaires rapides, la disparition totale du tonus musculaire, une grande irrégularité cardiaque et respiratoire, des érections complètes ou partielles du pénis (ou du clitoris). Ce type de sommeil est le témoin neurobiologique de l'activité onirique.

Il a fallu pas mal de temps avant que tout le monde soit convaincu que l'activité onirique n'est pas un processus continu au cours du sommeil, mais qu'elle est déterminée par un processus physiologique et biochimique de nature cyclique. Le réveil des sujets en période lente ou paradoxale a permis d'établir qu'on recueille le maximum de souvenirs oniriques à ce moment. Il fallait tenir aussi compte des souvenirs oniriques peu fréquents, mais gênants par leur persistance, recueilli lors des réveils en période lente. On pensa d'abord qu'ils reflétaient la persistance de souvenirs provenant d'une phase paradoxale antérieure. Mais on a obtenu des souvenirs de rêves lors de la toute première période de sommeil lent, avant même qu'aucun sommeil paradoxal ne se soit manifesté. L'hypothèse selon laquelle le sommeil MOR ou paradoxal représente le substratum physiologique de la fonction onirique a été presque unanimement acceptée, bien qu'elle n'ait jamais pu être totalement prouvée.

Les relations étroites entre le sommeil paradoxal et l'activité onirique ont été confirmées par l'expérimentation animale. C'est ainsi qu'ont été mises en évidence des séquences stéréotypées de comportement qui surviendraient au cours du sommeil paradoxal si elles n'étaient empêchées d'atteindre les neurones moteurs. Chez le chat, certaines lésions bilatérales (du système de commande pontique de l'atonie posturale) révèlent des «comportements oniriques» (toilette, attaque) qui surviennent exclusivement au cours du sommeil paradoxal. Des observations cliniques ont montré chez l'homme que des atteintes pathologiques peuvent aussi provoquer des comportements oniriques. Ils se produisent uniquement au cours du sommeil paradoxal et s'accompagnent de rêves.

Une confirmation plus récente de ces liens étroits est venue des recherches sur les «rêves lucides», c'est-à-dire des rêves au cours desquels le sujet a conscience d'être en train de rêver. Le rêveur, qui se trouve dans cet état particulier, a une certaine capacité pour contrôler le déroulement du rêve et pour explorer son contenu. Des sujets entraînés peuvent indiquer, par des combinaisons de mouvements, variées mais spécifiques, le moment où ils prennent conscience de rêver. Tous les signaux sont enregistrés lors du sommeil paradoxal. La Berge a créé une méthode qui permet de devenir rêveur lucide et de se servir de cette capacité pour faciliter la résolution des problèmes psychologiques[4].

3. LA NEUROCHIMIE DU SOMMEIL PARADOXAL

Les messages circulent dans le système nerveux grâce à deux types de transmission : l'énergie électrique et l'énergie chimique. De ce fait, une question a dominé, et domine encore, la recherche des causes et des mécanismes du sommeil. Les relations entre les sites régulateurs se font-elles par des facteurs humoraux, par des sécrétions de type endocrinien, ou s'effectuent-elles seulement par des transmissions électriques le long des fibres nerveuses ? Dans le jargon spécialisé, la neurophysiologie «humide» a pris la relève de la neurophysiologie «sèche». La neuropharmacologie cérébrale a bénéficié des recherches en psychopharmacologie, notamment sur les monoamines cérébrales. Beaucoup pensent à la fin des années soixante que les catécholamines étaient responsables de l'éveil, donc du rêve — alors que la sérotonine était censée induire le sommeil. A la fin des années soixante, Hartmann (1970, p. 146), un psychanalyste américain, concluait avec assurance : «Dans cette optique, le cycle sommeil — rêve...est en premier lieu contrôlé par une accumulation et une métabolisation localisée de sérotonine.» Mais alors que, en 1970, on expliquait le fonctionnement du cerveau avec cinq ou six neurotransmetteurs principaux, on fait référence actuellement à une quinzaine parmi la centaine qui ont été découverts.

NOTES

[1] Ce n'est pas un effet du hasard si Jouvet, arrivé au terme de sa carrière professionnelle, a fait paraître en même temps un recueil de ses principaux articles et un roman dont le héros n'est autre qu'un double, homme de science au XVIIIe siècle.
JOUVET, M., *Le sommeil et le rêve*, Paris, Editions Odile Jacob, 1992.
JOUVET, M., *Le château des songes*, Paris, Editions Odile Jacob, 1992.
[2] DEMENT, W.C., (1972), *Dormir, rêver*, Paris, Editions du Seuil, 1981.
[3] JOUVET, M., *Le sommeil et le rêve*, Paris, Editions Odile Jacob, 1992.
DEBRU, C., *Neurophilosophie du rêve*, Paris, Hermann, 1990.
[4] LA BERGE, S., *Lucid Dreaming*, New York, Ballantine Books, 1985.

Chapitre 2
Les études comparatives du sommeil paradoxal

Les neurophysiologistes ont ramené l'étude du rêve à celle du sommeil paradoxal et, par conséquent, à la nature du cerveau. Ils n'ont pas pu éviter de se demander pourquoi ce cerveau entre périodiquement dans cet état. Une perspective darwinienne les amène obligatoirement à penser que ces mécanismes neurophysiologiques auraient disparu s'ils n'avaient pas une utilité, s'ils ne remplissaient pas une ou plusieurs fonctions. La question a été abordée par la méthode des comparaisons :

– dans le règne animal
– dans l'évolution d'un organisme
– entre individu normal et individu pathologique.

1. LA PHYLOGENÈSE DU SOMMEIL PARADOXAL

Il s'agit de savoir à quel point de l'évolution phylogénétique est apparu le sommeil paradoxal. Une telle ligne de partage permettrait d'établir des corrélations entre l'apparition du sommeil paradoxal et d'autres caractères évolutifs. Il sera éventuellement possible d'expérimenter ensuite pour passer de la corrélation à la relation causale. On a plus ou moins de facilité à procéder à des enregistrements EEG et à observer son comportement selon l'espèce à laquelle on a affaire.

Il est assez facile d'établir que tous les animaux dorment, ou tout au moins qu'ils présentent des cycles plus ou moins longs de ralentissement dans leur comportement et leur activité électrophysiologique. Le dauphin reste une énigme, car il dort avec un hémisphère à la fois. Il peut ainsi contrôler alternativement sa respiration avec son cerveau droit ou gauche. De ce fait, on n'a jamais trouvé chez lui de sommeil paradoxal.

Selon Winson, le sommeil MOR serait apparu chez les mammifères placentaires et marsupiaux il y a 140 millions d'années. Il n'existait avant eux que des mammifères ovipares : les monotrèmes. L'un d'eux était l'échidné (*spiny anteater* — «fourmillier épineux» — en Australie). Celui-ci ne disposait pas de sommeil MOR, mais d'un cortex préfrontal, énorme en proportion de la taille de son cerveau. Le cortex préfrontal aurait pour fonction de mettre sur pied des stratégies comportementales pour atteindre un objectif. La question est de savoir pourquoi les autres mammifères, ceux qui ont suivi, se sont dotés de sommeil MOR tout en réduisant leur cortex préfrontal[1].

L'onirisme jetterait un pont entre le cerveau et le psychisme. Il aurait apporté une solution au cours de l'évolution animale pour intégrer de façon plus économique l'expérience acquise, pour construire et modifier les circuits nerveux correspondants. L'échidné, qui devait traiter cette expérience durant la seule vie éveillée, avait besoin d'un abondant cortex préfrontal. Le sommeil MOR permit aux autres mammifères d'arriver aux mêmes résultats avec moins de cortex préfrontal. Depuis lors, les humains ont pu à leur tour relier les événements récents aux souvenirs anciens, mettre à l'essai durant leur sommeil de nouvelles conduites d'adaptation grâce à des simulations imagées car, le propre de l'homme, c'est de ne pas se cantonner à la survie.

Les vertébrés inférieurs n'ont pas connu ce «troisième état» du cerveau décrit par Jouvet. Par contre, on l'a mis en évidence chez les oiseaux et les mammifères. On a essayé de rattacher cette ligne historique de partage à celle existant entre poïkilothermes (dits à sang froid) et homéothermes (qui maintiennent constante la température de leur corps). On a fait remarquer que, chez les homéothermes, la neurogenèse ne se produit plus une fois la maturation du cerveau achevée, mais qu'elle se maintient durant toute la vie chez les poïkilothermes. Jouvet a insisté sur une dernière corrélation : la quantité de sommeil paradoxal, ou d'un équivalent, est d'autant plus grande que le cerveau est plus immature. Nous ne pouvons plus séparer le phylogenèse de l'ontogenèse.

2. L'ONTOGENÈSE DU SOMMEIL PARADOXAL

Dans le plupart des espèces, les comportements et les caractéristiques électrophysiologiques du sommeil changent avec l'âge. Les modifications les plus importantes s'observent surtout en période néonatale et lors du vieillissement. On ne peut manquer de s'interroger sur la pertinence de la fameuse loi de Haeckel selon laquelle l'ontogenèse serait une récapitulation brève et rapide de la phylogenèse. Observe-t-on dans le développement de l'individu une évolution qui ressemble à celle qui se produit dans l'évolution de l'espèce en matière de sommeil paradoxal? Beaucoup d'études ont cherché à répondre à la question en se situant à cheval entre ontogenèse et pathologie.

L'animal nouveau-né présente une alternance entre deux états : un état d'éveil avec recherche instinctive de chaleur et de nourriture, et un état de sommeil agité ou actif au cours duquel des secousses animent les yeux, les oreilles, les pattes et la queue de l'animal. Certains chercheurs ont assimilé ce sommeil agité au sommeil paradoxal tandis que Jouvet et son école préfèrent parler de «sommeil sismique». Comme nous le verrons avec les fonctions du rêve, la distinction renvoie à une théorie. Selon celle-ci, le sommeil sismique serait l'expression de mouvements spontanés qui accompagnent la neurogenèse à la fin de la vie embryonnaire. Le sommeil paradoxal remplacerait le sommeil sismique au fur et à mesure que mûrissent les réseaux de neurones qui contrôlent son déclenchement et son maintien. Il ressemble tout à fait à celui de l'adulte après trois semaines. Les secousses musculaires ont cédé la place à des mouvements oculaires rapides commandés à partir du tronc cérébral.

Les études polygraphiques chez l'enfant sont beaucoup plus récentes et bien moins nombreuses que chez l'adulte. La lourdeur du protocole explique qu'il ait été surtout accepté pour des enfants hospitalisés ou malades. Les premiers enregistrements EEG datent de la fin des années 60. On s'efforçait d'évaluer le devenir des souffrances néonatales et de la prématuration. Dans les années 70, la mort prématurée du nourrisson devient un domaine majeur de recherche. Il a fallu attendre le début des année 80 pour que des enfants en bonne santé soient étudiés. On dispose de données nombreuses après six ans, et surtout après dix ans, car il est plus facile d'obtenir une participation active.

Il est courant de dire que «tout se joue avant quatre mois». A partir de cet âge, les rythmes endogènes vont se synchroniser sur les donneurs de temps. Le sommeil se construit au fur et à mesure que le cerveau mûrit. Le bébé fœtal dort beaucoup. Il existe dès la 20e semaine une alternance d'activité et d'immobilité dont la périodicité préfigure celle qui s'installera après la naissance. L'opposition fondamentale se situe entre sommeil agité et sommeil calme. Le premier apparaît vers 28 semaines et le second à 30 semaines. Le pourcentage de sommeil agité ne va cesser de croître jusqu'à deux ans, époque à laquelle il sera proche de celui du jeune adulte.

Le bébé ne raconte pas plus ses rêves que l'animal de laboratoire. Cependant, la plupart des ouvrages spécialisés offrent des photographies de bébé prises au cours de leur sommeil paradoxal. On y retrouve un ensemble de mimiques que l'on n'hésite pas à prendre pour des manifestations produites par les rêves. En l'absence de toute stimulation externe, le bébé semble capable de vivre les expression émotionnelles fondamentales de l'espèce humaine. La dernière partie du livre de Debru s'intitule mystérieusement : « Le sourire du bébé[2]. »

On dispose de très peu d'études systématiques portant à la fois sur les récits de rêves et sur les activités électriques de leur cerveau. Foulkes est l'un des rares auteurs régulièrement cités. Il a souligné le fait que les récits recueillis en laboratoire diffèrent encore plus que ceux des adultes des rêves rapportés spontanément en privé. Selon Foulkes, la possibilité de raconter ses rêves serait en rapport avec le développement cognitif des représentations. Capacité à raconter ses rêves et/ou capacité à rêver ? La proportion de récits obtenus augmente avec l'âge. Un seuil se situe vers 5-6 ans, à l'approche de « l'âge de raison ». Faut-il rapprocher ce seuil de celui marquant la différenciation des divers stades du sommeil lent qui se situe lui aussi vers 5-6 ans ? Ou plutôt, à la suite de Foulkes, ne vaut-il pas mieux rapprocher ces constatations des étapes données par Piaget pour son « constructivisme » intellectuel[3] ?

3. LE SOMMEIL PARADOXAL ET LES PATHOLOGIES

L'un des points de rencontre entre l'investigation analytique et la recherche scientifique se situe dans la comparaison entre fonctionnements normal et pathologique du sommeil paradoxal. Cette rencontre est venue fréquemment de psychiatres, volontiers formés à la psychanalyse, qui se sont initiés au travail de laboratoire, plus rarement de physiologistes devenant analystes. Au cours de certaines maladies, le sommeil paradoxal disparaît la nuit ou envahit le jour. Ces altérations s'accompagnent généralement d'autres symptômes. De telles corrélations ne suffisent à tout expliquer en elles-mêmes, mais les théories générales doivent en tenir compte. Le mouvement a fini par déboucher sur une nouvelle spécialisation médicale et de nouvelles formes d'exercice : les cliniques du sommeil. Là encore, l'étude du rêve n'a été bien souvent qu'un sous-produit de l'étude des troubles du sommeil[4].

Les cauchemars

On a démontré que les états de terreur chez l'adulte et l'enfant, le somnambulisme et la plupart des énurésies se produisent lors du sommeil profond, et non lors des rêves comme on l'avait pensé. On a été conduit à distinguer les rêves d'anxiété se produisant lors du sommeil paradoxal des terreurs nocturnes survenant dans plus de deux tiers des cas au cours de la première période de sommeil profond. L'administration d'un tranquillisant fait disparaître plus souvent les terreurs nocturnes que le stade[4]. La suppression prolongée d'une partie du sommeil profond ne paraît pas entraîner de conséquences fâcheuses.

Les cauchemars occupent une place notable dans notre imaginaire collectif. Jones leur avait consacré un travail spécifique en 1932. Mais leur compréhension a été en partie rafraîchie par la conjonction de l'approche neurobiologique et de l'approche psychiatrique. Hartmann, professeur de psychiatrie à Boston, a parlé d'un «nouveau point de vue sur les cauchemars». Il a, lui aussi, soigneusement séparé les terreurs nocturnes des cauchemars. Les terreurs nocturnes surviennent en début de nuit, durant le sommeil lent, et elles ne laissent aucun souvenir; le réveil pathologique constitue le trouble. A l'inverse, les cauchemars se produisent plutôt dans la seconde moitié de la nuit, lors du sommeil MOR et, en général, ils peuvent être clairement remémorés (d'où leur utilisation assez courante dans l'art romantique par exemple).

Hartmann pense avoir repéré des types de personnalité prédisposés aux cauchemars. Il a décrit des personnalités très ouvertes à leurs processus inconscients, volontiers artistes, avec des faiblesses dans le fonctionnement de leur moi. Je suis attiré par l'accent mis sur les «frontières de l'esprit», quelque chose d'analogue à la peau psychique. Hartmann a décrit les personnes sujettes aux cauchemars comme dotées de «frontières perméables ou fines». Autrement dit, ces personnes ont des enveloppes psychiques fragiles ou labiles. Je dirais que les cauchemars constituent une tentative pour compenser avec le regard mental les insuffisances dans les frontières mentales et les systèmes de pare-excitation[5].

Les privations de sommeil paradoxal

On a commencé à étudier le sommeil par des expériences de privation. Ces expériences, qui allèrent jusqu'à onze jours, n'entraînèrent aucun trouble psychique grave. On noté seulement une baisse des performances intellectuelles, quelques symptômes oculaires bénins et des troubles psychiatriques mineurs. Toutes ces modifications disparurent après une à trois nuits de récupération. Celle-ci portait davantage sur le sommeil lent profond que sur le sommeil paradoxal, d'où l'idée que le besoin en sommeil lent serait plus fondamental que celui en sommeil paradoxal.

Pour réaliser des privations en sommeil paradoxal, on commença par éveiller des hommes volontaires en tout début de ces phases de sommeil plusieurs nuits de suite. Cette privation mit en évidence, lorsque l'expérience s'arrêtait, un phénomène de rebond. Cela paraît indiquer une pression pour récupérer les durées perdues, un besoin spécifique en sommeil paradoxal. On a pensé que le rêve devait exercer une fonction vitale. On a alors étudié les conséquences produites par la suppression complète et prolongée de sommeil MOR chez l'animal. Elle n'a pas entraîné la mort. Le sujet présentait une hyperexcitablilité de son système nerveux central avec éréthisme instinctuel. L'effet du stress (provoqué par la dureté des conditions expérimentales) ne peut être écarté lorsque la suppression complète aboutit à la mort.

Des suppressions de longue durée (en semaines et en mois) peuvent être obtenues par l'administration de «drogues». Il suffit de donner des inhibiteurs d'un enzyme cérébral (la monoamine oxydase, d'où l'appellation générique IMAO). Cette administration n'a provoqué aucun trouble notable de la mémoire ou du comportement. Il est difficile d'affirmer que les changements d'humeur proviennent seulement de la suppression du sommeil paradoxal. Ces drogues ont la propriété de faire disparaître à la fois le sommeil paradoxal et la narcolepsie. De même, l'électrochoc réduit partiellement la durée du sommeil paradoxal sans entraîner d'effets secondaires importants.

Sommeil paradoxal et dépression

On retrouve généralement dans les dépressions graves — que l'on rattache à une origine endogène — des troubles du sommeil. Cela nous renvoie à une interaction entre facteurs psychologiques et physiologiques. Les déprimés présenteraient une désorganisation pathognomonique de leur sommeil paradoxal. Tout se passe comme s'il existait une trop forte pression de ce type de sommeil, surtout en début de nuit. Corrélativement, la privation de sommeil paradoxal chez ces patients a un effet antidépresseur. Diverses techniques de privation ont été utilisées avec succès. La dépression a-t-elle cédée parce que le sommeil paradoxal a été supprimé ou parce qu'on a corrigé les anomalies du sommeil ? La plupart des chercheurs invoquent une interaction entre humeur et sommeil paradoxal, mais certains voudraient faire jouer un rôle aux variations de température corporelle ou à la production d'acétylcholine.

Cet effet thérapeutique par suppression d'une fonction physiologique ne signifie pas que cette fonction soit inutile. Il montre simplement que le fonctionnement du sommeil paradoxal est perturbé chez les déprimés graves. En ce qui concerne la psychanalyse, cela devrait inciter les postkleiniens à remettre sur le métier la place centrale accordée à la position dépressive. La connaissance de cette position leur permet-elle de savoir si la dépression crée un plus grand besoin de rêver ou si la dépression vient d'un penchant à trop rêver ? Cela montre aussi la profonde intuition de B. Lewin lorsqu'il avait isolé sa fameuse « triade orale » à partir de l'élation pathologique (manger, être mangé et dormir).

NOTES

[1] WINSON, J., *Brain and Psyche : the Biology of the Unconscious*, New York, Anchor Press/Double Day, 1985.
[2] Je renvoie à un excellent livre destiné au grand public rédigé par une pédiatre et une collaboratrice de Jouvet, spécialisée pour le nourrisson et l' enfant.
CHALLAMEL, M.-J., THIRION, M., *Le sommeil, le rêve et l'enfant*, Paris, Editions Ramsay, 1988.
CHALLAMEL, M.-C., « Petit à petit, l'enfant construit son sommeil », *Science & Vie*, décembre 1993.
[3] FOULKES, D., « Children's Dream Age Change and Sex Differences », *Walking and Sleeping*, 1977, 1, p. 171.
FOULKES, D., « REM-dream perspective on the development of affect and cognition », *The Psychiatric Journal of the University of Ottawa*, 1982, 7, p. 48.
FOULKES, D., « Dream ontogeny and dream psychophysiology », in CHASE, M.H., WEITZMANN, E.D., *Advances in sleep, Research*, vol. 8, New York, Spectrum, p. 356.
Nous verrons le point de vue de Piaget sur les rêves d'enfants avec « Le renouvellement des méthodes » car il a apporté un tableau du développement des représentations mentales.
[4] Pour une vue d'ensemble, on peut se reporter à deux ouvrages de base :
BENOIT, O., FORET, J., *Le sommeil humain*, Paris, Masson, 1992.
GAILLARD, J.M., *Le sommeil et ses mécanismes et ses troubles.*
On pourra également se procurer le numéro spécial : *Le sommeil*, Science et Vie, décembre 1993, ainsi que la revue éditée par les Laboratoires Synthélabo : *Bulletin Veille Sommeil*.

[5] HARTMANN, E., *The nightmare. The psychology and Biology of Terrifying Dreams*, New York, Basic Books, 1984.
J'ai retrouvé une distinction analogue à celle de Hartmann entre personnalités dotées de frontières épaisses ou fines : ce kleinien a proposé d'opposer parmi les personnalités narcissiques, celles à peau épaisse et celles à peau fine :
ROSENFELD, H., *Impasse and Interpretation*, London, Routledge, 1987.
La psychopharmacologie des cauchemars est évidemment le passage le plus discutable de ce livre à l'heure actuelle. Toutefois, une remarque sur la fréquence des cauchemars chez les parkinsonniens traités par la L. DOPA a de quoi nous retenir. Nous disposons en effet d'une brillante illustration avec le journal psychanalytique d'un professeur de Psychologie atteint d'un parkinson et traité de longue date. Sa relation abonde en récits de cauchemars. Le fait qu'il soit l'inventeur du Moi-Peau ne donne que plus de profondeur à notre lecture :
ANZIEU, D., *Beckett et le Psychanalyste*, Mentha, 1992.

Chapitre 3
Les théories du sommeil paradoxal et du rêve

Des connaissances étendues, mais souvent contradictoires, sur le «comment» du rêve ont forcément engendré une multitude de théories sur le «pourquoi». Jouvet exagérait un peu en 1981 lorsqu'il déclarait avec une pointe de provocation : «Il existe sans doute autant de théories (ou d'hypothèses neurobiologiques) concernant les fonctions du rêve qu'il y a de chercheurs dans ce domaine» (*op. cit.*, p. 57). Il m'a pourtant fallu pas mal simplifier le paysage onirique des scientifiques pour en dégager des lignes forces et créer des rubriques. En partant de faits choisis, la pensée neurophysiologique s'élève dans des interprétations très spéculatives. Il arrive à cette réflexion dépouillée de certaines contraintes matérielles de rapprocher des aspects fonctionnels globaux avec des mécanismes physiologiques locaux. Il devient possible d'imaginer de nouveaux mécanismes neurophysiologiques pouvant servir de guide à de nouvelles recherches expérimentales. C'est dans ce sens qu'il m'a paru intéressant de mêler temporairement l'envolée réflexive issue de l'expérience clinique des rêves à celle tirée des expérimentations scientifiques[1].

1. LE RÊVE COMME PRÉPARATION À L'ÉVEIL

Le sommeil constitue une période dangereuse pour tous les mammifères puisqu'il augmente le seuil d'éveil. Il est cependant bouleversé par les périodes MOR dont l'activité électrique corticale ressemble à celle de l'éveil. De ce fait, les périodes MOR sont souvent suivies par des réveils transitoires. Selon Snyder, le sommeil MOR serait une «sentinelle périodique» sachant renouer le contact avec le monde extérieur tout en préservant le continuité du sommeil. Le réveil périodique, préparé par les rêves, servirait à explorer l'environnement à la recherche d'éventuels ennemis avant de laisser place de nouveau au sommeil.

Cette théorie a été critiquée. Comment placer une fonction de surveillance au cours de la période du sommeil où le seuil d'éveil est très élevé? Il existe une corrélation entre la qualité du sommeil MOR et un facteur de sécurité au cours du sommeil. Plus un animal peut dormir sur ses deux oreilles, plus il fait de rêves. Par contre, les espèces chassées ne disposent que d'une quantité minime de sommeil paradoxal. Comment expliquer que la sentinelle du rêve soit plus prête à réveiller les animaux n'ayant guère à se faire de soucis? Jouvet s'est livré à des critiques corrosives contre ce «contrebandier du modèle freudien», car Snyder considère que le rêve, dans des conditions de sécurité, offre une plus grande continuité de sommeil en fournissant des hallucinations oniriques plus gratifiantes que effrayantes (le rêve garde le sommeil au lieu de le subordonner à la sécurité).

Snyder a étudié l'apparition du sommeil MOR chez les mammifères. Il a privilégié l'opossum, sorte de fossile vivant. En passant beaucoup de temps à dormir, ce marsupial aurait réussi à économiser son énergie, contrairement aux grands reptiles poïkilothermes. Le maintien de la température corporelle au cours d'un sommeil prolongé aurait favorisé sa survie. Les mouvements oculaires rapides durant le sommeil auraient contribué au maintien de cette température corporelle. Bien qu'elle apparaisse un peu naïve aujourd'hui, cette théorie a su attirer l'attention sur les rapports entre sommeil paradoxal et homéothermie[2].

2. LE RÊVE, LA MÉMORISATION ET L'OUBLI

Le sommeil MOR pourrait être chargé d'une fonction liée à l'éveil chez l'adulte soit mémorisation, renforcements des événements de l'éveil soit oubli, une sorte d'allégement des circuits neuronaux. Du moment que la capacité du cerveau est limitée, le sommeil MOR se chargerait d'une régulation sur les acquisitions superflues. Certains circuits neuronaux, lorsqu'ils conservent en même temps plusieurs informations, peuvent déclencher des réponses pathologiques : associations insolites, réponses uniformes ou à côté. Le sommeil pourrait participer au traitement et au codage de l'information reçue en vue de sa mise en mémoire ou de son oubli. Chez l'animal, la privation du sommeil paradoxal peut entraîner un déficit des apprentissages difficiles. A l'inverse, certains apprentissages sont suivis d'une augmentation significative de sommeil paradoxal. Tout se passe comme si le traitement de l'information, commencé au cours de la veille, était consolidé ou repris au cours du sommeil MOR qui suit l'activité. Mais, chez l'homme, cette théorie se heurte à une objection majeure : l'administration de benzodiazépines, qui perturbe peu le rêve, entraîne parfois des troubles considérables de la mémoire tandis que la suppression du sommeil paradoxal par les inhibiteurs des mono-amino-oxydases n'entraîne pas de troubles de la mémoire.

L'hypothèse de Crick et Michison fait intervenir le sommeil paradoxal dans l'oubli. Le réseau neuronal du cerveau, envisagé sous forme d'ordinateur, serait surchargé, embouteillé, si le sommeil MOR ne venait débarrasser la mémoire des signaux dépourvus de signification. L'irruption périodique de signaux stochastiques (à périodicité due en partie au hasard) viendrait «déparasiter», nettoyer les réseaux d'un cerveau fonctionnant en circuit fermé au cours du sommeil. Le rêve permet d'oublier, de désapprendre l'inutile ou le superflu.

Jouvet avait remarqué en lisant Freud (huit références dans la *Traumdeutung*) que l'hypothèse de Crick et Michison reprenait (plus ou moins) la thèse proposée par Robert à la fin du XIXe siècle. Le rêve est un processus somatique qui a pour fonction chaque nuit de préserver l'appareil psychique d'un excès de tension. «Le rêve est élimination de pensées étouffées dans l'œuf» (F., 1900, p. 76). En fait, l'interprétation de la thèse change selon qu'on situe la réussite du rêve dans son oubli ou sa mémorisation. Le discours sur le rêve oublié n'est pas loin du paradoxe du menteur.

Dewan a présenté une hypothèse originale en établissant une certaine analogie entre le cerveau et l'ordinateur. Le sommeil MOR serait lié à la programmation ou la reprogrammation du cerveau. Pour s'adapter à des tâches qui se renouvellent sans cesse, ce dernier doit posséder une fonction particulière lui permettant d'adapter ses programmes aux situations rencontrées. Une telle programmation ne pourrait avoir lieu qu'en dehors des périodes d'activité du système, à savoir durant le sommeil. Le sommeil MOR fournirait cette auto-programmation automatique et spontanée. Bien qu'elle soit restée difficilement testable, cette hypothèse expliquerait la programmation initiale du cerveau embryonnaire et les circuits de vicariance après lésion cérébrale.

3. LE RÊVE, LA STIMULATION ENDOGÈNE ET LA REPROGRAMMATION

Plus le cerveau est immature, plus il semble s'accompagner de sommeil sismique ou paradoxal. Ce dernier pourrait donc jouer un rôle dans la maturation du système nerveux, dans la préparation et la fixation de ses performances. Par analogie, Roffwarg, Muzio et Dement ont attribué au sommeil MOR une activité de stimulation endogène et d'aide à la structuration des circuits neuronaux. Le sommeil MOR fournirait une structure endogène essentielle à la maturation du système nerveux central, notamment visuel. Il permettrait une répétition à vide. Plus généralement, il aiderait ou préparerait le cerveau à réagir de façon adaptée aux futures stimulations sensorielles.

Si le sommeil paradoxal apporte une stimulation fonctionnelle importante au cortex pendant l'enfance, il doit garder cette fonction toute la vie. En 1978, Jouvet a supposé que cette stimulation répétitive visait à maintenir des connexions spécifiques destinées à assurer l'encodage des comportements instinctifs de base. Le sommeil paradoxal constituerait une répétition dans l'utérus, puis pendant le sommeil post-natal, des nombreux mécanismes qui sous-tendent les comportements innés au cours de l'éveil. Il y aurait donc interaction entre le codage génétique de certains comportements instinctifs spécifiques de l'espèce et les événement de l'histoire personnelle. Le comportement onirique mis en évidence par l'expérimentation ne se fait pas au hasard; son organisation relève d'une information codée.

En 1986, Jouvet avait changé d'optique; il faisait jouer un rôle au sommeil paradoxal dans la «programmation génétique itérative» du cerveau. Les mouvements spontanés que l'on observe au cours du sommeil sismique signaleraient l'achèvement de la neurogenèse. L'apparition du sommeil paradoxal correspondrait à l'apparition d'un nouveau mode de programmation du système nerveux. Il existerait un rapport inverse entre la neurogenèse et le sommeil paradoxal, aussi bien pour l'individu que pour l'espèce. Au cours de l'évolution, la venue du sommeil paradoxal aurait coïncidée avec celle de l'homéothermie. Une neurogenèse persiste toute la vie chez les poïkilothermes tandis qu'elle a disparu chez les homéothermes. Le sommeil paradoxal se substituerait au sommeil sismique au fur et à mesure que la neurogenèse post-natale disparaît. Ce serait une autre façon de reprogrammer le capital génétique[3].

La neurogenèse, qui dépend d'une programmation génétique, est la gardienne de l'individuation psychologique. Si la neurogenèse se poursuivait au cours de la vie, elle pourrait continuer à assurer cette individuation. Mais elle disparaît pendant le mois qui suit la naissance. Jouvet a supposé qu'un nouveau système de programmation est apparu avec l'homéothermie. Le sommeil paradoxal serait le gardien de l'individuation du cerveau. Tout se passerait comme si, au cours du rêve, la trame génétique était tissée sur la chaîne épigénétique de l'individualité. Ce mécanisme pourrait déclencher au réveil des comportements pouvant rétablir ou supprimer certains circuits en fonction des événements. «Le rôle du sommeil paradoxal serait de maintenir les différences psychologiques entre les individus et de garantir, au moins chez l'homme, une certaine liberté par rapport à l'environnement socioculturel.»

4. LE RÊVE, LA MOTILITÉ OCULAIRE ET LE COGNITIVISME

L'état tant physiologique que psychologique de l'homme change davantage pendant le sommeil qu'au cours de la vie éveillée. Bien que partiellement coupé du monde extérieur, l'homme endormi connaît de petits bouleversements internes. On supposa que les variations les plus importantes observées au cours du sommeil MOR devaient correspondre à des manifestations cognitives et affectives en rapport avec l'onirisme. Ceux qui ont découvert les mouvements oculaires rapides ont imaginé qu'ils participaient à l'imagerie onirique. Selon cette «hypothèse du balayage», les sujets endormis bougeraient les yeux parce qu'ils observeraient l'action en train de se dérouler dans leur rêve. D'autres ont proposé une interprétation inverse : au lieu d'être engendrés par l'imagerie onirique, les mouvements oculaires s'intégreraient aux processus neurophysiologiques qui suscitent la création de cette imagerie. Les mouvements oculaires rapides ne semblent pas une condition indispensable à l'apparition des images oniriques puisque les aveugles de naissance ne montrent pas de MOR au cours de leur sommeil paradoxal et parce qu'on obtient des souvenirs de rêves durant des phases de sommeil dépourvues de motilité oculaire.

Foulkes a utilisé l'approche cognitive pour éclairer les mécanismes de production des rêves. Il a voulu faire correspondre aux deux phases du sommeil deux grandes catégories d'activité mentale. La présence de MOR témoignerait d'une intense activité mentale puisque imaginer une action se traduit par une activation électrique de la musculature correspondante. L'activité psychique associée aux MOR serait le rêve proprement dit tandis que les pensées du sommeil lent, dépourvues de MOR, seraient plus proches des pensées de la veille. L'activité oculaire correspondrait à l'expérience visuelle primaire et le repos oculaire à l'élaboration cognitive secondaire. Selon Foulkes, l'aspect visuel du rêve est secondaire par rapport à son aspect narratif. Les images sont produites en fonction d'une ligne narrative fabriquée par la mémoire à long terme.

Une difficulté est venue de la distinction proposée par Moruzzi entre phénomènes toniques (continuité d'un état de tension) et les phénomène phasiques (discontinuité du même état). Au cours de la phase de désynchronisation (celle du sommeil MOR) il existe des intervalles de repos oculaire sans activité électrique PGO. La phase MOR ne serait ni physiologiquement ni psychologiquement homogène. C'est dans ce contexte que Foulkes a voulu établir un parallélisme étroit entre processus neurophysiologiques et métapsychologie freudienne. Comme d'autres psychanalystes engagés dans cette voie, il finit par se dégager un sentiment d'arbitraire, voire de malaise.

5. LE CERVEAU EN TANT QUE MACHINE À RÊVER

Hobson, d'abord en compagnie de McCarley, a émis une théorie du rêve intitulée «hypothèse de l'activation-synthèse». Elle prétend battre en brèche la théorie freudienne du rêve en tant que réalisation d'un désir[4]. Le principe de base reste pourtant identique à celui de Freud : un «isomorphisme formel» entre le physiologique et le psychologique. Il s'agit essentiellement de savoir pourquoi telle forme particulière de représentation onirique a été choisie.

La première phase est celle de l'activation. Les structures du tronc cérébral cessent périodiquement de moduler l'activité cérébrale. A l'état de veille, ces neurones aminergiques analysent les stimulations, les intègrent et induisent des réponses appropriées. Parallèlement à cette cessation d'activité, le système réticulaire envoie les fameuses ondes PGO (ponto-géniculo-occipitales) associées aux MOR. Corrélativement, les signaux périphériques ne peuvent plus parvenir au système nerveux central et les sorties motrices se trouvent bloquées. En bref, le cerveau reçoit une activation qui n'est plus modulée. L'hallucination sensorimotrice caractérisant l'expérience onirique est le résultat direct et nécessaire de l'activation des circuits cérébraux.

Selon Hobson, le cerveau, lorsque il se trouve dans cet état, produit du sens. En fait, il se contente d'opérer une synthèse. Il fait de son mieux pour se conduire comme s'il était à l'état de veille. Il donne du sens aux hallucinations en se servant des souvenirs et des connaissances emmagasinées dans les réseaux de neurones stimulés en salves. Hobson s'oppose radicalement à Freud en soutenant que la plupart des rêves ne sont ni obscurs, ni expurgés, mais transparents et significatifs. Les conflits pulsionnels ne sont nullement déguisés.

Hobson se sent proche de Jung et rejette toute distinction entre contenu latent et contenu manifeste. Sa théorie ajoute du sens alors que la théorie analytique en soustrait. La bizarrerie du rêve vient d'une intégration imparfaite des données sensorimotrices autogénérées par le cerveau. Il n'est pas nécessaire de recourir à l'interprétation au moyen de l'association pour trouver le sens du rêve. Le conflit n'est qu'un facteur parmi d'autres dans la construction d'un scénario onirique[5].

En résumé, l'hypothèse de l'activation-synthèse s'oppose à la théorie analytique au sujet de la source d'énergie (interne et non externe), de la nature de l'énergie (neuronale, et non idéative), des aspects sensoriels (progressifs, et non régressifs), de la bizarrerie (primaire, et non secondaire, défensive), du sens (transparent, et non opaque), du conflit (incident, et non fondamental). Cette théorie, en voulant trop séduire, en devient simplette. Ce professeur de psychiatrie de Harvard a toutefois le mérite de nous faire réfléchir sur la forme, la structure du rêve. Nous avons vu dans la partie clinique qu'une tendance actuelle cherche à réhabiliter le contenu manifeste. Il a surtout le mérite de nous montrer que le modèle neurophysiologique de Freud nous met en porte en faux si on le prend au pied de la lettre et comme lettre d'évangile.

6. LE RÊVE ET LES BASSINS D'ATTRACTEURS

Tassin commence par distinguer deux grands ensembles neuronaux responsables du traitement de l'information. Un premier ensemble, les neurones effecteurs, serait plus particulièrement chargé du transfert de l'information. Cet ensemble comprendrait lui-même deux circuits primaires : l'un somato-sensoriel, centré sur le thalamus, l'autre neuro-végétatif et affectif, centré sur l'hypothalamus. Ces deux circuits, qui sont responsables des opérations mentales proprement dites, constituent les réseaux effecteurs. Ces opérations ne pourraient avoir lieu de façon cohérente sans l'intervention du second ensemble : le réseau modulateur. Ce réseau interrompt complètement son activité durant le sommeil MOR. A cette phase, les cellules thalamiques sont stimulées comme pendant la veille, mais l'activation n'est pas due à des afférences sensorielles. Cette activation provient des cellules en activité dans le circuit ponto-géniculo-occipital. Les images engendrées dépendent donc des mémoires qui se sont constituées lors de le veille. Autrement dit, le système nerveux central est entré dans un fonctionnement analogique.

Tassin a choisi de transposer aux réseaux neuroniques le comportement des molécules en interaction respective. D'après le modèle de Hopfield, les neurones tendent à s'organiser comme des structures cristallines dont l'organisation systémique comporte des sortes de mémoire. L'entrée répétée de la même information donne naissance à une mémoire. La quantité d'information, les mémoires, n'est limitée que par le nombre de neurones constituant le système. Si on présente au système une partie quelconque de la mémoire, il tend à un état stable avec restitution de la mémoire dans sa totalité. Chaque mémoire correspond à un état d'énergie minimum qui peut être considéré comme «un bassin d'attracteurs»; il attire vers une mémoire stockée toutes les informations proches de celle-ci et il les rend analogues à cette mémoire.

Les images du rêve seraient la traduction par le système nerveux central de la stimulation des différents bassins d'attracteurs formés pendant la veille. Le fonctionnement analogique permet d'obtenir une image complète à partir de la stimulation de quelques nœuds du réseau. L'existence d'éléments communs entre deux bassins permettrait d'expliquer le pourquoi d'associations qui paraîtraient incohérentes au réveil. Ces associations tirent leur cohérence de ce qu'elles reflètent des catégorisations communes réalisées à partir des données du monde extérieur. La mise en jeu relative de ces bassins au cours d'un rêve proviendrait soit de leur formation très ancienne (fixations infantiles), soit de leur stockage tout récent (restes diurnes). Tout est en place durant le sommeil MOR pour que ces bassins soient puissamment stimulés sans conséquence fâcheuse pour l'individu. A l'état de veille, les neurones modulatoires éviteraient que certains attracteurs, puissants mais inadaptés, soient mis en branle en faisant courir un danger.

J'ai tenu à exposer cette théorie malgré sa complexité car Tassin est l'un des rares neurophysiologistes français soucieux d'établir des liens entre sa discipline et la psychanalyse[6]. En outre, nous avons vu que la notion d'attracteurs occupe une place non négligeable dans la constitution et le fonctionnement de l'enveloppe psychique et du regard mental.

7. REMARQUES FINALES

La démarche dite scientifique, neurophysiologique pour l'essentiel, s'est davantage interrogée sur les effets du sommeil paradoxal que sur ses causes. Les diverses théories envisagent les avantages procurés par le fait d'entrer régulièrement, répétitivement, dans cet «état paradoxal» du cerveau. Elles ne peuvent définir le rapport entre cause et finalité qu'en postulant que le sommeil MOR entraîne une ligne de partage dans l'évolution phylogénétique et le développement ontogénétique.

Il semble au premier abord qu'un psychanalyste et un neurophysiologiste pourraient seulement engager un dialogue de sourds. Dans un cas, tout se passe avec les scénarios venus d'une autre scène. Dans l'autre cas, on tient compte seulement de l'excitation sélective du cerveau dans un organisme endormi. Dans les deux cas, tout survient à notre insu, car c'est l'inconscient ou le corps qui œuvrent, totalement coupés de la conscience, de la vie éveillée.

Au terme d'un panorama sur la neurophysiologie du rêve, j'insiste sur le fait que la théorie freudienne classique me paraît trop étriquée. Tout d'abord, dans la mesure où *L'esquisse* de Freud se basait sur un isomorphisme entre psychologique et physiologique, il conviendrait au moins de se tenir au courant des découvertes qui rendraient caducs certains présupposés de Freud. Il faudrait ensuite s'inspirer de la modestie de scientifiques comme Jouvet. Ils reconnaissent, après trente années de recherches qu'ils ne savent toujours pas bien à quoi le rêve peut servir. Cela contraste avec la suffisance de certains psychanalystes auxquels l'hégémonie de la psychanalyse dans les sciences humaines à une certaine époque a pu donner des œillères ou tourner la tête.

Les résultats des recherches scientifiques confirment mon sentiment sur la nécessité d'élargir les fonctions du rêve. Il n'est pas question de remettre radicalement en question le rêve comme gardien du sommeil ou du rêve en tant que réalisation de désir, mais de relativiser ces hypothèses. Les fonctions du rêve évoluent à mesure que l'âge avance, du fœtus au vieillard, même si la fonction onirique atteint probablement son apogée au milieu de la vie — l'âge auquel Freud entreprit son auto-analyse à partir de certains de ses rêves.

Les diverses théories scientifiques sur le sommeil MOR amènent à penser qu'il remplit plusieurs fonctions.
- Une fonction dynamogène. Il se comporte comme un activateur endogène de croissance et d'organisation des réseaux neuronaux. En se substituant aux informations sensorielles fournies par la vie éveillée, il contribue à l'entretien et à l'harmonisation de ces réseaux.

- Une fonction adaptative. Il intervient dans l'apprentissage et le désapprentissage, la mémoire et l'oubli. La vie éveillée ne suffit pas à faire

face aux périodes d'évolution importante; le retour à des mécanismes dépassés, mais restés fonctionnels, facilite le fonctionnent instinctif et mental. Le fossé n'est plus très grand lorsque on envisage un rôle des rêves lors de stress, de tensions affectives intenses.
– Une fonction cognitive. Elle est implicite lorsque on parle de facilitation de certains apprentissages, de reprogrammation génétique ou d'héritage archaïque. On admet que la vie onirique peut aider l'homme à connaître sa variabilité psychologique au sein d'une population aussi bien que ce qui est psychiquement inné. J'ajoute, après tant d'autres, que le travail du rêve peut préparer, ou devenir, un travail de création — un bricolage mental complémentaire des opérations rationnelles de la science.

Un courant cognitiviste parcourt les sciences humaines depuis plusieurs décennies tandis que le paradigme des neurosciences cherche à s'imposer à la psychiatrie. Il pourrait s'établir des zones de passage entre l'étude du sommeil paradoxal et celle du rêve. Les rêves faits en laboratoire ressemblent-ils aux rêves que l'humanité a gardé en mémoire, intégré dans ses cultures? Il s'agit de passer des images résultant de l'activation parfois stochastiques de divers centres cérébraux à des images mentales, c'est-à-dire investies de sens et à des scénarios. Le rêve, en tant que sujet d'étude, existe seulement lorsqu'il est raconté. Cela confirme l'intérêt d'étudier la narration lors du développement du jeune enfant. Daniel Stern s'est notamment attaché aux rapports entre représentation et narration[7]. Nous allons voir que toutes ces questions ont amené un renouvellement dans les approches.

NOTES

[1] Je renvoie à Jouvet et à Debru pour les références bilbliographiques. Mais la meilleure présentation d'ensemble se trouve dans une thèse remarquablement docmentée :
TRABACH-VALADIER, C., *Les fonctions du rêve. A propos de la neurophysiologie du sommeil paradoxal*, thèse de médecine de Lyon, 1988.
La seule réserve, comme pour Debru, tient à la part un peu trop belle faite à Jouvet.
[2] Toolas (Norvège) et Ulman (Etats-Unis) se sont demandés ce que devenait l'hypothèse de la fonction sentinelle dans nos sociétés actuelles. Ils sont passés de l'effet du sommeil paradoxal au contenu onirique. Le rêveur conserve la capacité de s'éveiller devant la menace présente dans le rêve.
[3] JOUVET, M., *Le sommeil et le rêve*, Paris, Editions Odile Jacob, 1992, p. 139-140, 166, 191.
[4] Ces deux auteurs ont commencé par faire une redoutable revue critique du modèle neurobiologique proposé par Freud en 1895 (*De l'esquisse d'une psychologie scientifique*).

McCarley, R., Hobson, J.A., «The neurobiological origins of Psychanalytic Dream Theory», *Am. J. Psychiatry*, 1977, *11*, 1211.
Ils ont beau jeu pour montrer que ce modèle reposait sur des données physiologiques erronées. Ils ont insisté notamment sur l'absence de neurones inhibiteurs et sur l'absence d'activité autogénérée dans les systèmes de neurones.
Dix ans plus tard, Hobson a repris seul l'ensemble de la question :
Hobson, J.A., *The Dreaming Brain*, New York, Basic Books, 1988 (trad. franç. *Le cerveau rêvant*, Paris, Gallimard, 1992).

[5] On ne peut éviter de se demander, si la théorie de Hobson était exacte, à quoi ont bien pu servir les milliers et les milliers de séances thérapeutiques consacrées à l'interprétation des rêves. Hobson a rapporté un exemple personnel de rêve dans lequel il voit Mozart en train de jouer un concerto sur un vieux clavecin. L'interprétation de ce professeur de psychiatrie à Harvard montre que, tout en restant un conjoint attentionné, on peut mettre en acte des aspects narcissiques méconnus d'un rêve.

[6] Tassin, J.-P., «Peut-on trouver un lien entre l'inconscient et les connaissances actuelles en neurobiologie?», *Neuro-psy*, 1989, **8**, 421.

[7] Ammaniti, M., Stern, D.N. (sous la direction de), *Rappresentazioni et narrazioni*, Roma, Laterza, 1991.
Par ailleurs, un travail récent a cherché ce qui différencie, dans sa forme même, la narration de l'expérence onirique dans la littérature moderne. L'idée de base est que la matière onirique impose un tour particulier au récit.
Gollut, J.-D., *Conter les rêves*, Paris, José Corti, 1993.

Chapitre 4
Le renouvellement des approches

J'ai été séduit par le livre de Dement, scientifique américain du rêve ; Il a eu l'heureuse intuition de parsemer son texte de dessins de Picasso sur les «veilleurs du sommeil» (selon l'expression de Leo Steinberg)[1]. Dement suggère ainsi que Picasso a su exprimer la subtile sensation de crainte et de mystère qui saisit le chercheur devant la «mort brève» du sommeil. Il ajoute malicieusement : Un autre thème qui doit l'avoir intrigué est l'éternelle question : «Rêve-t-elle de moi?» C'est probablement avec cette question enfouie en lui que son collègue français Jouvet, au terme de sa carrière professionnelle, s'est mis à écrire un roman semi-autobiographique sur la passion onirologique. Le dernier feuillet adressé par le héros à sa dernière compagne déclare : «Ce qui me rêve et moi, nous te désirons plus que tout...[2]»

1. LES LIMITES DE LA NEUROPHYSIOLOGIE

«Il est bien évident que toute connaissance nouvelle contribue à détruire les concepts fondateurs sur lesquels elle s'est appuyée au départ. C'est pourquoi...le développement des neurosciences a laissé derrière lui les ruines des fondations sur lesquelles la neurophysiologie du cycle éveil-sommeil s'était établie» (Jouvet, 1992, p. 209). On avait admis pendant plusieurs décennies que les destructions de la formation réticulée mésencéphalique (ou de l'hypothalamus postérieur) était responsable de l'éveil. On constatait que leur destruction entraînait un coma prolongé. Il est devenu possible à partir de 1983 d'opérer une destruction plus fine, portant seulement sur les corps cellulaires. On n'a plus obtenu de troubles de l'éveil. Dans le passé, le coma était dû à l'interruption des nombreuses voies montant du tronc cérébral ou descendant du cortex. On sait maintenant que plusieurs systèmes redondants, reliés entre eux, assurent l'éveil.

Debru a établi, grâce à sa double formation de philosophe et de scientifique, que la démonstration de la causalité en physiologie comportait un enjeu «philosophique». Il est apparu que l'agencement de processus périodiques dépend de l'interaction de plusieurs facteurs. «Il ne suffit donc pas de rechercher la cause du sommeil paradoxal, il faut envisager plutôt le système des causes qui président à l'engendrement séquentiel des trois états de vigilance» (DEBRU, 1990, p. 191). Si tel groupe de neurones était actif pendant l'éveil et inactif pendant le sommeil ou le rêve, on devrait en conclure que ces neurones étaient «responsables synchroniquement» de l'éveil. En fait, il se peut qu'ils agissent seulement pendant l'éveil pour induire l'enchaînement en cascade de processus qui conduiront au sommeil et aux rêves. «La complexité de plus en plus grande de l'organisation cérébrale a rendu caduc le concept de condition nécessaire et suffisante à l'apparition d'un état de vigilance... il n'y a pas de véritable cause au sommeil et aux rêves, mais une constellation de conditions suffisantes qui doivent être toutes présentes» (Jouvet, 1992, p. 210-211).

La physiologie étudie les fonctions des êtres vivants. En faisant varier les paramètres, elle a pu comprendre les diverses régulations qui s'exercent sur elles parce qu'elles ont un but fonctionnel évident : respirer, voir, se nourrir, se reproduire, etc. Par contre, ceux qui se sont consacrés au rêve ont dû reconnaître, après trente années de recherches, qu'ils ne savent pas toujours à quoi peut servir le rêve. «Mais pourquoi l'évolution nous a-t-elle construit un cerveau qui périodiquement, au cours du sommeil, est soumis à une machinerie qui délivre des images fantasques, paralyse notre tonus musculaire, supprime la plupart des régulations homéostatiques et déclenche une érection?» (JOUVET, *op. cit.*, p. 212).

Les chercheurs se sont aperçu qu'ils avaient négligé de définir ce qui pouvait être qualifié de rêve. Les scientifiques sont logés à la même enseigne que les psychanalystes puisque ce qu'ils apprennent à dénommer «rêve» provient des expériences subjectives qu'ils ont pu vivre en dormant et de la façon dont ils les ont élaborées à leur réveil. Le pourcentage de rêves obtenu dépend de la définition du rêve. En 1967, Dement définissait comme rêve «toute activité mentale pendant le sommeil». Le rêve comporterait des images polysensorielles nettes, une suite d'événements et un sentiment de réalité.³ A la suite de Foulkes, on a eu tendance à accepter comme souvenir onirique tous les récits révélant une activité mentale. Ce chercheur est arrivé au pourcentage le plus élevé en demandant au sujet : «Avez-vous pensé à quelque chose?» au lieu de : «Etiez-vous en train de rêver?»

2. L'ÉTUDE GÉNÉTIQUE DE LA VIE ONIRIQUE

Une des surprises du psychiatre ou du psychologue d'adultes est de constater, lorsqu'il lui arrive de s'occuper d'enfants, le peu de place laissée aux rêves dans leur vie consciente. La psychologie génétique, en faisant appel à des méthodes et des disciplines variées, nous a fourni un embryon de réponse sur ce décalage entre adultes et enfants. La psychologie génétique s'est intéressée au développement de la vie onirique dans la mesure où cette dernière fait partie de la représentation mentale. Piaget s'inspira de Lévy-Bruhl (que nous retrouverons dans le dernier chapitre) tout en étant au fait de la psychanalyse⁴.

Piaget, après s'être consacré à la pensée rationnelle — mise en jeu par «la logicisation et la mathématisation naissantes du réel» — s'est tourné vers la «pensée intuitive ou représentative ou imagée». Il décida d'envisager sa propre genèse au lieu de la considérer comme une étape finalement insérée dans le cadre des opérations abstraites. La représentation imagée conserve sa vie propre comme dans le jeu, l'imitation, la pensée symbolique, etc. La pensée représentative se situe entre les deux étapes extrêmes du sensorimoteur et de l'opératoire.

Piaget a soutenu deux thèses essentielles quant à formation de la «pensée symbolique». Selon la première, on peut suivre de façon continue la passage de l'assimilation et de l'accommodation sensorimotrices (déterminantes pour les formes primitives, préverbales, de l'intelligence) à l'assimilation et l'accommodation mentales, caractéristiques de la pensée représentative. Selon la seconde, les diverses formes de représentation interagissent. La représentation se constitue au moment où l'on imite un modèle absent, ou l'imitation s'intériorise. La fonction symbolique est le mécanisme commun aux différents systèmes de représentations.

Piaget a distingué trois stades développementaux pour les rêves en fonction de l'origine, du lieu, de l'organe et de la raison que l'enfant leur attribue. Durant le premier stade (5-6 ans), l'enfant croit que le rêve vient du dehors et reste extérieur. Au cours du second stade (7-8 ans), l'enfant est persuadé que le rêve vient de lui, tout en lui étant extérieur. Enfin, lors du troisième stade (9-10 ans), l'enfant se dit que le rêve vient de la pensée, qu'il vient du dedans et qu'il reste au dedans.

Piaget a conclu à l'existence d'un parallélisme entre les représentations des enfants relatives aux noms et à la pensée et les représentations relatives aux rêves (selon la date à laquelle disparaît la confusion entre l'objet mental et la chose qu'il représente, celle entre l'interne et l'externe, celle entre la pensée et la matière). Ce serait seulement vers 11 ans que l'enfant comprendrait définitivement que le rêve n'est pas une image matérielle, mais simplement une pensée. A l'opposé, les premiers rêves incontestables seraient apparus vers 2 ans chez les enfants observés.

La fonction que j'attribue au regard mental me paraît compatible avec les considérations de Piaget sur la «fonction symbolique». N'a-t-il pas constaté combien le rêve enfantin prolonge en un sens le jeu symbolique, sous ses formes aussi bien primaires que secondaires?» (*La formation du symbole chez l'enfant*, p. 187). Il conviendrait cependant d'élargir son propos lorsqu'il limite l'assimilation élémentaire à la coordination entre les univers hétérogènes dont l'un est visuel, les autres tactiles, kinesthésiques, etc. (*op. cit.*, p. 214). En effet, en deçà de l'assimilation des schèmes visuels et tactilo-kinesthésiques, il faut tenir compte du regard mental qui mentalise l'opération.

3. VISION ET IMAGERIE MENTALE

Certains chercheurs ont utilisé l'approche cognitiviste pour éclairer les mécanismes de production du rêve, tout en s'appuyant sur les résultats de la neurophysiologie. Ils espèrent montrer comment le cerveau, à partir de l'activité visuelle primaire, fabrique les images du rêve et comment il les organise en un scénario. Nous avons vu la conception de Foulkes et celle de Hobson. J'évoquerai auparavant tout le champ de recherches scientifiques, et les débats philosophiques qui les ont précédés et les accompagnent, sur la psychophysiologie de la vision d'une part, sur l'imagerie mentale d'autre part. Ce qu'il est convenu d'appeler «le débat sur l'imagerie» oppose deux groupes de théories : celui pour lequel les images mentales sont semblables à des images de la réalité externe — des reproductions plus ou moins exactes — et celui pour lequel elles ne sont que des descriptions linguistiques[5].

Certains ont renouvelé la thèse selon laquelle les images mentales reproduisent la réalité externe en utilisant le modèle de l'ordinateur. Elles seraient analogues aux images projetées sur le tube cathodique après matérialisation des informations venues de l'ordinateur. Les technologies récentes nous laissent le choix plus sophistiqué entre la lecture d'une photo ou d'un dessin par un scanner et la création d'images de synthèse. Même produite à partir d'informations codées, l'image mentale fonctionnerait comme une reproduction; elle serait une «quasi reproduction[6]». L'image mentale pourrait être produite selon un principe identique à celui qui permet à l'image formée sur la rétine d'être reconstruite sur le cortex cérébral. Ce qui importe, c'est que chaque portion de la représentation reproduise une portion de l'objet extérieur. Les image mentales doivent donc exister dans un milieu qui puisse servir d'espace, qu'il ait une qualité analogue à celui de l'espace de perception.

A l'inverse, d'autres cognitivistes considèrent les images mentales comme des descriptions structurales — à savoir des représentations par des complexes linguistiques. Les parties sémantiques représentent alors les parties, les propriétés et les relations spatiales des objets. Cette thèse, apparemment plus éloignée du vécu de chacun, serait moins crédible si la pensée verbale ne faisait suite à la pensée visuelle, si nous pouvions échanger au sujet des images mentales autrement que par des mots. Les images mentales sont loin de ressembler à des reproductions photographiques ou cinématographiques lorsque on compare le souvenir de témoins d'un même événement. Les différences sont peut être encore plus marquées en passant du souvenir, de la rêverie au rêve. Enfin, rien n'empêche de concevoir, comme cela se passe pour la physique quantique, que les deux théories coexistent : les images mentales seraient tantôt des quasi reproductions, tantôt des descriptions linguistiques.

L'intérêt pour les rêves amène à prendre le parti de ceux qui ont insisté sur le rôle de l'imagerie mentale dans la vie psychologique. L'école kleinienne a fait en quelque sorte œuvre de «psychologie génétique». Il est significatif que, dans ses premiers travaux, Klein ait établi une certaine équivalence entre imago et objet intériorisé, qu'elle ait parfois retrouvé l'origine jungienne de l'imago. De même, l'épistémologie de Bion relève d'un projet voisin de celui de Piaget : la psychanalyse, ou la psychologie, se situerait entre la biologie et les mathématiques. Par ailleurs, les notions de Moi-peau et d'enveloppe psychique viennent en droite ligne de la psychologie de la forme, du gestaltisme. Nous avons vu que je prends parti en faveur d'une image mentale comportant une signification, pour la différenciation des dimensions figuratives et opératoires dans la pensée, et même pour une pensée en images[7].

NOTES

[1] DEMENT, W., *Some Must Watch while Some Must Sleep* (trad. franç. *Dormir, rêver*, Paris, Editions du Seuil, 1981). Le titre anglais fait écho à la série de dessins que Dement a rebaptisé : Le dormeur observé. Je ne pense pas que le hasard ait fait choisir pour la jaquette du *Vocabulaire de la psychanalyse* un des dessins illustrant le livre de Dement.

[2] JOUVET, M., *Le château des songes*, Paris, Editions Odile Jacob, 1992.

[3] DEMENT, W.C., «La psychophysiologie du rêve» in CAILLOIS, R., et VON GRUNEBAUM, G., *op. cit.*

[4] PIAGET, J., (1945), *La formation du symbole chez l'enfant*, Neufchâtel, Delachaux et Niestlé, 1978.

PIAGET, J., (1947), *La représentation du monde chez l'enfant*, Paris, PUF, 1972.

[5] De l'immense bibliographie, je n'ai retenu qu'un ouvrage clair, sinon simple, bien documenté et récent :

TYE, M., *The imagery debate*, Cambridge M.A., A Bradford Book, 1991.

[6] Nous pouvons également adapter l'argumentation dans la mesure où l'anglais dispose pour la même notion de *image* et de *picture*, bien que chacun des termes ne s'accompagne pas tout à fait des mêmes prolongements.

[7] On peut trouver une bonne introduction à ces débats dans les ouvrages suivants :

DENIS, M., *Les images mentales*, Paris, PUF, 1979.

DENIS, M., *Image et cognition*, Paris, PUF, 1989.

LAMEYRE, X., *L'imagerie mentale*, Paris, PUF, 1993.

Chapitre 5
La psychanalyse et ses métissages

Freud reste, pour la psychanalyse, le principal occupant de la demeure. Il adressa en 1932 de nouvelles conférences à un auditoire imaginaire. Il l'invitait après une interruption de plus d'une quinzaine d'années, à tourner tout d'abord son attention vers la «science des rêves». Il estimait que la psychanalyse n'avait fourni «aucune doctrine plus marquante, plus originale que celle des rêves...» Freud mettait aussitôt son auditoire en garde contre le risque, après avoir lu *L'interprétation des rêves*, de trahir chaque ligne par son incompréhension. Il faudrait comprendre le texte à la lettre pour pouvoir interpréter les rêves. Mais, juste avant, il nous incitait implicitement à aller de l'avant. «Les analystes se comportent comme s'ils n'avaient plus rien à nous apprendre, comme si la science du rêve avait dit son dernier mot.» Nous avons à suivre l'exemple de Freud lui-même, non pas ânonner ses Conférences, mais les réviser et les compléter.

1. RÉCAPITULATION POST-KLEINIENNE

Si ce qu'écrivait Freud en 1932 sur sa démarche clinique garde tout son intérêt, son point de vue sur la fonction du rêve m'apparaît comme particulier et limité. Il ne me semble plus possible à soixante ans de distance d'envisager seulement le rêve comme le gardien du sommeil. Selon Freud, le rêve produit un compromis pour favoriser le désir de dormir; il y parvient en supprimant les excitations propres à troubler le sommeil et en offrant l'occasion à un désir de se satisfaire sur le mode hallucinatoire. En se cramponnant à sa théorie du rêve comme gardien du sommeil, Freud en était venu à déclarer «que les rêves qui ont le mieux rempli leur fonction sont ceux-là mêmes dont on ne se sait que dire au réveil» (F., 1925, p. 42). Il m'est arrivé de rencontrer cette opinion, sous sa forme extrême, chez des patients psychotiques stabilisés ou des psychosomatiques qui réclamaient un médicament pour barrer la conscience au rêve.

«Vous avez compris que le rêve est une production pathologique...L'inoffensive psychose du rêve est un renoncement momentané, consciemment voulu, au monde extérieur» (F., 1932, p. 23-24). Tout porte à controverse dans ces propos. Nous ne pouvons nous priver durablement de sommeil et tout sommeil naturel laisse place à de l'onirisme. Nous ne renonçons jamais volontairement au monde extérieur, si ce n'est par la prise de médicament ou de drogue. Nous sommes rêvés, bien plus que nous rêvons, mais nous pouvons consciemment intégrer à notre psyché ce qu'elle a nous engendré durant la nuit. Je ne puis considérer le rêve comme une production pathologique, fut-ce une inoffensive psychose. Le rêve n'est pas seulement un compromis, l'équivalent d'un symptôme névrotique.

Le travail du rêve participe aussi à l'élaboration psychique. Non seulement il accomplit un travail en vue de maîtriser les excitations qui lui parviennent, mais il se livre aussi à une préparation pouvant conduire à la résolution d'un conflit. Or cette sorte de perlaboration fait presque complètement défaut dans la psychose. Un patient ne peut faire des rêves du genre de ceux rapportés par Freud tant que son moi fonctionne avec des équations symboliques. Le rêve n'est pas construit de la même manière chez le névrosé que chez le cas limite, le psychotique ou le psychosomatique et il n'exerce pas la même fonction. Freud aurait dû distinguer, sinon des rêves normaux et pathologiques, du moins des types de rêves selon leur degré d'évolution.

Qu'entraîne la séparation volontaire d'avec le monde extérieur selon Freud? «En premier lieu la possibilité pour l'appareil psychique de laisser agir en lui-même des modes anciens et primitifs de travail [psychique]» (F., 1932, p. 27-28). Freud a malheureusement réduit le rêve au retour d'un mode de fonctionnement primaire qui avait été banni de la vie éveillée à cause de son inefficacité. Il refusait toute intentionnalité communicative et toute créativité au rêve. Comment soutenir que «la plus grande et la meilleure part de ce que nous savons des processus se déroulant dans les couches inconscientes de l'âme provient de l'interprétation des rêves «si l'on considère seulement le rêve comme «un morceau d'activité fantasmatique au service de la sauvegarde du sommeil»? Comment priver le sommeil de sa communication à autrui alors que l'analyste reçoit ce récit comme «une confidence particulière? Comment déclarer que le rêve «n'imagine rien qui lui soit propre, qu'il ne juge pas, ne conclut pas» (F., 1901, p. 77) tandis que bon nombre de rêves sont «comparables à des œuvres littéraires bien réussies et retravaillées avec art...» (F., 1923, 81)?

Freud avait ramené l'activité intellectuelle durant l'onirisme à une simple reprise alors que les procédés de parodie, de pastiche, de pot pourri, de jeux d'esprit concédés aux rêves nécessitent de la créativité. Il n'en avait pas moins laissé la possibilité d'une bascule dans sa théorie. Il avait déclaré dès le départ : «Le rêve n'est, au fond, qu'une forme particulière de pensée que permettent les conditions propres à l'état de sommeil... Le fait que le rêve cherche à résoudre les problèmes qui se sont présentés à notre vie mentale n'est pas plus étrange à résoudre que le fait que notre vie inconsciente d'éveil cherche à résoudre les mêmes problèmes.» (F., 1900, 431n). Après s'être engagé dans la deuxième topique, Freud a conservé cette possibilité : «On oublie trop facilement qu'un rêve n'est le plus souvent qu'une pensée comme une autre rendue possible par le relâchement de la censure et le renforcement inconscient» (F., 1925, 82).

Freud a consacré à «La régression» de très nombreux paragraphes dans le chapitre VII de la *Traumdeutung*. Il a insisté dans toute son œuvre sur le fait que les états primitifs de l'enfance, et même de l'humanité, peuvent toujours être restaurés en nous. «Le psychisme primitif est, au sens plein, impérissable» (F., 1915, p. 232). C'est la capacité pour l'excitation de faire retour en sens inverse le long des systèmes psychiques, pour le sujet de repasser à des modes d'expression ou des stades dépassés du développement. La multiplicité des stades et des modes justifie l'emploi du pluriel pour «fonctions du rêve», car je retiens ce maître mot pour les comprendre. Lors des controverses constitutives de l'école kleinienne, la notion de régression fut l'un des quatre sujets débattus. La notion fut révisée de façon à la mettre en accord avec le point de vue sur la dualité des pulsions, à établir que la croissance ou un état pathologique réalise un compromis entre progression et régression.

Avec Bion et les post-kleiniens, il nous faut réactualiser la notion pour tenir compte de la pulsion épistémophilique, du désir de connaître. Bref, la régression peut porter aussi sur la forme du fonctionnement, car ce qui est le plus ancien dans le temps devrait être également le plus primitif dans sa forme. La succession des étapes relationnelles parcourues par un individu se double d'une succession de hiérarchies entre les structures et les fonctions mentales. J'entends la régression comme une remise en jeu de ce qui a été acquis au cours du développement, non seulement les pulsions libidinales et agressives, mais aussi les sublimations, les processus de pensée. Parler de régression pour le rêve signifie que le sujet retrouve des modes d'expression, de communication et de pensée, mais aussi des manières d'être du soi et du moi ainsi que des types de relations à l'objet.

La ressemblance, première fondation de toute construction du rêve selon Freud, provient de la capacité régressive conservée par l'appareil psychique d'utiliser conjointement l'identification et la projection. Bégoin estime que ce mode primitif de communication permet aux parties infantiles du soi d'exprimer et de représenter les situations émotionnelles les plus diverses. Il propose de retourner l'équivalence posée par Klein entre le jeu de l'enfant en analyse et les associations verbales de l'adulte. Nous pourrions envisager les rêves de l'adulte en analyse comme des jeux développés par les structures infantiles de la personnalité[1]. Les reproductions holographiques nous aident à comprendre comment l'expérience onirique peut offrir à la pensée verbale une polysémie au réveil, après avoir combiné des images prises avec des points de vue différents.

L'esprit ne grandit pas en abandonnant un point de vue pour un autre — celui du plaisir pour celui de la réalité, le schizo-paranoïde pour le dépressif par exemple — mais par l'acquisition de la réversibilité, la possibilité de faire coexister créativement deux points de vue logiquement inconciliables grâce à des permutations. L'objet partiel, tout en n'étant partie d'aucun objet, continue d'exister, adossé à l'objet total après l'avènement de la position dépressive. Le fantasme de peau commune avec mère n'évolue pas vers l'arrachage comme le soutient Anzieu. Lorsque le regard mental différencie l'étayage sur la peau, l'enfant peut séparer et individualiser son soi de celui de sa mère ; mais il peut toujours redevenir siamois dans son fantasme, parfois partagé, grâce à un changement de perspective qui fait retrouver l'identification adhésive.

L'apparition de la pensée visuelle fait franchir une étape décisive à l'onirisme puisqu'elle va de pair avec l'apparition de la position dépressive et de la situation œdipienne. Elle participe à une présymbolisation pour compenser la séparation du soi de l'enfant et du moi de la mère, entre l'utilisation d'une symbolique innée et la symbolisation proprement dite acquise par un travail de deuil. Plus tard, l'onirisme réélaboré par le langage verbal, parachève la production et le fonctionnement du préconscient. C'est alors seulement que le rêve a aussi pour fonction l'accomplissement d'un désir.

La théorie de la pensée, puis la théorie de la connaissance présentées par Bion m'amènent à considérer le rêve comme un gardien accessoire du sommeil. Celui-ci relève essentiellement d'un déterminisme neurophysiologique et nous pourrions inverser la proposition, comme le suggère Jouvet, pour dire : nous rêvons parce que nous dormons, et non l'inverse. Le rêve n'accomplit un désir que pour une problématique névrotique. Cette fonction particulière est cultivée et entretenue par la situation psychothérapique. L'analyse du rêve s'achève lorsqu'elle fait apparaître une formulation susceptible d'être interprétée ; le contenu aura un sens pour le sujet. Le rêve exerce bien d'autre fonctions, en deçà et au-delà de l'accomplissement d'un désir.

Revenons à l'ambiguïté de Freud lorsqu'il envisageait le rêve comme un prototype normal d'affections pathologiques. Nous pouvons maintenant séparer en deux les composants de l'ambiguïté. De même que les états pathologiques se conçoivent autant dans leurs mouvements progressifs que régressifs, le rêve comme le deuil ou l'état amoureux peuvent être source de régression pathologique aussi bien que de progression salutaire. La situation analytique classique tend à considérer seulement l'apport du rêve pour la compréhension de la pathologie. Nous redécouvrons, en élargissant le champ de la psychanalyse classique, d'autres fonctions au rêve.

«Notre théorie voit agir dans la formation du rêve des modes de pensée *primitifs*, réprimés pendant le jour» (F., 1900, p. 503). Je suggère de prendre ce propos à la lettre et de le faire travailler. Plus il a avancé en âge, plus Freud a lié la persistance du passé infantile à celui de l'humanité. Il a reconnu à sa manière l'importance des stades très précoces du développement mental que les post-kleiniens ont théorisés. Il me semble que l'onirisme, en raison de la prématuration relative du nourrisson, participe tout d'abord à la mise en œuvre d'un programme neurophysiologique d'individuation. Les préconceptions innées de Bion, la connaissance innée du pénis et du vagin selon Klein vont dans ce sens. Un enrichissement cognitif s'ajoute au patrimoine génétique lors du développement post-natal. Le psychisme est modifié au fur et à mesure qu'il acquiert la capacité d'organiser son expérience individuelle et de la penser en se créant une identité psychologique.

Je me demande si la pensée proprement dite ne s'est d'abord pas étayée sur l'onirisme, présent chez de nombreuses espèces animales. L'activité onirique aurait permis à l'être humain en train de se doter du langage une première réflexion, un retour du soi sur lui-même grâce au regard mental. Bion a conçu l'étayage de la pensée sur l'appareil digestif comme une métabolisation, une préparation à l'assimilation. Une fois métabolisés, certains contenus d'un organisme vivant arrivent peu à peu à faire partie d'un autre organisme vivant. L'ambiguïté existe pour l'aliment dans la bouche, avant qu'il ne soit trituré, ainsi que pour la langue au cours des activités auto-érotiques ou pour les aliments en boucle dans le mérycisme. Appartiennent-ils encore au monde extérieur ou font-ils déjà partie de l'être qui les a pris en bouche ? La rêverie maternelle vient envelopper l'étayage sur la digestion puisque la mère est censée « digérer » émotionellement et cognitivement l'excès d'éléments bêta. L'onirisme et le regard mental, qui assurent la jonction des images orales avec la pensée, permettent le passage de l'activité programmée au devenir créatif, au paradoxe transitionnel de Winnicott.

2. EXTRAPOLATIONS HYBRIDES POUR LE FŒTUS ET LE NOUVEAU-NÉ

Dans la *Traumdeutung*, Freud était convaincu que le rêve entraîne un retour du rêveur à son passé le plus ancien. Derrière cette enfance individuelle, il entrevoyait l'enfance phylogénétique. Il avait rappelé les paroles de Nietzsche : « dans le rêve se perpétue une époque primitive de l'humanité que nous ne pourrions plus guère atteindre par voie directe ». Par conséquent, cela nous laisse l'espoir de connaître un jour, par l'analyse des rêves, « l'héritage archaïque de l'homme, de découvrir ce qui est psychiquement inné » (F., 1900, p. 467). Cet espoir s'est décuplé depuis qu'il s'est déplacé vers l'onirisme fœtal, qui paraît à même de jeter un pont entre l'héritage humain archaïque et le contenu courant des rêves de l'adulte.

Selon Freud, un grand nombre de rêves, souvent angoissants, tels que ceux où l'on passe par des couloirs étroits, où l'on séjourne dans l'eau, reposeraient sur des fantasmes de vie intra-utérine, de séjour dans le corps de la mère ou de l'acte qui y mettre fin. La base la plus profonde de la croyance en une survie après la mort ne serait qu'une projection dans l'avenir de notre étrange vie prénatale (F., 1900, p. 344n). Le rêve qu'il a donné en exemple prête à sourire puisqu'il s'agit d'une élucubration tardive : un jeune homme aurait imaginé utiliser le séjour intra-utérin pour observer les relations des parents (F., 1900, p. 343). Nous pouvons de nos jours mieux approcher cette étrange familiarité en combinant des constructions contre-transférentielles provenant de psychothérapies et des données de l'observation, subjectives et objectives, du nouveau-né et du nourrisson. S'il y aura un jour une «psychiatrie du fœtus», elle sera la conséquence de la surveillance échographique de toutes les grossesses, le progrès technique ayant remodelé nos croyances ancestrales sur le vécu intra-utérin.

La dernière partie de l'œuvre de Bion est émaillée de variations sur «la césure dans l'acte de naissance». Selon cette expression empruntée à Freud, la vie intra-utérine et la première enfance seraient bien plus en continuité que ne le laisserait croire la séparation radicale provoquée par la naissance. Puisque Haeckel, le célèbre naturaliste allemand du siècle passé, avait retrouvé dans le corps des vestiges embryologiques des organes sensoriels, l'analyste devrait reconnaître dans l'esprit humain des vestiges fœtaux d'une activité psychosensorielle. Il devrait y avoir aussi une plus grande continuité entre les émotions et les pensées que la naissance sépare. Surviennent parfois dans le cabinet de l'analyste des événements qui inspirent des sentiments aussi intenses qu'informes. Le praticien est tenté de les qualifier en recourant à la neurophysiologie; Bion, par exemple, a parlé de «sentiments thalamiques ou sous-thalamiques».

Bien plus troublantes se révèlent certaines constructions actuelles à partir de vécus contre-tranférentiels limites, psychosomatiques ou hypocondriaques dont l'élaboration, sans rapport direct avec le matériel clinique, débouche sur un scénario fantasmatique de vie intra-utérine. Voici l'exemple typique fourni par Morgan, une psychanalyste californienne[2]. Elle reçoit trois fois par semaine en face-à-face Mme P. L'analyste ressent des sensations de vertiges dès les premières séances. Elle se dit qu'elle pourrait finir par basculer de son siège. Le vertige disparaît après la séance. L'analyste remarque ensuite une sensation de brûlure dans ses yeux, ainsi que des céphalées intermittentes. A d'autres moments, elle a l'impression de ne pouvoir inspirer suffisamment d'air. Au fil des semaines, l'analyste commence à se faire du souci pour sa santé. Ne ressent-elle pas les premiers symptômes d'une tumeur cérébrale? Elle arrive heureusement à se demander si Mme P. ne serait pas en train de s'installer en force dans l'espace de sa tête, d'y introduire quelque chose.

L'analyste a fini par transformer les sensations en un fantasme. Sa rêverie concerne un fœtus qui flotte dans la matrice sans être gêné par la gravité, sans que le fait de se renverser ne produise de vertige. Cette matrice imaginaire se peuple peu à peu jusqu'à donner la conviction à l'analyste que Mme P. avait partagé la cavité utérine avec d'autres fœtus, mais qu'elle fut la seule à survivre. Cependant, cette fantaisie ne peut trouver d'appui ni dans le matériel manifeste, ni dans l'histoire de Mme

P. Pourtant, cette fantaisie continue de hanter l'analyste après six ans de thérapie. Au cours des premières séances, Mme P. avait apporté à son analyste un cauchemar, qu'elle datait de ses vingt-deux mois. (Mme P. que son QI situait en génie, s'était spécialisée dans un secteur de la médecine néonatale). Elle avait rêvé que de petits hommes marchaient sur son dos. Elle s'était imaginée par la suite que le chat avait dû se glisser dans son berceau. L'analyste s'était interrogée sur le sens de cette offre onirique et sur la raison qui avait fait conserver ce souvenir (écran ?) toute la vie.

Nous ne connaîtrons jamais le fin mot sur ce cauchemar. Morgan voulait bien admettre, en suivant Chasseguet-Smirgel, que sa patiente avait eu des problèmes avec la « matrice archaïque de son complexe d'Œdipe ». Mais cela n'expliquait que certains aspects de sa pathologie. Il en allait de même pour le fait d'être la fille d'un survivant de l'holocauste ou d'une mère apparemment très narcissique. Morgan ne serait pas surprise d'apprendre un jour que sa patiente avait vécu un traumatisme intra-utérin ou néonatal, que son inconscient corporel a retenu ce vécu sans qu'elle puisse s'en souvenir. En attendant, cette analyste a entrepris d'aborder le développement mental par les recherches scientifiques sur les rêves du fœtus et du nouveau-né. Sa démarche ressemble à celle de Freud qui avait recours à la symbolique lorsque le patient ne fournissait pas d'associations au récit de son rêve.

Je pense, comme Morgan, qu'une forme de mentalisation onirique doit exister pendant les stades MOR (ceux au cours desquels l'activité onirique prédominerait) qui commencent à apparaître *in utero*. Puisque le vécu onirique reflète ce qui s'est passé récemment dans notre environnement immédiat, ne peut-on essayer d'imaginer ce que le fœtus et le nouveau-né rêvent ? Cette tentative aurait eu moins de chance d'aboutir si les ultra-sons n'avaient permis à tout un chacun de découvrir l'exploration de la vie intra-utérine. On a pu dater de façon précise l'apparition des différentes activités chez le fœtus. Ainsi les mouvements oculaires rapides sont-ils présents à la 19e semaine et les mouvements fins des doigts et des paupières à la 20e semaine. Par contre, il n'est généralement pas possible de mettre des électrodes sur la tête du fœtus pour enregistrer l'activité électrique de l'encéphale. Ce manque est en grande partie compensé par l'étude électro-encéphalographie des prématurés.

L'une des plus intéressantes recherches hybrides a été menée par Piontelli, une psychanalyste post-kleinienne d'Italie. Elle a commencé par pratiquer extensivement l'observation du nourrisson selon la méthode de

Bick. La difficulté majeure de ce type d'observation se trouve dans la nécessité de se libérer des préjugés, des préconnaissances. L'observateur va aboutir à une description en utilisant les réponses émotionnelles provoquées par une participation subjective à la vie du bébé. Il saute aux yeux que Piontelli, malgré de remarquables qualités d'empathie, synthétise le résultat des ses observations à partir du corpus post-kleinien, notamment la peau psychique de Bick, l'autisme psychogénétique selon Tustin et Meltzer. Il faut être conscient que les chercheurs dits «scientifiques» paient également ce tribut subjectif avant de pouvoir objectiver les résultats de leurs observations.

En théorisant ce «retour dans le passé», Piontelli s'est plainte plusieurs fois de ne rien connaître sur les neuf mois de la gestation. Qu'ont-ils bien pu subir et ressentir tandis qu'ils se trouvaient dans la matrice? Son interrogation l'a conduite logiquement à faire précéder l'observation indirecte du nourrisson par une observation indirecte du fœtus grâce à des échographies. Elle a découvert beaucoup de richesse et de complexité dans certains mouvements intra-utérins ainsi qu'une détermination précoce des tempéraments. L'étude des jumeaux l'a convaincue que des schèmes comportementaux s'établissent très tôt entre les deux partenaires du couple gémellaire et que ces schèmes ont tendance à continuer après la naissance[3]. Bref, le fœtus paraît vivre et enregistrer des événements neurophysiologiques marquants. Ceux-ci provoquent l'adaptation de certains processus neurophysiologiques pour se souvenir et trier ces expériences. Le fœtus se sert du sommeil sismique, le nourrisson du sommeil paradoxal, pour soulager son psychisme naissant de tensions néfastes à la programmation cognitive innée.

Daniel Stern a insisté sur le fait que le nourrisson fait de nouvelles acquisitions de façon discontinue ; qu'il traverse des périodes de changements rapides, mais qu'entre ces périodes de quasi bouleversements, il vit des périodes de tranquillité relative durant lesquelles les nouvelles intégrations paraissent se consolider. J'imagine que l'onirisme joue un rôle de premier plan au cours de ces consolidations. Pour effectuer de tels progrès en si peu de temps, le nourrisson a besoin de se servir de son inconscient pour apprendre par l'expérience. Il doit faire en sorte que les conflits de la réalité interne ne viennent par perturber la connaissance du monde externe. Parallèlement, il doit protéger se réalité interne d'un impact cognitif traumatique venu de la réalité externe. Par exemple, lorsque la marche matérialise la séparation physique d'avec la mère, l'enfant a besoin d'exercer toute la pensée exigée par la performance nouvelle sans avoir besoin d'être conscient de la séparation.

L'être humain doit assimiler et intégrer des expériences émotionnelles et affectives diverses; il doit aussi les combiner avec les données cognitives déjà présentes dans sa mémoire afin d'arriver à des stratégies plus larges d'invention et de création. L'onirisme alimente l'expérience nouvelle de la veille en illusions réalistes vécues durant la nuit, car la séparation et l'individuation ont besoin de s'appuyer, puis de revenir, à une étape transitionnelle faisant coexister efficacité magique et connaissance pragmatique. L'expression «stade du miroir» évoque probablement une prise de conscience incertaine du rôle joué par le regard mental et l'onirisme dans cette étape.

NOTES

[1] BEGOIN, J., «*Le rêve en tant que pensée inconsciente dans la pratique analytique*», in *Bulletin de la Société Psychanalytique de Paris*, 1985, n° 8.
[2] MORGAN, C., «Dreams in the fetus and the newborn», inédit, Los Angeles, 1991.
[3] PIONTELLI, A. *Backwards in time* Perthshire, Clunie Press, 1986.
PIONTELLI, A. «A study of twins before and after birth», *Int. Rev. Psycho-Anal.*, 1989, **16**, 413.

Chapitre 6
L'humanité par les rêves

Le rêve, à cheval sur le règne de la nature et le domaine de la culture, pose aussi bien des problèmes physiologiques et psychologiques ou médicaux que historiques, sociologiques, anthropologiques et religieux. La psychanalyse, à la fois théorie générale et procédé psychothérapique, peut les embrasser mieux que tout autre discipline. Mon cheminement m'a permis de réviser partiellement la manière d'utiliser et de concevoir les rêves dans une situation clinique et thérapeutique. Je vais maintenant les replacer dans un domaine intellectuel plus large. Je m'appuierai sur quelques œuvres marquantes pour faire avancer ma réflexion sur la vie onirique vers la vie sociale et culturelle.

1. LA PENSÉE PRIMITIVE

Lévy-Bruhl a exercé une grande influence dans les années 20 en insistant sur les erreurs que nous engendrons en voulant appliquer nos conceptions aux peuples sans écriture. Il a défini une «mentalité primitive» face à une «mentalité civilisée[1]». Dans le contexte colonial de l'époque, les peuples dits sauvages ou primitifs ne pouvaient qu'avoir une mentalité inférieure à la notre. On situait généralement la caractéristique essentielle dans une aversion décidée pour le raisonnement, les opérations discursives de la pensée. Selon Lévy-Bruhl, la mentalité primitive attribue tout ce qui arrive à des puissances mystiques et occultes. Elle se distingue de la mentalité civilisée par la croyance en des forces surnaturelles et par une obéissance non exclusive aux lois de la logique occidentale. La magie, les rêves, les présages, les pratiques divinatoires et les ordalies permettent aux primitifs de recueillir les données qui leur importent.

Les primitifs sont préoccupés par l'action des forces mystérieuses dont ils se sentent entourés. Ces forces sont, de par leur nature même, invisibles; elles ne se révèlent qu'indirectement. Il faut apprendre à les discerner, les recueillir et les comprendre. Ces puissances se manifestent de façon plus régulière et plus directe dans les rêves et les présages. Nombre de sociétés « inférieures » prêtent aux rêves la plus grande attention; cela amène chacun à les raconter et à les interpréter. Ce qui est vu en rêve est réel; ce qu'il annonce arrivera. Chacun est responsable de ce qu'il s'est vu faire ou de ce qu'un autre l'a vu faire.

A la limite, le primitif doit obéir à ce que le songe lui a ordonné. Il doit exécuter, une fois éveillé, ce qu'il a vu. Si ce qu'il a vu en rêve ne se réalise pas, il mourra. Pourquoi? Parce que toute maladie vient d'un désir de l'âme et que le décès se produit si ce désir n'est pas accompli. Le rêve est le seul moyen de connaître son génie protecteur. Lévy-Bruhl s'est surtout appuyé sur des relations de missionnaires à propos d'indiens vivant dans les possessions du Canada au XVIIe et XVIIIe siècles.

Dans ses dernier livres, Lévy-Bruhl a insisté sur le rôle de l'affectivité pour expliquer le caractère particulier de la relation que la pensée entretient avec le réel. Il s'était efforcé de réhabiliter cette forme de pensée, afin de la séparer de celle des enfants et de celle des fous. Il se trouvait à la fois proche et éloigné du système kleinien en voie de constitution dans les années 30. Les kleiniens ont unifié la compréhension des jeunes enfants, des psychotiques et des peuples primitifs en mettant en évidence les mêmes mécanismes psychotiques inconscients. Cela n'empêche pas la présentation de Lévy-Bruhl d'être assez voisine de la description faite par Bion de la vie des petits groupes; ce dernier la fait osciller entre groupe de travail rationnel et hypothèses de base affectives.

Roheim a été de moins en moins apprécié par les kleiniens au fil du temps, bien qu'il ait très tôt utilisé certaines découvertes de Klein. Il a fait paraître en 1952 — juste avant sa mort — une monumentale somme sur le rêve[2]. Il avait milité depuis 1915 en faveur d'une anthropologie psychanalytique. Il avait patiemment rassemblé, associé et articulé des données extraordinairement diverses, aussi bien à partir de l'anthropologie que de la psychanalyse. Roheim simplifiait le résultat en écrivant qu'il s'était fondé sur sa propre expérience, les propos de ses patients et la mythologie australienne. C'est ainsi qu'il attribuait deux origines au mythe d'Œdipe Roi — titre du dernier chapitre — d'une part, le Sphinx, mythe local d'un rêve d'angoisse, d'autre part, la tradition historique sur la dynastie divine de Thèbes.

Roheim avait repris en sous-œuvre diverses thèses anthropologiques et psychanalytiques. Celle de Laistner selon laquelle la mythologie s'est constituée à partir du rêve, et en particulier du cauchemar. Celle de Tylor qui faisait remonter les dieux à l'animisme et l'animisme au rêve. Par ailleurs, Roheim était passé progressivement d'une théorie du rêve selon Freud centrée sur les pulsions de vie et de mort à la thèse de Ferenczi avancée dans *Thalassa*. Le coït ne serait « en général pas autre chose qu'un retour partiel ou fantasmatique au ventre maternel ». L'endormissement représente une régression utérine — par conséquent, « un inceste symbolique et sublimé ».

Roheim se situait en tête de Janus. Tout en admettant la thèse freudienne selon laquelle le rêve est le gardien du sommeil, il considérait le rêve comme le gardien de la vie. Le rêve serait une tentative pour sortir, grâce à la vision, de la matrice archaïque. Comme l'homme dispose de la mémoire et de la parole, l'alternance entre veille et sommeil, ainsi que le repliement sur soi, deviennent un retour vers le passé, un voyage dans le temps. Le rêve constitue la matrice universelle de toutes les productions culturelles humaines. Les « portes du rêve » peuvent s'ouvrir aussi sur le bonheur.

2. LA PENSÉE SAUVAGE

Lévi-Strauss a plaidé en faveur de la « pensée sauvage », qualifiée également de « pensée mythique ou magique[3] ». La vague ressemblance de ces expressions avec celle de Lévy-Bruhl ne doit pas faire illusion ; il s'inscrivait en faux contre la thèse formulée quarante ans plus tôt sur la « pensée primitive ». Lévi-Strauss insistait sur l'existence d'un « appétit de connaissance objective » chez les populations étudiées par les ethnologues. Cette « science du concret » n'a pas l'action pour finalité première, mais la connaissance. Tout autant que la science pure, elle cherche à « introduire un début d'ordre dans l'univers ». La pensée magique se distingue toutefois de la science en ce que la première postule un déterminisme global et intégral tandis que la dernière distingue des niveaux d'application pour divers modes de déterminisme. La magie n'est pas une forme balbutiante de la science, une étape dans l'évolution de l'humanité. Il vaut mieux mettre en parallèle deux modes de connaissance inégaux quant à leurs résultats, mais non dans le genre d'opérations mentales qu'ils supposent.

Lévi-Strauss a eu un trait de génie en rattachant le «bricolage» à cette science «première» — plutôt que «primitive». La pensée mythique apparaît comme une sorte de «bricolage intellectuel», car elle s'exprime à l'aide d'un répertoire dont la composition est limitée, mais hétéroclite. Il faut qu'elle s'en serve puisqu'elle dispose seulement de ce répertoire, quelle que soit la tâche qu'elle s'assigne. Le propre de la pensée mythique, comme du bricolage sur le plan pratique, est d'élaborer des ensembles structurés en utilisant des résidus et des débris d'événements. En somme, la pensée mythique élabore des structures en agençant des résidus d'événements tandis que la science crée des événements grâce aux structures (ses hypothèses et ses théories) dont elle se sert.

Le bricoleur, qu'il soit pratique ou intellectuel, a la capacité d'exécuter un grand nombre de tâches diversifiées. Il ne subordonne pas chacune d'elles à l'obtention préalable de matières premières et d'outils trouvés ou conçus spécifiquement pour le projet. Il s'arrange avec les moyens du bord dans un atelier instrumental clos. Sa capacité provient du hasard qui lui a fourni des occasions de renouveler ou d'enrichir le stock d'outils. L'ensemble des moyens du bricoleur se définit seulement par son «instrumentalité» — à savoir le principe selon lequel «ça peut toujours servir».

Je vais m'éloigner de Lévi-Strauss en bricolant un peu sa thèse. Il s'intéressait seulement aux mythes alors que l'homme a appris à bricoler grâce aux rêves et à la pensée en images. Les mythes tiennent une grande place dans l'épistémologie de Bion. Celui-ci leur a attribué une place dans sa grille, à côté des pensées oniriques et des rêves, car il considérait le mythe comme une transformation sociale des pensées oniriques. Le rêveur arrive à figurer un grand nombre de «pensées» sans avoir à fabriquer spécifiquement des matière premières ou des dispositifs. Il s'arrange avec les résidus diurnes et les représentants pulsionnels. Le rêveur dispose d'un large éventail de figurations parce que l'onirisme lui permet chaque jour de renouveler et d'enrichir sa réserve d'images en les combinant à un fonds symbolique. L'ensemble des moyens du rêveur vient de tout ce que sa personnalité préconsciente lui a permis d'emmagasiner selon le principe que «ça peut toujours resservir».

3. LA COUPURE SÉMIOTIQUE

La pensée mythique et la pensée en images se situent à mi-chemin entre des perceptions et des concepts. Je vais lier ces pensées aux signes selon Peirce afin de mieux distinguer les différents intermédiaires qui existent entre perception et concept. Je m'éloigne encore de Lévi-Strauss qui avait fait un choix « structuraliste » : celui du signifiant et du signifié selon de Saussure. Peirce, logicien et philosophe américain, fut l'un des fondateurs de la sémiotique. On peut à partir de là séparer trois grandes catégories de signes : l'indice, l'icône et le symbole[4]. Il ne reste qu'à adapter aux rêves cette classification un peu surprenante au premier abord.

Un indice est un signe qui renvoie à l'objet parce qu'il est réellement affecté par ce dernier (l'objet est pris dans son sens courant de chose inanimée et manipulable, non dans son sens analytique). Il ne réplique pas l'objet, il est seulement la trace d'une modification réelle par l'objet. Ainsi, la fumée et la cendre d'une cigarette qui se consume constituent-elles deux indices du feu. Il en est de même pour l'empreinte d'un pas sur le sable. Le signe indiciel apparaît donc en contiguïté d'espace et de temps avec le dénoté. Je considère cet indice comme un événement à l'origine d'une « trace mnésique » qui deviendra une « représentation de chose » freudienne — celle, essentiellement visuelle, qui dérive de la chose. C'est plutôt une présentation qu'une représentation.

L'icône est un signe qui renvoie à l'objet en vue de caractères qui sont propres. Il peut les posséder même si l'objet n'existe pas. L'icône est en rapport avec le dénoté par la ressemblance. Le contact direct est donc rompu. Le dessin ou la photographie n'opèrent pas dans le même espace que la chose. L'exemple typique est celui du diagramme ou de certains signaux du code de la route. Nous retrouvons les idéogrammes mis en évidence par Bion dans la pensée psychotique. L'icône s'ajoute au monde tandis que l'indice est prélevé sur lui. Elle me paraît correspondre étroitement à l'image onirique.

Bougnoux souligne le fait que le stade du miroir articule le passage de l'indice à l'icône. Avant son avènement, l'enfant était submergé par les indices et les sensations, enchevêtré au monde. Je dirais en langage kleinien : l'enfant avant le stade du miroir est en proie à des identifications projectives massives et des équations symboliques. Je retrouve le pouvoir du regard mental à séparer le tactile du visuel. L'image de soi apporte la première séparation consciente de la mère et de l'enfant. L'enfant se verra autre qu'il ne se sent. L'image que l'on se fait de son corps ne dépend pas seulement de la perception qui l'on peut en avoir dans un reflet physique. Elle est imposée aussi par la perception visuelle des autres et par la perception qu'ils en ont. Nous savons depuis Winnicott que le visage de la mère peut servir de miroir. La notion majeure tient à la « coupure sémiotique » (Bougnoux). L'icône sert de plaque tournante entre l'indice et le symbole, car la coupure y est à demi réalisée avec une image de substitution, une image encore ressemblante (le panneau «virage dangereux» nous offre l'image d'un courbe routière tourmentée tandis que le panneau «sens interdit» reste incompréhensible sans la connaissance du code de la route).

Le symbole est un signe qui renvoie indirectement à l'objet, en vertu d'une association d'idées qui se réfère à l'objet. Il existe une rupture tant dans la continuité (sous forme de ressemblance) que dans la contiguïté. Le signe symbolique a un caractère discriminant, car il éloigne les sensations au profit de la signification. Le rêve, comme l'art, s'efforce de retrouver l'icône en deçà du symbole et l'indice sous l'icône à la recherche d'une permanence et d'un contact originels.

NOTES

[1] LEVY-BRUHL, L,. (1922), *La mentalité primitive*, Paris.
[2] ROHEIM, G., (1952), *Les portes du rêve*, Paris, Payot.
DADOUN, R., METTRA, C., *Au-delà des portes du rêve*, Paris, Payot, 1977.
[3] LEVI-STRAUSS, L., *La pensée sauvage*, Paris, Plon, 1962.
[4] Le signe est quelque chose qui est mis pour quelque chose, pour quelqu'un. Il suscite l'apparition dans l'esprit du récepteur d'un signe équivalent ou plus développé qui devient l'interprétant du premier signe.
PEIRCE, C.S., *Ecrits sur le signe*, Paris, Seuil, 1978.
Le traducteur de cet ouvrage G. DELEDALLE a rédigé l'article «Peirce» dans l'*Encyclopedia Universalis*.
Peirce avait pris l'icône comme signe premier, l'indice comme signe second et le symbole comme signe troisième. Pour aborder la pensée en images, il vaut mieux suivre un ordre différent : indice, icône et symbole ainsi que l'a fait un article qui m'a aidé à rédiger ce passage :
BOUGNOUX, D., «L'efficacité iconique», *NRP*, 1991, n° 44.

Conclusion

Depuis le début de la psychanalyse, on a balancé entre deux attitudes quant à la place à accorder aux rêves dans la pratique : soit les ramener au rang d'un matériel ordinaire, soit les promouvoir en tant que production privilégiée. A l'époque des pionniers, la technique analytique équivalait presque à la technique de l'interprétation des rêves. « Chaque rêve était avidement exploité en tant que seule et unique voie vers l'inconscient ; un patient qui ne rêvait pas posait un problème sérieux à l'analyste... On peut parfois se demander si le pendule n'a pas basculé à l'autre extrême et, si au lieu de les surévaluer, on ne court pas un certain danger de les sous-estimer. On a peut-être besoin de mesurer à nouveau la valeur des rêves et de procéder à une nouvelle évaluation générale des rêves[1]. »

Le pendule de l'histoire analytique a continué de balancer entre les extrêmes depuis que Ella Sharpe écrivait ces lignes en 1937 : tantôt période de désintérêt, voire de méfiance, tantôt époque de vif intérêt et même d'enthousiasme. Mon travail plaide en faveur de l'analyse des rêves. L'apport de l'expérience onirique s'enrichit si l'on tient compte de la forme et de la fonction des rêves. Une voie royale s'ouvre vers l'inconscient lorsqu'un rêve est formulé de façon à pouvoir être interprété. Lorsqu'il apporte un rêve à son analyste, le patient a déjà accompli une transformation dans sa vie mentale. L'analyse des rêves, plus que d'autres aspects du travail analytique, réalise un partage émotionnel et imaginatif entre patient et analyste. «...raconter un rêve constitue un acte de très grande confiance et une expérience d'étroite intimité psychologique avec l'analyste[2]».

J'ai repris l'amorce conceptuelle de Freud sur la pensée visuelle et je l'ai faite travailler avec les théories de Bion sur la pensée et la connaissance. Cela m'a fait attribuer à l'expérience onirique un fonctionnement évolutif, de complexité croissante. L'onirisme remplit des fonctions différentes selon l'âge et le degré d'organisation de la personnalité. Ces diverses fonctions se complètent en coexistant au lieu de s'exclure. Les premières apparues ne disparaissent pas ; elles restent en tant que potentialités régressives du psychisme utilisables au cours du sommeil et après le réveil par effet d'induction. L'évolution a tiré parti des étapes antérieures en les faisant surplomber par des innovations dont elles ne sont plus que le complément supplétif.

Selon moi, ce ne sont pas seulement les pulsions sexuelles qui s'étayent sur les fonctions corporelles importantes pour la vie, mais aussi les relations dans leurs aspects fantasmatiques et cognitifs. L'étayage sur le sommeil paradoxal procure la plus grande potentialité évolutive, car le rapport de la psyché au soma peut y acquérir le plus grand écart. La pensée verbale a surgi en s'étayant sur la décharge musculaire et la digestion. Mais, la mentalisation première, et son indispensable corollaire symbolique, nécessitent un appui fonctionnel intermittent sur un onirisme évolué, à composante essentiellement visuelle. De là est venue la notion de regard mental.

Le rêve, bien que n'étant pas appréhendé par les sens, nous replonge dans une représentation sensorielle de la réalité extérieure. Il permet à notre réalité interne de la remodeler. La dramatisation se nourrit de fantasmes inconscients et se signifie aussi bien par des équivalents symboliques que des symboles. L'onirisme introduit une première distanciation qui rend possible une communication de soi à soi, une séparation entre un soi subjectif et un soi objectif, une différenciation entre psyché et soma. L'enfant, lorsqu'il est devenu capable d'un travail de deuil, complète l'activité de pensée amorcée durant la veille en jouant avec les images visuelles mémorisées selon un ordre symbolique. Le retour nocturne à la prédominance visuelle nous permet de réguler notre mémorisation, de classer et de ventiler les informations et les expériences vécues durant la journée. C'est ce jeu d'interfaces que j'ai métaphoriquement proposé d'appeler : regard mental[3].

En 1900, Freud adhérait au principe général selon lequel un songe ne vaut que par l'interprétation qu'on en donne. Il ne lui avait pas échappé qu'il avait réduit la portée de l'expérience onirique afin d'accroître son efficience thérapeutique. La psychanalyse traite les troubles névrotiques en découvrant la signification inconsciente des rêves par leur interprétation contrôlée. Freud, en raison du bagage conceptuel dont il disposait à cette époque, attribuait la créativité, la communication, au seul préconscient. Le rêve ne serait créatif ou communicatif que lorsqu'il reprend les préoccupations et les objectifs de l'état de veille. J'ai opéré un changement de point de vue parce que le post-kleinisme me fournit une origine commune à la production des pensées du rêve et au fonctionnement préconscient.

Les diverses civilisations ont tendance soit à ignorer socialement l'expérience onirique soit, et le plus souvent, à réduire la multiplicité des combinaisons oniriques, à les décomposer pour les reconstruire, à les simplifier pour les ramener à un petit nombre de modèles culturels. Depuis les origines, les hommes se sont posés plus particulièrement deux sortes de questions au sujet des rêves : leur effet de réalité, leurs rapports avec le monde de l'éveil d'une part, leur interprétation d'autre part. Pour la mentalité primitive, la communication entre la réalité matérielle et les puissances mystiques ne s'effectue nulle part d'une façon plus immédiate et plus complète que dans les rêves.

Le primitif ne doute pas de la véracité du rêve : ce qu'il a fait voir est arrivé ou arrivera, autrement dit «ce qui est vu en rêve est réel» (Lévy-Bruhl). Le rêveur doit plier son univers quotidien à sa fantasmagorie nocturne. Il n'est pas question de traverser les images de la scène onirique pour rechercher une interprétation. On fait en sorte qu'il s'accomplisse ou qu'il soit annulé. «Le rêve dans ces conditions n'est pas prophétie, mais contrainte; non pas annonce, mais préfiguration coercitive» (Caillois)[4]. Il persiste une trace de cette situation antérieure dans les rêves activistes. La vie des peuples sauvages permet de retrouver des aspects de la pensée humaine qui ont été estompés dans nos civilisations où dominent les opérations intellectuelles.

L'étude des rêves a ouvert la voie à une psychologie comparée des productions culturelles collectives d'origine inconsciente comme les mythes, les contes pour enfants et le folklore. Un individu capable de se rappeler et de raconter ses rêves dispose d'une capacité à communiquer et à s'intégrer à la vie culturelle qui n'existait pas à l'aube de l'humanité. Les facteurs qui ont favorisé le développement des compétences linguistiques ont permis aux contenus des rêves et des visions de participer à la vie sociale et culturelle. On ne peut se souvenir, identifier, sélectionner et communiquer des séquences oniriques sans avoir acquis un sentiment de continuité du moi dans le temps et le recul suffisant pour objectiver ce qu'on raconte.

Le monde du rêve contient toujours un peu d'inconnu, né de la rencontre du quotidien avec l'archaïque. Cherchons chaque fois que possible à le bricoler intellectuellement pour le transformer. «Nous savons conter des mensonges semblables aux vérités.» La parole d'un poète antique me revient au moment de terminer. Les pensées du rêve ne sont plus que la trace d'un promeneur solitaire sur le sable de la plage. On devine la route qu'il a prise tant qu'une vague de l'oubli ne vient pas l'effacer. Nous ne pourrons jamais revoir ce qu'il a vu au cours de son voyage, Mais notre regard mental peut nous aider à comprendre ce qui s'est passé dans son univers intérieur. Le psychanalyste ne sait pas plus que le scientifique tracer la frontière entre l'expérience et le souvenir, entre la souvenance et la recréation. Le récit du rêve ressemble parfois à l'œuvre d'art, car tous deux se présentent comme des carrefours où le nombre des rencontres qui s'y produisent déterminent la valeur.

NOTES

[1] SHARPE, E., *Dream analysis*, London, Karnac, 1988, p. 66-67.
[2] BEGOIN, J., «*Le rêve en tant que pensée inconsciente dans la pratique analytique*», Bulletin de la Société Psychanalytique de Paris, 1985, n° 8.
[3] J'ai trouvé un point de vue voisin du mien dans un livre qui cherchait à rafraîchir notre vision sur le développement du Self. Mais il se situe dans la traditon de Winnicott.
WRIGHT, K., *Vision and Separation Between Mother and Baby*, London, Free Association Books, 1991.
[4] CAILLOIS, R., et VON GRUNEBAUM, G., (sous la direction de), *Le rêve et les sociétés humaines*, Paris, Gallimard, 1967.

Bibliographie

« Il n'est pas facile de dominer entièrement une bibliographie aussi dispersée et qui s'étend sur tant de domaines frontières » Freud, 1900.

Il s'agit ici uniquement d'une sélection de livres en rapport avec les rêves. Les autres références peuvent être retrouvées dans les notes par les index.

ALTMANN, L., *The Dream in Psychoanalysis*, New York, International Universities Press, 1969.

BEGUIN, A., (1939), *L'âme romantique et le rêve*, Paris, Le livre de poche, 1991.

BRAUNSCHWEIG, D., FAIN, M., *La nuit, le jour*, Paris, PUF, 1975.

CAILLOIS, R., GRUNEBAUM, G.E. Von, (sous la direction de), *Le rêve et les sociétés humaines*, Paris, PUF, 1975.

CHALLAMEL, M.-J., THIRION, M., *Le sommeil, le rêve et l'enfant*, Paris, Ramsay, 1988.

DEBRU, *Neurophilosophie du rêve*, Paris, Seuil, 1981.

DEMENT, M.C., (1972), *Dormir, rêver* (trad. franç.), Paris, Seuil, 1981.

FINE, B., et al., *The Manifest Content of the Dream*, New York, International Universities Press, 1969.

FLIESS, R., *The Revival of Interest in the Dream*, New York, International Universities Press, 1953.

FOSSHAGE, J.L., LOEW, C., (eds), *Dream Interpretation : A comparative Study*, New York, Spectrum, 1986.

FOULKES, D., *The Psychology of Sleep*, New York, Schribner, 1966.

FRANZ, (von) M.-L., *Rêves d'hier et d'aujourd'hui*, Paris, Albin Michel, 1992.

FRENCH, T., FROMM, E., *Dream Interpretation. A New Approach*, New York, Basic Books, 1964.

FREUD, S., *L'interprétation des rêves* (trad. franç., 1926), Paris, PUF, 1967.
FREUD, S., (1900), *L'interprétation des rêves*, Paris, PUF, 1967.
FREUD, S., (1901), *Le rêve et son interprétation*, Paris, Gallimard (Idées), 1969.
FREUD, S., (1907), *Délires et rêves dans la «Gradiva»* de Jensen, Paris, Gallimard (Idées), 1931.
FREUD, S., (1911), « Le maniement de l'interprétation des rêves en psychanalyse», *in De la technique psychanalytique*, Paris, PUF, 1953.
FREUD, S., (1916), *Introduction à la psychanalyse*, (deuxième partie), Paris, Payot, 1965.
FREUD, S., (1920), *Au-delà du principe du plaisir* (trad. par S. JANKELEVITCH dans *Essais de psychanalyse*, Paris, Payot, 1927).
FREUD, S., (1922), «Rêve et télépathie», *in Résultats, idées, problèmes (II)*, Paris, PUF, 1985.
FREUD, S., (1923), «Remarques sur la théorie et la pratique de l'interprétation du rêve», *in Résultats, idées, problèmes (II)*, Paris, PUF, 1985.
FREUD, S., (1925), «Quelques additifs à l'ensemble de l'interprétation des rêves», *in Résultats, idées, problèmes (II)*, Paris, PUF, 1985.
FREUD, S., (1932), «Révision de la science des rêves», Rêve et occultisme, *in Nouvelles Conférences sur la psychanalyse*, Paris, Gallimard (Idées), 1971.
FREUD, S., (1938), *Abrégé de psychanalyse* (chapitre V), Paris, PUF, 1967.
FROMM, E., (1951), *Le langage oublié*, Paris, Payot, 1975.
GARMA, A., (1970), *Le rêve. Traumatisme et hallucination* (trad. franç.), Paris, PUF, 1981.
GOLLUT, J.-D., *Conter les rêves*, Paris, José Corti, 1993.
GUILLAUMIN, J., *Le rêve et le Moi*, Paris, PUF, 1979.
HARTMANN, E., (1967), *Biologie du rêve*, Bruxelles, Charles Dessart, 1970.
HARTMANN, E., *The Nightmare : The Psychology and Biology of Terrifying Dreams*, New York, Basic Books, 1984.
HOBSON, J.A., (1988), *Le cerveau rêvant*, Paris, Gallimard, 1992.
HUNT, H.T., *The Multiplicity of Dreams : Memory, Imagination and Consciouness*, New Haven, Yale University Press, 1989.
JONES, E., (1911), *Rêves et cauchemars*, Paris, Payot, 1973.
JUNG, C.G., *Essais d'exploration de l'inconscient*, Editions Gonthier, 1965.
JOUVET, M., *Le sommeil et le rêve*, Paris, Odile Jacob, 1992.
KELLERMAN, N., (ed.), *The Nightmare : Psychological and Biological Foundations*, New York, Columbia University Presss, 1987.
LANSKY, M.R., (ed.), *Essentials Papers on Dreams*, New York University Press, 1992.
MAGNIN, P., *Le sommeil et le rêve*, Paris, PUF, 1992.
MANCIA, M., *Il sogno come religione della mente*, Roma, Laterza, 1987.
MELTZER, D., (1984), *Le monde vivant du rêve : une révision de la théorie et de la technique psychanalytiques*, Lyon, Césura, 1993.
MENDELSON, R., *The Manifest Dream and Its Use in Therapy*, Northvale NJ, Jason Aronson, 1990.
NAGERA, H., et al., *Basic psychoanalytic concepts on the Theory of Dreams*, London, George Allen and Unwin, 1969.
NATTERSON, J., (ed.), *The Dream in Clinical Practice*, New York, Jason Aronson, 1980.
PALOMBO, S., *Dreaming and Memory : A New Information Processing Model*, New York, Basic Books, 1978.
PAROT, F., *L'homme qui rêve*, Paris, Masson, 1984.
PERRIN, M., *Les praticiens du rêve*, Paris, PUF, 1992.
PICAT, J., *Le rêve et ses fonctions*, Paris, Masson, 1984.

PONTALIS, J.-B., *Entre le rêve et la douleur*, Paris, Gallimard, 1977.
RESNIK, S., *La mise en scène du rêve*, Paris, Payot, 1984.
RIPA, Y., *Histoire du rêve. Regard sur l'imaginaire des français au XIXe siècle*, Paris, Olivier Orban, 1988.
ROHEIM, G., (1952), *Les portes du rêve*, Paris, Payot.
ROTHSTEIN, A., (ed.), *The Interpretation of Deams in Clinical Work*, Madison CT, International Univerisities Press, 1987.
RYCROFT, C., (1979), *The Innocence of Dreams*, London, Hogarth Press, 1991.
SAFOUAN, M., *L'inconscient et son scribe*, Paris, Seuil, 1982.
SEGAL, H., *Dream, Phantasy and Art*, London, Tavistock and Routledge (1991), (trad. franç. *Rêve, art et fantasme*, Paris, Bayard, 1993).
SHARPE, E., (1937), *Dream Analysis*, London, Karnac, 1978.
WALDHORN, H., *The Place of the Dream In Clinical Psycho-Analysis*, New York, International Universities Press, 1967.

Index des noms

ADAMS-SILVAN, A., 123-127.
ANZIEU, D., 5, 12, 16, 17, 22, 25, 26, 28, 67, 69, 70, 97n, 106, 121, 162.

BARROIS, C., 122.
BEGOIN, J., 184, 200n.
BENOIT, O., 161n.
BLEGER, J., 79n.
BICK, E., 5, 63, 64.
BION, W., 5, 11, 12, 21-23, 45-59, 64, 78, 101, 105, 121, 129, 135, 136, 179, 187.
BOUGNOUX, D., 195, 196.
BOURGUIGNON, A., 146.
BRITTON, R., 136.

CAILLOIS, R., 199.
CARROLL, L., 139, 140.
CHALLAMEL, M.-J., 161n.
CRICK, F., 165.

DEBRU, C., 176.
DEMENT, W.C., 153n, 166, 175, 177.
DEWAN, E., 165.

ERICKSON, E., 24, 164.
ESCHYLE, 27, 28.

FERENCZI, S., 120, 123.
FOULKES, D., 158, 167, 168, 177.
FREUD, S., 5-7, 11, 12, 15-26, 28, 61, 67-69, 83, 85, 88, 90-96, 99, 101, 103-105, 107, 108, 119, 121, 130, 132, 145, 165, 181-186, 198.

GAILLARD, J.-M., 161n.
GAMMILL, J., 132.
GARMA, A., 71n, 97n.
GRANOFF, F., 26n.
GREEN, A., 43n, 59n, 147n.
GRINBERG, L., 113, 114.
GROSSKURTH, P., 40-43.
GROTSTEIN, J., 75.
GUILLAUMIN, J., 108, 132, 146.

HAAG, G., 75, 109n.
HAEKEL, E., 157, 187.
HARRIS, T., 71n.
HARTMANN, E., 153, 159.
HEIMANN, P., 40.
HINSHELWOOD, R., 11.
HOBSON, J.A., 168, 169.
HOUZEL, D., 22, 71n.

JACOB, F., 123.
JIMENEZ, J.-P., 108n.
JOUVET, M., 151, 156, 163-167, 171, 175, 176, 185.
JUNG, C.G., 22, 108n, 169n.

KAHN, M., 70, 133-135.
KLEIN, M., 5, 11-13, 15, 21, 27-43, 61, 62, 90, 91.

KOHUT, H., 75, 104.

LA BERGE, S., 153.
LACAN, J., 23, 83, 89, 105.
LAPLANCHE, J., 18, 146.
LEWIN, L., 74, 78, 161.
LEVI-STRAUSS, C., 193, 194.
LEVY-BRUHL, L., 191-193, 199.

McCARLEY, R., 168.
McDOUGALL, J., 44n, 117.
MELTZER, D., 11, 64, 65, 76, 96, 100-102, 108, 114, 121.
MICHISON, G., 165.
MORGAN, C., 187-188.
MUZIO, J.N., 166.

ORWELL, G., 137-139.

PAROT, F., 147n.
PEIRCE, C.S., 194-196.
PIAGET, J., 158, 177-179.
PIONTELLI, A., 188, 189.
PONTALIS, J.-B., 18, 133.

REY, J.-H., 26n.
ROBERT, 165.

ROFFWARG, H.P., 166.
ROHEIM, G., 192, 193.
ROSENFELD, H., 162n.
ROSOLATO, G., 106.

SEGAL, H., 13n, 90, 92, 96, 103, 104, 111-113.
SHARPE, E., 13n, 89, 92, 197.
SILVAN, M., 123-127.
SNYDER, F., 164.
SPITZ, R., 73-75.
STERN, D., 73, 172, 173n, 189.
STEWART, S., 127n.

TASSIN, J.-P., 169, 170.
THIRION, M., 161n.
TRABACH-VALADIER, C., 172n.
TUSTIN, F., 64, 121.
TYE, M., 180n.

WINNICOTT, D., 76, 133, 195.
WINSON, J., 156.
WRIGHT, K., 200n.

Index des thèmes

Acting out (Mise en acte), 11, 113, 114, 116.
Alliance de travail, 6.
Amplification, 108n.
Attracteur (Aimant psychique), 69, 87, 170.
Autisme, 64, 121, 139.
Auto-analyse, 6, 12, 16, 17, 101, 124, 125.

Barrière de contact, 57.
Bisexualité psychique, 25, 26, 62, 69, 103, 132.
Bricolage mental, 194.

Cauchemars, 124, 140, 159, 188.
Cavité primitive, 12, 73-77.
Censure, 18, 19, 88.
Communication, 55, 100, 101, 107, 131, 183.
Condensation, 86, 87.
Construction (Reconstruction), 6, 100-102.
Contenu latent, 1, 16, 18, 30.
Contenu manifeste, 6, 18, 20, 53, 88, 96, 101, 102, 108n, 124, 168.
Contre-transfert, 37, 112, 127n, 130-132, 186.
Créativité, 20, 90, 114, 134, 138, 186, 187, 199.

Déplacement, 88, 89, 93.
Désir, 12, 19, 52, 88, 89, 105, 120, 126, 168.

Economique, 121, 122.
Elaboration secondaire, 89-92.
Emotion (Sentiment), 95-97.
Enveloppe psychique, 5, 12, 22, 25, 61-71, 73, 122, 139, 159, 179.
Envie, 39-43, 121.
Espace du rêve, 133-135.

Fait choisi, 102, 135.
Fantasme (Phantasme), 39.
Fétichisme (Emploi fétichiste), 132-133.
Figuration (Figurabilité), 92-95.
Fonction alpha, 51-54, 56, 57, 96.
Formulation, 6, 16, 58, 83, 100-102.

Grand Echangeur (Carrefour visuo-symbolique), 12, 73, 78.

Hallucination (Satisfaction hallucinatoire), 45-51, 90, 91, 97n, 136, 168, 169.
Hystérie, 21, 50, 117, 119, 134.

Icône, 195.
Image mentale, 12, 104, 105, 172, 178, 179.
Identification adhésive, 65, 122.
Identification projective, 22, 49, 65, 112, 116.
Idéogramme, 46, 48, 52, 195.
Indice, 195.
Interprétation, 6, 47-49, 58, 100-104, 107, 108, 112, 135, 197.

Jeu, 11, 28-32.

Mémorisation, 164, 165, 170.
Mensonge, 6, 129-141.
Moi-peau, 6, 67-70, 74, 77, 106, 179.
Mythe, 53, 59.

Narcissisme, 12, 78, 104.
Narration, 168, 172.
Neurochimie, 153.
Neurophysiologie, 149-153, 175-177.
Névrose de guerre, 122, 123.
Névrose post-traumatique, 12, 19, 70.

Objet d'arrière-plan, 75.
Objet partiel/total, 50, 137.
Occultisme (Télépathie, Tranmission de pensée), 22.
Œdipe (Mythe, complexe), 17, 78, 136, 188.
Oralité, 23, 26, 65-67, 73-76, 161.

Peau psychique, 12, 23-25, 31, 62-67, 74, 140, 159.
Pellicule du rêve, 69, 70.
Pensée, 11, 12, 54-56.
Pensée du rêve, 16, 19, 20, 105, 196.
Pensée en images (Pensée visuelle), 12, 77-79, 106, 179, 184.
Pensée primitive, 191-193.
Pensée sauvage, 193, 194.
Perspective réversible (Perspective inversée), 6, 66, 76, 135-140.
Position dépressive, 32-39, 51, 136, 137, 161.
Position schizo-paranoïde, 45, 46.
Préconscient, 17, 96, 132, 199.
Principe de plaisir, 54, 55, 97n, 122.
Principe de réalité, 45, 54, 55, 91, 129.
Psychose, 19, 28, 31, 32, 43, 45-52, 57, 101, 102, 136, 138.

Regard mental, 6, 12, 73-79, 184, 195, 198.
Rêve (Etude génétique du), 177, 178, 186-190.

Rêve (Fonction, théorie), 18-22, 145-147, 163-173, 181-186.
Rêve (Forme du), 104-107.
Rêve (Travail du), 12, 17, 18, 51-54, 85-97.
Rêve activiste, 6, 47, 48, 94, 95, 111-117.
Rêve d'élaboration, 114.
Rêve d'évacuation, 113, 114.
Rêve lucide, 109n, 152, 153.
Rêve mensonger, 130-132.
Rêve mixte, 114-117.
Rêve-Objet, 133.
Rêve post-traumatique, 6, 29, 119-127.
Rêve prophétique, 27, 28, 112-131.
Rêve typique, 44n, 68, 94.

Schizophrénie, 45-51.
Sein-Toilettes, 76.
Sémiotique, 194-196.
Signifiant de démarcation, 106.
Signifiant formel, 106.
Sommeil (Gardien du), 18, 182.
Sommeil agité ou sismique, 157, 166.
Sommeil paradoxal (MOR), 7, 150-153, 157-161.
SP (Ontogénèse), 157, 158.
SP (Neurochimie), 153.
SP (Pathologies du), 158-161.
SP (Phylogénèse), 155, 156.
SP (Privation), 150, 160.
Stade du miroir, 190, 195.
Symbolisme (Symbole, Symbolique, Symbolisation), 12, 20, 21, 29-32, 77, 93, 94, 97, 103, 196.

Technique de l'analyse des rêves, 83-109.
Temps (dimension temporelle), 107, 108.
Transfert, 6, 33, 41, 100, 124, 125, 131, 134.
Transformation, 12, 58, 59, 106, 121.
Transitionnel, 78, 186.
Traumatolytique (Fonction), 120-122.

Table des matières

Introduction 5

PREMIÈRE PARTIE
LES THÉORIES ANALYTIQUES CHOISIES

Chapitre 1 : Sigmund Freud 15

1. L'auto-analyse des rêves.. 16
2. La théorie des rêves.. 18
3. La surinterprétation des rêves de l'auto-analyse........................ 22

Chapitre 2 : Mélanie Klein 27

1. Le jeu et le rêve... 28
2. Le rêve et la position dépressive 32
3. Le rêve et l'envie.. 39

Chapitre 3 : Wilfred Bion 45

1. Les hallucinations et l'onirisme psychotique.............................. 45
2. Les cogitations sur le travail du rêve 51
3. Le rêve et la pensée... 54
4. Le rêver alpha 56
5. Les transformations du rêve 58

Chapitre 4 : Les enveloppes psychiques 61

1. La peau psychique 63
2. Le moi-peau et l'enveloppe psychique...................................... 67

Chapitre 5 : Le regard mental 73

1. La cavité primitive 73
2. L'objet d'arrière-plan 75
3. Les précurseurs 76
4. La pensée en images 77

DEUXIÈME PARTIE
LES PRATIQUES CHOISIES

Chapitre 1 : Le travail du rêve 85

1. La condensation 86
2. Le déplacement 88
3. L'élaboration secondaire 89
4. La figuration 92
5. Les émotions et les sentiments 95

Chapitre 2 : Les règles techniques 99

1. La formulation et la reconstruction du rêve 100
2. L'interprétation 102
3. Les formes du rêve 104
4. La dimension temporelle 107

Chapitre 3 : Les rêves activistes 111

1. Les rêves prophétiques 112
2. Les rêves d'évacuation 113
3. Un exemple de rêve mixte 114

Chapitre 4 : Les rêves post-traumatiques 119

1. La fonction traumatolytique du rêve 120
2. Les névroses de guerre 122
3. Un exemple de complexité 123

Chapitre 5 : Les songes dans un tissu de mensonges 129

1. Les rêves mensongers 130
2. L'emploi fétichiste du rêve 132
3. Un espace pour un «vrai» rêve 133
4. La perspective réversible et la perspective inversée 135
5. Des univers à perspective inversée 137

TROISIÈME PARTIE
LES THEORIES ET LES FONCTIONS DU RÊVE

Chapitre 1 : La neurophysiologie du rêve 149

1. L'école de chicago et la première unification 150

2. L'école de Lyon et le sommeil paradoxal 151
3. La neurochimie du sommeil paradoxal 153

Chapitre 2 : Les études comparatives du sommeil paradoxal 155

1. La phylogenèse du sommeil paradoxal 155
2. L'ontogenèse du sommeil paradoxal 157
3. Le sommeil paradoxal et les pathologies
   (cauchemars, privations, dépressions) 158

Chapitre 3 : Les théories du sommeil paradoxal et du rêve 163

1. Le rêve comme préparation à l'éveil 163
2. Le rêve, la mémorisation et l'oubli 164
3. Le rêve, la stimulation endogène et la reprogrammation 166
4. Le rêve, la motilité oculaire et le cognitivisme 167
5. Le cerveau en tant que machine à rêver 168
6. Le rêve et les bassins d'attracteurs 169
7. Remarques finales 170

Chapitre 4 : Le renouvellement des approches 175

1. Les limites de la neurophysiologie 175
2. L'étude génétique de la vie onirique 177
3. Vision et imagerie mentale 178

Chapitre 5 : La psychanalyse et ses métissages 181

1. Récapitulation post-kleinienne 181
2. Extrapolations hybrides pour le fœtus et le nouveau-né 186

Chapitre 6 : L'humanité par les rêves 191

1. La pensée primitive 191
2. La pensée sauvage 193
3. La coupure sémiotique 194

Conclusion 197

Bibliographie 201

Index des noms 205

Index des thèmes 207

CHEZ LE MÊME ÉDITEUR

PSYCHOLOGIE ET SCIENCES HUMAINES
collection publiée sous la direction de MARC RICHELLE

1 Dr Paul Chauchard : LA MAITRISE DE SOI. 9e éd.
7 Paul-A. Osterrieth : FAIRE DES ADULTES. 16e éd.
9 Daniel Widlöcher : L'INTERPRETATION DES DESSINS D'ENFANTS. 9e éd.
11 Berthe Reymond-Rivier : LE DEVELOPPEMENT SOCIAL DE L'ENFANT ET DE L'ADOLESCENT. 9e éd.
22 H. T. Klinkhamer-Steketée : PSYCHOTHERAPIE PAR LE JEU. 3e éd.
24 Marc Richelle : POURQUOI LES PSYCHOLOGUES? 6e éd.
25 Lucien Israel : LE MEDECIN FACE AU MALADE. 5e éd.
26 Francine Robaye-Geelen : L'ENFANT AU CERVEAU BLESSE. 2e éd.
27 B.F. Skinner : LA REVOLUTION SCIENTIFIQUE DE L'ENSEIGNEMENT. 3e éd.
29 J.C. Ruwet : ETHOLOGIE : BIOLOGIE DU COMPORTEMENT. 3e éd.
38 B.-F. Skinner : L'ANALYSE EXPERIMENTALE DU COMPORTEMENT. 2e éd.
40 R. Droz et M. Rahmy : LIRE PIAGET. 3e éd.
42 Denis Szabo, Denis Gagné, Alice Parizeau : L'ADOLESCENT ET LA SOCIETE. 2e éd.
43 Pierre Oléron : LANGAGE ET DEVELOPPEMENT MENTAL. 2e éd.
45 Gertrud L. Wyatt : LA RELATION MERE-ENFANT ET L'ACQUISITION DU LANGAGE. 2e éd.
49 T. Ayllon et N. Azrin : TRAITEMENT COMPORTEMENTAL EN INSTITUTION PSYCHIATRIQUE
52 G. Kellens : BANQUEROUTE ET BANQUEROUTIERS
55 Alain Lieury : LA MEMOIRE
58 Jean-Marie Paisse : L'UNIVERS SYMBOLIQUE DE L'ENFANT ARRIERE MENTAL
59 Jacques Van Rillaer : L'AGRESSIVITE HUMAINE
61 Jérôme Kagan : COMPRENDRE L'ENFANT
62 Michel S. Gazzaniga : LE CERVEAU DEDOUBLE
64 X. Seron, J.L. Lambert, M. Van der Linden : LA MODIFICATION DU COMPORTEMENT
65 W. Huber : INTRODUCTION A LA PSYCHOLOGIE DE LA PERSONNALITE. 2e éd.
66 Emile Meurice : PSYCHIATRIE ET VIE SOCIALE
67 J. Château, H. Gratiot-Alphandéry, R. Doron et P. Cazayus : LES GRANDES PSYCHOLOGIES MODERNES
68 P. Sifnéos : PSYCHOTHERAPIE BREVE ET CRISE EMOTIONNELLE
69 Marc Richelle : B.F. SKINNER OU LE PERIL BEHAVIORISTE
70 J.P. Bronckart : THEORIES DU LANGAGE
71 Anika Lemaire : JACQUES LACAN. 2e éd. revue et augmentée.
72 J.L. Lambert : INTRODUCTION A L'ARRIERATION MENTALE
73 T.G.R. Bower : DEVELOPPEMENT PSYCHOLOGIQUE DE LA PREMIERE ENFANCE
74 J. Rondal : LANGAGE ET EDUCATION
75 Sheila Kitzinger : PREPARER A L'ACCOUCHEMENT
76 Ovide Fontaine : INTRODUCTION AUX THERAPIES COMPORTEMENTALES
77 Jacques-Philippe Leyens : PSYCHOLOGIE SOCIALE. 2e éd.
78 Jean Rondal : VOTRE ENFANT APPREND A PARLER
79 Michel Legrand : LE TEST DE SZONDI
80 H.J. Eysenck : LA NEVROSE ET VOUS
81 Albert Demaret : ETHOLOGIE ET PSYCHIATRIE
82 Jean-Luc Lambert et Jean A. Rondal : LE MONGOLISME
83 Albert Bandura : L'APPRENTISSAGE SOCIAL
84 Xavier Seron : APHASIE ET NEUROPSYCHOLOGIE
85 Roger Rondeau : LES GROUPES EN CRISE?

86 J. Danset-Léger : L'ENFANT ET LES IMAGES DE LA LITTERATURE ENFANTINE
87 Herbert S. Terrace : NIM. UN CHIMPANZE QUI A APPRIS LE LANGAGE GESTUEL
88 Roger Gilbert : BON POUR ENSEIGNER?
89 Wing, Cooper et Sartorius : GUIDE POUR UN EXAMEN PSYCHIATRIQUE
90 Jean Costermans : PSYCHOLOGIE DU LANGAGE
91 Françoise Macar : LE TEMPS, PERSPECTIVES PSYCHOPHYSIOLOGIQUES
92 Jacques Van Rillaer : LES ILLUSIONS DE LA PSYCHANALYSE. 2ᵉ éd.
93 Alain Lieury : LES PROCEDES MNEMOTECHNIQUES
94 Georges Thinès : PHENOMENOLOGIE ET SCIENCE DU COMPORTEMENT
95 Rudolph Schaffer : COMPORTEMENT MATERNEL
96 Daniel Stern : MERE ET ENFANT, LES PREMIERES RELATIONS
97 R. Kempe & C. Kempe : L'ENFANCE TORTUREE
98 Jean-Luc Lambert : ENSEIGNEMENT SPECIAL ET HANDICAP MENTAL
99 Jean Morval : INTRODUCTION A LA PSYCHOLOGIE DE L'ENVIRONNEMENT
100 Pierre Oleron et al. : SAVOIRS ET SAVOIR-FAIRE PSYCHOLOGIQUES CHEZ L'ENFANT
101 Bernard I. Murstein : STYLES DE VIE INTIME
102 Rondal/Lambert/Chipman : PSYCHOLINGUISTIQUE ET HANDICAP MENTAL
103 Brédart/Rondal : L'ANALYSE DU LANGAGE CHEZ L'ENFANT
104 David Malan : PSYCHODYNAMIQUE ET PSYCHOTHERAPIE INDIVIDUELLE
105 Philippe Muller : WAGNER PAR SES REVES
106 John Eccles : LE MYSTERE HUMAIN
107 Xavier Seron : REEDUQUER LE CERVEAU
108 Moreau/Richelle : L'ACQUISITION DU LANGAGE
109 Georges Nizard : ANALYSE TRANSACTIONNELLE ET SOIN INFIRMIER
110 Howard Gardner : GRIBOUILLAGES ET DESSINS D'ENFANTS, LEUR SIGNIFICATION
111 Wilson/Otto : LA FEMME MODERNE ET L'ALCOOL
112 Edwards : DESSINER GRACE AU CERVEAU DROIT
113 Rondal : L'INTERACTION ADULTE-ENFANT
114 Blancheteau : L'APPRENTISSAGE CHEZ L'ANIMAL
115 Boutin : FORMATION ET DEVELOPPEMENTS
116 Húsen : L'ECOLE EN QUESTION
117 Ferrero/Besse : L'ENFANT ET SES COMPLEXES
118 R. Bruyer : LE VISAGE ET L'EXPRESSION FACIALE
119 J.P. Leyens : SOMMES-NOUS TOUS DES PSYCHOLOGUES?
120 J. Château : L'INTELLIGENCE OU DES INTELLIGENCES?
121 M. Claes : L'EXPERIENCE ADOLESCENTE
122 J. Hayes et P. Nutman : COMPRENDRE LES CHOMEURS
123 S. Sturdivant : LES FEMMES ET LA PSYCHOTHERAPIE
124 A. Pomerleau et G. Malcuit : L'ENFANT ET SON ENVIRONNEMENT
125 A. Van Hout et X. Seron : L'APHASIE DE L'ENFANT
126 A. Vergote : RELIGION, FOI, INCROYANCE
127 Sivadon/Fernandez-Zoïla : TEMPS DE TRAVAIL, TEMPS DE VIVRE
128 Born : JEUNES DEVIANTS OU DELINQUANTS JUVENILES?
129 Hamers/Blanc : BILINGUALITE ET BILINGUISME
130 Legrand : PSYCHANALYSE, SCIENCE, SOCIETE
131 Le Camus : PRATIQUES PSYCHOMOTRICES
132 Lars Fredén : ASPECTS PSYCHOSOCIAUX DE LA DEPRESSION
133 Mount : LA FAMILLE SUBVERSIVE
134 Magerotte : MANUEL D'EDUCATION COMPORTEMENTALE CLINIQUE
135 Dailly/Moscato : LATERALISATION ET LATERALITE CHEZ L'ENFANT
136 Bonnet/Tamine-Gardes : QUAND L'ENFANT PARLE DU LANGAGE
137 Bruyer : LES SCIENCES HUMAINES ET LES DROITS DE L'HOMME

138 Taulelle : L'ENFANT A LA RENCONTRE DU LANGAGE
139 de Boucaud : PSYCHOLOGIE DE L'ENFANT ASTHMATIQUE
140 Duruz : NARCISSE EN QUETE DE SOI
141 Feyereisen/de Lannoy : PSYCHOLOGIE DU GESTE
142 Florin et al. : LE LANGAGE A L'ECOLE MATERNELLE
143 Debuyst : MODELE ETHOLOGIQUE ET CRIMINOLOGIE
144 Ashton/Stepney : FUMER
145 Winkel et al. : L'IMAGE DE LA FEMME DANS LES LIVRES SCOLAIRES
146 Bideau/Richelle : PSYCHOLOGIE DEVELOPPEMENTALE
147 Schmid-Kitsikis : THEORIE CLINIQUE ET FONCTIONNEMENT MENTAL
148 Guggenbühl/Craig : POUVOIR ET RELATION D'AIDE
149 Rondal : LANGAGE ET COMMUNICATION CHEZ LES HANDICAPES MENTAUX
150 Moscato et al. : FONCTIONNEMENT COGNITIF ET INDIVIDUALITE
151 Château : L'HUMANISATION OU LES PREMIERS PAS DES VALEURS HUMAINES
152 Avery/Litwack : NEE TROP TOT
153 Rondal : LE DEVELOPPEMENT DU LANGAGE CHEZ L'ENFANT TRISOMIQUE 21
154 Kellens : QU'AS-TU FAIT DE TON FRERE?
155 Rondal/Henrot : LE LANGAGE DES SIGNES
156 Lafontaine : LE PARTI PRIS DES MOTS
157 Bonnet/Hoc/Tiberghien : AUTOMATIQUE, INTELLIGENCE ARTIFICIELLE ET PSYCHOLOGIE
158 Giovannini et al. : PSYCHOLOGIE ET SANTE
159 Wilmotte et al. : LE SUICIDE
160 Giurgea : L'HERITAGE DE PAVLOV
161 Ionescu : MANUEL D'INTERVENTION EN DEFICIENCE MENTALE N° 1
162 Ionescu : MANUEL D'INTERVENTION EN DEFICIENCE MENTALE N° 2
163 Pieraut-Le Bonniec : CONNAITRE ET LE DIRE
164 Huber : PSYCHOLOGIE CLINIQUE AUJOURD'HUI
165 Rondal et al. : PROBLEMES DE PSYCHOLINGUISTIQUE
166 Slukin : LE LIEN MATERNEL
167 Baudour : L'AMOUR CONDAMNE
168 Wilwerth : VISAGES DE LA LITTERATURE FEMININE
169 Edwards : VISION, DESSIN, CREATIVITE
170 Lutte : LIBERER L'ADOLESCENCE
171 Defays : L'ESPRIT EN FRICHE
172 Broome Walace : PSYCHOLOGIE ET PROBLEMES GYNECOLOGIQUES
173 Aimard : LES BEBES DE L'HUMOUR
174 Perruchet : LES AUTOMATISMES COGNITIFS
175 Bawin-Legros : FAMILLES, MARIAGE, DIVORCE
176 Pourtois/Desmet : EPISTEMOLOGIE ET INSTRUMENTATION EN SCIENCES HUMAINES
177 Sloboda : L'ESPRIT MUSICIEN
178 Fraisse : POUR LA PSYCHOLOGIE SCIENTIFIQUE
179 Ruffiot : PSYCHOLOGIE DU SIDA
180 McAdams/Deliège : LA MUSIQUE ET LES SCIENCES COGNITIVES
181 Argentin : QUAND FAIRE C'EST DIRE...
182 Van der Linden : LES TROUBLES DE LA MEMOIRE
183 Lecuyer : BEBES ASTRONOMES, BEBES PSYCHOLOGUES : L'INTELLIGENCE DE LA 1re ANNEE
184 Immelmann : DICTIONNAIRE DE L'ETHOLOGIE
185 Collectif : ACTEUR SOCIAL ET DELINQUANCE
186 Fontana : GERER LE STRESS
187 Bouchard : DE LA PHENOMENOLOGIE A LA PSYCHANALYSE
188 Chanceaulme : MOURIR, ULTIME TENDRESSE
189 Rivière : LA PSYCHOLOGIE DE VYGOTSKY

190 Lecoq : APPRENTISSAGE DE LA LECTURE ET DYSLEXIE
191 de Montmolin/Amalberti/Theureau : MODÈLES DE L'ANALYSE DU TRAVAIL
192 Minary : MODÈLES SYSTÉMIQUES ET PSYCHOLOGIE
193 Grégoire : ÉVALUER L'INTELLIGENCE DE L'ENFANT
194 Gommers/van den Bosch/de Aguilar : POUR UNE VIEILLESSE AUTONOME
195 Van Rillaer : LA GESTION DE SOI
196 Lecas : L'ATTENTION VISUELLE
197 Macquet : TOXICOMANIES ET FORMES DE LA VIE QUOTIDIENNE
198 Giurgea : LE VIEILLISSEMENT CÉRÉBRAL
199 Pillon : LA MÉMOIRE DES MOTS
200 Pouthas/Jouen : LES COMPORTEMENTS DU BÉBÉ : EXPRESSION DE SON SAVOIR ?
201 Montangero/Maurice-Naville : PIAGET OU L'INTELLIGENCE EN MARCHE
202 Colin A. Epsie : LE TRAITEMENT PSYCHOLOGIQUE DE L'INSOMNIE
203 Samalin-Amboise : VIVRE À DEUX
204 Bourhis/Leyens : STÉRÉOTYPES, DISCRIMINATION ET RELATIONS INTERGROUPES
205 Feltz/Lambert : ENTRE LE CORPS ET L'ESPRIT
206 Francès : MOTIVATION ET EFFICIENCE AU TRAVAIL
207 Houziaux : ÉDUCATION DU PATIENT ET ORDINATEUR
208 Roques : SORTIR DU CHÔMAGE
209 Bléandonu : L'ANALYSE DES RÊVES ET LE REGARD MENTAL

Manuels et Traités

Droz-Richelle : MANUEL DE PSYCHOLOGIE
Hurtig-Rondal : MANUEL DE PSYCHOLOGIE DE L'ENFANT (Tome 1)
Hurtig-Rondal : MANUEL DE PSYCHOLOGIE DE L'ENFANT (Tome 2)
Hurtig-Rondal : MANUEL DE PSYCHOLOGIE DE L'ENFANT (Tome 3)
Rondal-Seron : LES TROUBLES DU LANGAGE (DIAGNOSTIC ET REEDUCATION)
Fontaine/Cottraux/Ladouceur : CLINIQUES DE THERAPIE COMPORTEMENTALE
Godefroid : LES CHEMINS DE LA PSYCHOLOGIE